KB200574

말씀이 들리는

그

한

사람

김양재 목사의 큐티 노트 · 사무엘상 1

말씀이 들리는 그 한 사람

지은이 | 김양재
초판 발행 | 2016. 1. 12
11쇄 발행 | 2024. 11. 21
등록번호 | 제1988-000080호
등록된 곳 | 서울특별시 용산구 서빙고로65길 38
발행처 | 사단법인 두란노서원
영업부 | 2078-3352   FAX | 080-749-3705
출판부 | 2078-3331

책 값은 뒤표지에 있습니다.
ISBN 978-89-531-2433-2 04230
ISBN 978-89-531-2441-7 04230(세트)

독자의 의견을 기다립니다.
tpress@duranno.com   www.duranno.com

두란노서원은 바울 사도가 3차 전도여행 때 에베소에서 성령 받은 제자들을 따로 세워 하나님의 말씀으로 양육하던 장
소입니다. 사도행전 19장 8~20절의 정신에 따라 첫째 목회자를 돕는 사역과 평신도를 훈련시키는 사역, 둘째 세계선교
(TIM)와 문서선교(단행본잡지) 사역, 셋째 예수문화 및 경배와 찬양 사역, 그리고 가정·상담 사역 등을 감당하고 있습니다.
1980년 12월 22일에 창립된 두란노서원은 주님 오실 때까지 이 사역들을 계속할 것입니다.

말씀이 들리는

그 한 사람

김양재 목사의 큐티 노트

사무엘상 1

두란노

contents

PART 2
말씀이 들리는 자는 복이 있나니

PART 3
미신이 뿌리 뽑힐 때까지

PART 4
비로소 말씀 앞에서

나는 도대체 말씀이 들리는 그 한 사람인가?

"목사님, 요즘 말씀이 들리기 시작했어요!"

제가 성도들한테 가장 듣고 싶어 하는 말입니다. 얼마 전에도 이혼을 앞두고 고민하던 한 집사님이 말씀이 들린다면서 이제 더 이상 남편의 문제가 아닌 자신의 죄 때문에 회개하며 기도하게 되었다는 이메일을 받았습니다. 우리들교회에서는 건강을 잃어버리고, 시험에 떨어지고, 사업이 망하는 육체적, 정신적, 영적인 문제로 인해 의지할 데가 없어졌을 때, 비로소 말씀이 들리게 되어 수지맞은 인생을 살고 있다는 간증이 매 주일 울려 퍼집니다.

기업이 인재를 찾듯이 교회도 빈자리가 생기면 거기에 가장 적합한 사역자를 찾습니다. '인사(人事)가 만사(萬事)'라더니, 공동체에서 필요한 '그 한 사람'을 찾는 일은 정말 신중하고도 어렵습니다.

　하나님께서도 매 시대 그분의 말씀이 들리는 '그 한 사람'을 찾으셨고, 찾으신 그에게 구원의 사명을 맡기셨습니다. 이 책의 배경이 되는 이스라엘 왕정이 움트기 시작한 그 시기에도 하나님은 말씀이 들리는 그 한 사람을 부지런히 찾으셨습니다.

　그런데 말씀이 들린 '그 한 사람'은 당시 대제사장이었던 엘리와 그의 아들들이 아니라 제사장 가문과는 전혀 거리가 먼 나이 어린 사무엘이었습니다. 하나님은 사무엘을 일꾼으로 세우셔서 이스라엘에 올바른 회개를 촉구하시고 영적인 부흥을 허락하셨습니다.

　그럼 도대체 말씀은 누구에게 들리는 것일까요? 바로 '뽑고 파괴하며 파멸하고 넘어뜨리는'(렘 1:10) 사건으로 인하여 자신의 삶에서 종말을 경험한 사람입니다. 그래서 내 육체의 무너짐은 내 영혼의 성전이 제대로 세워지고 하나님이 기뻐하시는 영적 예배를 드리기 위해 있어야 할 일입니다. 하나님은 내가 심기기 위해, 우리 가정이 우뚝 서기 위해 그런 일들을 가장 적절한 때에 선물로 허락하시는 것입니다.

똑같은 사건을 만날지라도 말씀이 들리는 사람은 그날그날의 말씀 묵상으로 자신의 인생을 구속사로 해석해 나갑니다. 힘이 들지라도 말씀 때문에 자신의 환경에 순종하기로 하면 옛 자아가 죽고 성령이 주시는 기쁨을 체험하게 되기에, 말씀이 자신의 것이 되는 은혜를 누리게 됩니다.

말씀이 들리는 사람은 시절을 좇아 열매 맺으며 회개하는 인생을 살게 됩니다. 그러므로 성도의 가장 큰 축복은 바로 '말씀이 들리는 것'입니다.

이 책의 첫 페이지를 열고 마지막 장을 덮을 때, 스스로에게 이렇게 자문해 보시기 바랍니다.

'나는 도대체 말씀이 들리는 그 한 사람인가?'

2016년 1월

우리들교회 담임목사 김양재

PART
1

육의 기도가 변하여
영의 기도로

chapter 1

하나님 아버지, 육적인 문제만 해결되길 바라던
나의 기도가 영적인 소망으로 바뀌어
하나님께 인정받는 진정한 기도를 드리기 원합니다.
가르쳐 주옵소서.

하나님이 들으시는 진정한 기도

신약성경의 첫 책인 마태복음 1장 1절은 "아브라함과 다윗의 자손 예수 그리스도의 계보라"는 말씀으로 시작합니다. 성경에서 가장 중요한 인물이 아브라함과 다윗입니다. 하나님이 아브라함을 택하시고, 그에게 주신 언약이 예수 그리스도의 구원으로 이어지기까지 구속사의 정점에 다윗이 있습니다. 그리고 그만큼 중요한 다윗에게 기름을 부은 사람이 사무엘입니다.

사무엘이 등장하기 전 이스라엘은 "사람이 각기 자기의 소견에 옳은 대로"(삿 21:25) 행하는 부패와 암흑의 시대였습니다. 이방의 모압 여인 룻을 통해 예수 그리스도의 계보가 이어지는, 이스라엘에게는 수치스러운 상황이었습니다. 그러나 그럼에도 이스라엘을 버리지 않으시겠다는 하나님의 위로와 희망의 메시지를 담고 있는 책이 바로 사무엘서입니다.

사무엘은 제사장이자 마지막 사사이고 이스라엘의 첫 선지자입니다. 그리고 왕정 체제의 기틀을 세운 역사적으로도 위대한 인물입니다. 이처럼 위대한 사무엘의 출생 배경은 어땠을까요? 어머니 한나의 진정한 기도가 있었기에 위대한 사무엘이 태어날 수 있었습니다.

진정한 기도를 하려면
구속사를 알아야 한다

> 에브라임 산지 라마다임소빔에 에브라임 사람 엘가나라 하는 사람이 있었으니 그는 여로함의 아들이요 엘리후의 손자요 도후의 증손이요 숩의 현손이더라 (삼상 1:1)

사무엘이 등장하기 전에 조상들의 이름이 쭉 기록되어 있습니다. 이름은 하나의 역사를 의미합니다. 이 세상의 역사는 과거의 일로 미래를 예측할 수 없습니다. 온고지신(溫故知新)으로 과거를 교훈 삼아 모든 걸 대비해도 갑작스러운 사건들이 벌어지고 알 수 없는 일들이 찾아옵니다. 그렇게 알 수 없는 세상의 일들을 성경으로 읽어 내는 것이 구속사(救贖史)입니다.

구속사란 예수님이 나를 구원해 주신 이야기입니다. 예수님은 역사적으로 부활하셨습니다. '죽었다가 살아나셨을' 것이 아니라 정확하게 '죽

었다가 살아나신' 이야기가 구속사입니다. 이 구속사를 알고 성경으로
세상을 읽으면 모든 알 수 없는 일에서 근원적인 답이 나옵니다. 그래서
어떤 것으로도 해석이 안 되던 나의 고난과 사건들이 해석되는 것, 그것
이 구속사입니다. 성경으로 내 인생이 해석되는 것입니다.

　사무엘에게 기름 부음을 받은 다윗이 사울을 거쳐서 왕의 자리에 오
기까지의 과정이 믿음의 역사이고 구속사입니다. 그리고 그 역사 속의
믿음의 인물 한 사람, 한 사람이 중요하기 때문에 하나님은 그 이름을
성경에 기록해 놓으셨습니다. 우리도 이들처럼 하나님 나라에서 기억
되고 기록되는 이름이 될 것입니다. 엘가나, 여로함, 엘리후, 도후, 숩처
럼 우리의 이름도 믿음의 역사 속에 남을 것입니다. 육신은 잠시 왔다
가지만 천국 백성의 이름은 영원하다는 것을 성경은 말하고 있습니다.

　구속사에서는 사람과 장소와 시간이 참으로 중요합니다. 반드시 그
시간, 그 장소에 엘가나가 왔어야 하고 사무엘이 왔어야 하는 것입니다.
마찬가지로 우리도 오늘 이 시간, 이 장소에 나를 가장 필요로 하는 일
이 있어서 하나님이 보내신 것입니다. 그냥 의미 없이 온 사람은 없습니
다. 하나님 나라 백성이 얼마나 대단한지 알아야 합니다. 우리는 아브라
함 시대 열국의 왕의 이름도 모르고 사무엘 시대 다른 나라 왕들의 이
름도 모릅니다. 그런데 아브라함, 이삭, 야곱, 사무엘의 이름은 너무나
잘 압니다. 그들은 믿음 안에서 우리의 친척이고 한 가족이기 때문입니
다. 이렇게 남의 이야기가 아니라 바로 내 가족, 나에 대해서 쓴 것이 성
경입니다.

이왕 구속사에 등장하면서 좋은 사람을 만나고, 좋은 장소에 등장하면 좋겠지만 그러기가 어렵습니다. 사무엘이 어머니 한나의 고통 가운데 태어난 것처럼 우리도 십자가 지는 곳, 힘든 곳에 있을 때 주님의 일을 나타내고 구속사의 한 역할을 담당하게 됩니다. 이 원리를 알아야 진정한 기도를 드릴 수 있습니다. 성경을 모르고 어떻게 기도하고 어떻게 응답을 받겠습니까?

사무엘의 아버지 에브라임 사람 엘가나는 레위 족속 중에서 고핫 자손에 속한 사람이었습니다(대상 6:22-27). 그가 에브라임 사람이라고 불린 것은 에브라임 지역에서 살던 레위인이었기 때문입니다. 당시 레위인들은 각 지파의 영토에 흩어져 살면서 레위인으로서의 일을 담당했습니다.

장소는 '에브라임 산지 라마다임소빔'인데, 그다지 유명할 것이 없는 지역입니다. 하나님을 섬기는 레위인으로 이왕이면 이스라엘의 성지인 실로나 벧엘에서 섬기면 좋겠지만, 사무엘의 조상들은 라마다임소빔처럼 이름 없는 곳에서 묵묵히 신앙을 지키며 살아갔습니다. 유명하지 않아도 믿음의 조상들이 했던 기도 덕분에 사무엘이 태어났을 것입니다.

4대째 모태신앙인으로서 지금 제가 이렇게 사역하는 것도 조상들의 믿음의 기도가 쌓였기 때문이라고 생각합니다. 제 어머니는 몸뻬 차림으로 새벽마다 교회 화장실 청소를 하고, 남의 집 빨래를 도와 가며 전도를 하셨습니다. 그러다 제가 대학교 1학년 때 새벽기도 다녀오시는 길에 교통사고로 돌아가셨습니다. 당시에는 믿음도 없던 제가 이렇게 전 세계를 다니며 주야장천(晝夜長川) 어머니 간증을 하게 될 줄은 꿈에도 모르셨을 것입니다.

사무엘의 조상들 이름이 1장 1절에 등장하는 것처럼, 내가 유명하지 않고 직분이 없어도 여전한 방식으로 믿음과 헌신의 삶을 살면 그 자손에게서 사무엘 같은 선지자가 나올 것입니다. 내 자손이 이 땅에서 잘되고 성공하기를 바랄 것이 아니라 사무엘 같은 믿음의 위인이 나오기를 바라야 합니다.

하나님의 구속사를 모르고 구원받지 못한 사람은 기도할 줄 모릅니다. 기도가 나오지 않습니다. 성경을 읽어도 예수님과 내가 상관이 없으니 이해할 수 없고 재미도 감동도 없습니다. 구속사의 기도는 예수 그리스도로 완성되는 구원의 역사를 알고 구원을 이루어 가는 기도입니다. 구속사를 알기 위해 성경을 읽고 깨닫고 묵상하며 하는 기도가 구속사적인 기도이고, 진정한 기도입니다.

● ● ● ● ● ●

우리 가정의 영적 계보에는 어떤 이름, 어떤 장소가 기록되어 있습니까. 유명하고 자랑할 것이 없어도 지금 나의 믿음이 자녀를 통해 이어져 영원한 천국 백성의 계보로 기록될 것을 믿습니까.

진정한 기도는
고통이 따른다

> 그에게 두 아내가 있었으니 한 사람의 이름은 한나요 한 사람의 이름
> 은 브닌나라 브닌나에게는 자식이 있고 한나에게는 자식이 없었더라
> (삼상 1:2)

엘가나라는 이름은 '하나님께서 형성하셨다, 하나님이 소유하셨다'
라는 뜻이고, 한나는 '풍성한 은혜'라는 뜻입니다. 그리고 브닌나는 '진
주'라는 뜻입니다.

하나님께서 형성하신 엘가나와 풍성한 은혜인 한나가 합쳐져 둘이
잘살면 그만이지 거기에 진주 브닌나가 왜 필요합니까? 그러니 사실 한
나의 고통은 자신을 제일 사랑하는 엘가나 때문에 온 것입니다. 아브라
함과 사라도 하나님의 때까지 기다리지 못해 하갈을 얻고, 거기에서 나
온 이스마엘이 대대로 이스라엘을 괴롭히는 비극의 근원이 되었습니
다. 하나님을 믿는 한 사람의 결정이 복의 근원이 되기도 하고 비극의
근원이 되기도 합니다.

> 이 사람이 매년 자기 성읍에서 나와서 실로에 올라가서 만군의 여호
> 와께 예배하며 제사를 드렸는데 엘리의 두 아들 홉니와 비느하스가
> 여호와의 제사장으로 거기에 있었더라 (삼상 1:3)

엘가나는 매년 실로로 올라가서 여호와께 예배하고 제사를 드렸습니다. 이렇게 경건한 사람이 첩을 들였습니다. 우리가 주님을 사랑하지만 이것만은 못 끊겠다고, 이것만은 꼭 하고 싶다고 하는 것이 있을 수 있습니다. 그런데 그 한 가지 때문에 비극이 찾아올 수 있습니다. 순간의 선택이 영원을 좌우합니다. 너무나 간절한 그 한 가지, '이것만은 좀 봐주셨으면…' 하는 단 한 가지라도 하나님이 허락하시지 않으면 포기할 수 있어야 합니다. 경건한 엘가나의 '한 가지', 바로 브닌나 때문에 비극이 시작되었습니다.

한나가 자식이 없어서 힘든데 성전에 가 보니 엘리의 두 아들이 성전에서 봉사하고 있습니다. 자신에겐 하나도 없는 아들인데 엘리의 두 아들은 성전에서 봉사까지 하고 있으니 믿음도 있어 보이고 부러웠을 것입니다. 그러나 보기에 좋은 이 두 아들은 사실 타락한 아들이었습니다. 성전에 있지 않아야 할 사람들이 거기에 있었습니다. 그럼에도 자식 없는 한나가 볼 때는 너무 부러운 것입니다. 부러워서 고통이고, 그 고통이 계속됩니다.

> [4] 엘가나가 제사를 드리는 날에는 제물의 분깃을 그의 아내 브닌나와 그의 모든 자녀에게 주고 [5] 한나에게는 갑절을 주니 이는 그를 사랑함이라 그러나 여호와께서 그에게 임신하지 못하게 하시니 [6] 여호와께서 그에게 임신하지 못하게 하시므로 그의 적수인 브닌나가 그를 심히 격분하게 하여 괴롭게 하더라 (삼상 1:4-6)

"브닌나와 그의 모든 자녀"라고 한 것을 보니 브닌나에게 자녀가 많았던 것 같습니다. 엘가나가 한나를 사랑해서 제물의 분깃을 갑절이나 주었지만, 임신을 못 하는 한나는 자녀가 많은 브닌나 때문에 격분하여 괴로웠습니다. 남편 사랑을 못 받는 브닌나에게는 자녀를 주시고, 자식이 없는 한나는 남편의 사랑을 받게 하시니 공평하지 않습니까? 야곱의 부인이었던 레아와 라헬도 그랬습니다.

한나가 경건한 남편 엘가나의 사랑을 받아도 하나님께서 임신하지 못하게 하셨습니다. '여호와께서 임신하지 못 하게 하셨다'는 말씀이 두 번이나 나오고 있습니다. 성경에 같은 말씀이 반복해서 나오는 것은 굉장히 중요하다는 뜻입니다.

한나가 임신을 못 한 것은 하나님이 못 하게 막으셨기 때문입니다. 지금 내가 임신을 못 하고 돈이 없는 것은 하나님이 막으셨기 때문입니다. 오늘 우리의 사업과 학업을 막으신 것은 하나님께서 못 하게 하신 것입니다. 하나님께서 막으셨으니 하나님이 풀어 주시지 않으면 풀릴 수가 없습니다. 내가 할 수 있는 것이 아무것도 없습니다. 하나님이 푸셔야 풀리는 문제입니다. 그래서 내 문제는 쉬운 문제입니다. 내가 할 게 없고 하나님께 맡기면 되기 때문입니다.

그러므로 한나의 고통은 참으로 좋은 고통입니다. 사람이 받는 시험에는 자기 욕심 때문에 받는 '사탄의 시험'이 있고, 핍박으로 오는 '하나님께서 주시는 시험'이 있습니다. 하나님께서 주시는 시험이 최고의 시험입니다. '부당하게 고난을 받아도 하나님을 생각함으로 슬픔을 참으면 이는 아름답다'(벧전 2:19)고 하십니다. 그러니 매일 고난을 받아도, 고난을 주는 사람이 아니라 당하는 사람이 좋은 것입니다. 하나님께서 임신하지 못하게 하셨으니 '아, 이것은 하나님께서 푸실 문제구나' 하고 하나님께 가져가면 됩니다. 여기에 답이 있습니다.

그런데 하나님께서 임신하지 못하게 하신 것이 어떤 모양으로 왔습니까? 환난과 연단, 핍박으로 옵니다. 브닌나가 자식을 줄줄이 낳으면서 아들을 못 낳는 한나를 격분하게 하고 괴롭게 하는 것입니다.

브닌나 입장에서는 어땠을까요? 처음에는 고분고분히 '형님'이라 했을 텐데 아들을 낳고 보니 교만해졌습니다. 한나를 무시하고 싶어집니다. 한나가 못 낳는 아들을 자기가 낳았으니 이제 남편이 자기를 더 사랑할 것 같습니다. 그런데 세월이 지나도 남편이 본부인밖에 모릅니다. 아들을 낳아 주어도 사랑도, 물질도 안 옵니다. 그러니 브닌나 입장에서는 '한나만 없으면 내가 본부인이 될 텐데' 하면서 질투에 눈이 멀어 죽이고 싶지 않겠습니까.

브닌나가 눈을 벌겋게 뜨고 쳐다보는데 엘가나가 그 앞에서 한나를 사랑해 주는 겁니다. "여보, 여보, 한나 당신 아프지? 당신은 빈혈이 있는 것 같아. 많이 먹어. 두 배 먹어. 여기 고기도 먹고, 과일도 먹고, 당신 이거 먹어야 돼."

매년 한나가 여호와의 집에 올라갈 때마다 남편이 그같이 하매 브닌나가 그를 격분시키므로 그가 울고 먹지 아니하니 (삼상 1:7)

눈치가 이렇게 없습니다. 매년 똑같이 한나에게만 갑절을 주니까 기회만 있으면 브닌나가 한나를 격분시키는 겁니다. 무심하고 둔한 엘가나는 이것을 알아챌 수가 없습니다. 그러니 한나가 너무 힘이 들어서 울고 먹지도 못하는데, 이때 남편이 한나를 이렇게 위로합니다.

> 그의 남편 엘가나가 그에게 이르되 한나여 어찌하여 울며 어찌하여 먹지 아니하며 어찌하여 그대의 마음이 슬프냐 내가 그대에게 열 아들보다 낫지 아니하냐 하니라 (삼상 1:8)

사실 브닌나를 첩으로 들인 엘가나 때문에 생긴 일인데 "당신 왜 슬퍼? 왜 밥을 안 먹어?" 하는 것입니다. 아무리 재물을 갑절로 주고 사랑해 주면 뭐합니까. 도무지 말이 안 통합니다. 위로가 안 됩니다. 한나로서는 자식이 없는 것 때문에 화가 났으니 자식을 꼭 낳고 봐야 되는 겁니다. 자녀를 갖고 싶은 소원이 너무나 간절했습니다. 이렇게 위로가 안 되고 너무나 간절한 고통이 있을 때 진정성 있는 기도를 하게 됩니다.

• • • • • •
하나님의 뜻과 상관없이 꼭 갖고 싶은 한 가지는 무엇입니까. 그 한 가지 때문에 가정에 분란이 일어나고 고통이 있는 것을 알고 있습니까. 위로받지 못하는 나의 고통을 하나님이 해결하실 거라고 믿습니까. 고통이 큰 만큼 간절한 기도로 하나님을 만나고 있습니까.

진정한 기도는
하나님께 가져가는 기도다

한나의 기도를 통해 '하나님께 가져가는 기도'의 다섯 가지 특징을 살펴보려고 합니다.

> 한나가 마음이 괴로워서 여호와께 기도하고 통곡하며 (삼상 1:10)

첫째, 통곡의 기도입니다. 한나가 고통 속에서 드디어 문제를 어디로 가져가야 할지 알았습니다. 어디에서 해답을 얻을지 알고 하나님 앞에서 기도하고 통곡하며 눈물을 흘렸습니다. 이것이 가장 아름다운 것입니다. 하나님 앞에서 흘리는 눈물보다 더 아름다운 것은 없습니다. 우리는 하나님 앞에서 울어야 합니다. 아무리 울고 싶어도 울 자리가 따로 있습니다. 세상으로 가서 사람을 바라보고 울면 안 됩니다. 그것은 하나님의 자녀로서 하나님 이름에 먹칠하는 것입니다.

> 서원하여 이르되 만군의 여호와여 만일 주의 여종의 고통을 돌보시고 나를 기억하사 주의 여종을 잊지 아니하시고 주의 여종에게 아들을 주시면 내가 그의 평생에 그를 여호와께 드리고 삭도를 그의 머리에 대지 아니하겠나이다 (삼상 1:11)

둘째, 서원기도입니다. 한나는 괴로움과 환난을 통해 인내를 배우고 연단을 받아서 소망이 바뀌었습니다. 육적인 자녀를 원하다가 영적인 후사를 구하는 것으로 기도가 바뀌었습니다.

사랑하는 사람의 아이를 낳고 싶은 것은 인지상정입니다. 한나가 아이를 낳지 못한다고 무시를 받았는데, 영적인 후사를 낳지 못한 것에 대해서 비난을 받는다면 격분할 게 아니라 회개할 일입니다. 내가 당연히 전도해야 하는데 안 하고 있으니 비난받아 마땅하다고 회개해야 합니다. 내가 구원받은 하나님의 자녀로서 영적 자녀를 낳지 못한다는 것이 얼마나 수치스러운지 깨달아야 합니다.

하나님께서 성도에게 가장 바라시는 것은 '인생이 머리부터 발끝까지 죄인임을 아는 것'입니다. 나의 죄를 보지 않으면 이 소망이 하나님께 가지 않습니다. 환난을 통해 인내와 연단을 배우면 그제야 하나님께로 나아가는 소망을 보게 되는 것입니다.

그러니까 최고의 소망은 '뼛속 깊이 내가 죄인임을 아는 것, 내 죄를 보는 것'입니다. 성경 어디에도 잘 먹고 잘사는 복을 형통이라 하지 않았습니다. 제 인생을 보아도 환난을 통해서 야망이 사라지는 대신 하나님에 대한 소망으로 점점 바뀌게 되었습니다. 내가 어찌할 수 없는 죄인이라는 것을 알게 되면서부터 야망이 소망으로 바뀌었습니다. 내 죄가 보일수록 나의 모든 것을 하나님께 드린다는 고백이 나오게 됩니다.

이런 고백은 거창한 집회나 세미나에 가서 감동을 받아 나오는 것이 아니라, 한나처럼 첩의 질투를 오래 받으면서 나옵니다. 그 시기와 질투의 고통 속에서 내가 정말 인간의 사랑에 목말라 있다는 것을 깨닫습니다. 직장에서 사소한 호칭 문제, 월급 얼마 때문에 고통스러워하다가 내 욕심을 깨닫고 내려놓는 겁니다. 누군가, 무언가가 나를 괴롭히지 않으면 나 자신을 내려놓지 못합니다. 고난이 없어도 예수님 잘 믿을 수 있다고 큰소리치지 마십시오. 매일 치사하고 사소한 돌부리에 걸려 무너지고 넘어져야 나를 내려놓고 하나님만 바라게 되는 것입니다.

서원기도는 함부로 하는 것이 아니라고들 하는데 저는 진정한 기도는 서원기도에 있다고 생각합니다.

한나가 그토록 아들을 원했는데 그 아들을 주님께 드리겠다고 합니다. 그렇게 '아들, 아들' 했는데 '내 아들은 주님의 것'이라는 기도가 나온 것입니다. 너무 괴로우니까 이 괴로움을 풀어 주시면 주님께 드리겠다고 진정한 고백을 하고 있습니다. 환난이 나쁜 것이 아닙니다. 내가 뼛속 깊이 죄인이라는 것을 깨달았는데 무엇을 못 드리겠습니까?

서원을 할 때도 육적인 서원이 있습니다. 하나님께 드리는 것이 아니라 내 목적을 위해 서원을 하는 것입니다. 그런데도 전도가 되고 부흥이 되고 일이 잘 풀리면 오히려 큰일입니다. 기도한 대로 다 이루어지는데 이것이 육적 서원인지 영적 서원인지 자기도 헷갈립니다. 이것이 '나도 속고 남도 속는 믿음'입니다.

결혼 후 10년 동안 아이가 없어서 고난이었던 집사님 부부가 있습니다. 학벌도 좋고 직장도 좋고 오직 아이가 없는 것이 기도제목이었는데 드디어 10년 만에 아들을 낳았습니다. 그런데 그토록 원하던 아들을 낳고 나니까 남편 집사님이 하나님이 안 믿어진다고 합니다. 《만들어진 신》으로 반향을 일으킨 리처드 도킨스(Richard Dawkins)의 책을 읽더니 하나님이 안 믿어진다고 합니다.

아이가 없어서 기도할 때는 영적인 소망인 줄 알았는데, 10년 만에 아이를 낳고 나니까 그것이 육적인 기도였다는 게 드러났습니다. 그래도 이분이 워낙 모범생이라 교회는 열심히 나옵니다. 목장예배에도 참석해서 '나는 안 믿어진다'고 솔직하게 나누고 있습니다. 하나님께서 이 집사님과 이 가정을 정말 사랑하신다고 생각합니다. '안 믿어진다'고 고백하는 것이 '믿고 싶다'는 표현 아닙니까. 그러니 언젠가는 반드시 믿어질 줄 믿습니다. 진정한 기도를 드리는 가정이 될 줄 믿습니다.

육적인 서원이 아니라 영적인 서원을 하는 사람은 하나님 자체를 상급으로 누릴 수 있습니다. 그래서 자식 없는 고난으로 기도하다가 자식을 낳아도 그 자식에 연연하지 않게 됩니다. 하나님 자체를 이미 상급으로 받았기 때문에 병이 나아도, 돈이 생겨도 그것에 연연하지 않습니다. '빨리 아들을 낳아서 설움을 벗어야지, 빨리 돈을 벌어서 가난의 설움에서 벗어나야지' 하는 것은 육적인 소원일 뿐입니다.

내가 남편을 정말 사랑한다면 아이가 없어도 그만입니다. 남편 자체를 사랑해야지 남편의 재산을 사랑해서 결혼했다가는 재산이 없어지면 그만 아닙니까? 자식이 없어도, 재산이 없어도 남편 자체를 사랑하면 결혼생활을 지킬 수 있습니다. 그러니 남편 자체를 사랑하려면 그만큼 성숙한 남편을 만나야 합니다. 그리고 가장 성숙한 남편은 영적으로 우리의 신랑 되신 예수 그리스도입니다. 나의 신랑 되신 예수께서, 하나님께서 임신을 막으시는데 무슨 할 말이 있습니까. 내가 너무 육적인 사랑에 연연하니까 내 소원이 육적인 것에서 영적인 것으로 바뀌라고 임신하지 못하게 막으신 것을 알아야 합니다. 하나님은 나의 기도가 영적인 서원으로 바뀌기까지 환난으로 연단하십니다.

• • • • • •

나의 소원이 영적인 것으로 바뀌도록 하나님께서 막으시는 것이 무엇입니까. 못하고, 없고, 안 되는 것 때문에 통곡하며 사람이 아닌 하나님 앞에서 눈물 흘리고 있습니까. 문제 해결만 바라던 나의 기도가 오직 영적 후사를 위한 기도로 바뀌고 있습니까.

진정한 기도는
내 생명을 내어 놓는 기도다

> [12] 그가 여호와 앞에 오래 기도하는 동안에 엘리가 그의 입을 주목한즉 [13] 한나가 속으로 말하매 입술만 움직이고 음성은 들리지 아니하므로 엘리는 그가 취한 줄로 생각한지라 (삼상 1:12-13)

셋째, 침묵기도입니다. 한나는 지금 침묵기도를 하고 있습니다. 저는 여기에 이름을 하나 더 붙여서 '신음기도'라고 하고 싶습니다.

저는 제 남편의 구원을 위해 생명을 내놓고 기도했습니다. '남편이 구원받으면 주의 일을 하겠다, 돈을 주시면, 아들을 합격시켜 주시면 무엇을 하겠다'는 정도가 아니라 '남편을 구원해 주시면 내 생명을 드리겠다'고 했습니다. 제가 정말 무시무시한 서원기도를 하지 않았습니까?

그런데 그 기도를 했을 때 제가 뼛속 깊이 죄인임을 알게 되었습니다. 그래서 하나님께서 내 생명을 거두어 가셔도 영광이겠다는 마음으로 목숨을 내놓고 서원기도를 드렸습니다.

하지만 목숨을 내놓고 서원기도를 했다고 금세 응답이 됩니까? 금세 남편이 구원됩니까? 통곡하며 서원을 해도 당장 보이는 것이 없기 때문에 침묵기도를 하고 신음기도를 하는 것입니다. 기가 막힌 고통 속에서 차마 말이 안 나오는 기도를 드리는 것입니다. 교회에 와서 통성으로 소리 지르며 기도하다가도 집에서는 남편이 모르게 조용히 기도해야 하기에 입을 다물고 오물거리며 기도하는 것입니다.

차마 소리 내어 기도하기도 어려운 이 상황을 경험해 보지 못한 사람들이 "어떤 교회는 너무 조용해서 잠이 오더라", "어떤 교회는 너무 시끄러워 하나님께서 귀가 먹은 줄 알았다"며 서로 흉을 봅니다.

통성으로 통곡하며 기도할 때가 있고, 침묵으로 신음하며 기도할 때가 있습니다. 엘리 제사장은 이 고통을 몰랐기 때문에 한나가 통곡하다 중얼거리며 기도하는 것을 보고 그가 취한 줄로 생각한 것입니다.

엘리가 그에게 이르되 네가 언제까지 취하여 있겠느냐 포도주를 끊으

라 하니 (삼상 1:14)

엘리 제사장은 한나가 하도 울어 눈이 빨개진 채 신음하니까 완전히 취했다고 오해해서 포도주를 끊으라고 권면합니다. 이처럼 교회에 와서 슬피 기도하는데 조용히 하라는 권면을 받고 손가락질받을 수 있습니다. 반대로 실제로는 악한 사람인데 경건한 모습으로 앉아 있으면 칭찬 받을 수 있습니다. 사람을 외모로 판단하여 함부로 권면하면 안 됩니다. 인간적인 편견을 버려야 합니다. 또한 그런 오해를 받는 사람은 서운해하고 발끈하면 안 됩니다.

> [15] 한나가 대답하여 이르되 내 주여 그렇지 아니하니이다 나는 마음이 슬픈 여자라 포도주나 독주를 마신 것이 아니요 여호와 앞에 내 심정을 통한 것뿐이오니 [16] 당신의 여종을 악한 여자로 여기지 마옵소서 내가 지금까지 말한 것은 나의 원통함과 격분됨이 많기 때문이니이다 하는지라 (삼상 1:15-16)

하나님께 가져가는 기도의 특징 네 번째는 통하는 기도입니다. 한나는 통하는 기도를 드렸습니다. 한나는 부당한 오해와 비난을 받았지만 자제력을 잃지 않고 설명을 했습니다. 한나가 고통 속에서도 하나님과 통하고 있었기 때문에 흔들리지 않을 수 있었습니다. 오해와 판단을 받아도 하나님과 통하고 있으면 무서울 것이 없습니다.

¹⁷ 엘리가 대답하여 이르되 평안히 가라 이스라엘의 하나님이 네가 기도하여 구한 것을 허락하시기를 원하노라 하니 ¹⁸ 이르되 당신의 여종이 당신께 은혜 입기를 원하나이다 하고 가서 먹고 얼굴에 다시는 근심 빛이 없더라 (삼상 1:17-18)

다섯째, 한나가 통곡과 서원, 침묵으로 하나님과 통하는 기도를 하고, 드디어 응답받는 기도를 했습니다. 엘리 제사장에게 술 취했다고 오해 받고, 제정신이 아니라고 손가락질받고도 오히려 그에게 축복을 받아 내지 않았습니까. 오해와 비난을 받고도 정확한 설명을 해서 제사장의 축복을 받아 냈습니다. 이것이 기도의 응답입니다. 한나가 하나님을 사랑한다는 사실을 인정받았습니다. '저 여자가 여기 온 것은 자식 때문도, 돈 때문도 아닌 영적 후사를 위한 것이구나' 하고 제사장의 인정을 받은 것입니다.

저는 저와 이 글을 읽는 모두가 하나님을 사랑하고 영혼 구원을 위해 기도한다는 사실을 인정받고 싶습니다. 하나님께 이렇게 알려지기를 기도합니다. 그래서 영적 자녀들이 늘어 갈수록 우리의 얼굴에 근심 빛이 없어지길 기도합니다.

• • • • • •

가족의 구원을 위해 통곡하며 기도할 때와 침묵과 신음으로 기도할 때를 분별합니까.
가정에서 순종하고 교회에서 헌신하는 것이 영적 자녀를 낳기 위한 일로 인정받고 있습니까.

하나님은 고통받는 한 사람의 기도를 멸시하지 않으십니다. 내가 영적 자녀를 낳고자 고통하며 기도할 때, 하나님께서 한나를 쓰신 것처럼, 나를 쓰시고 우리 교회를 쓰실 것입니다. 고통당하는 나 한 사람의 기도 때문에 교회를 지키고 변화시켜 주십니다. 직분이 무엇인가는 중요하지 않습니다. 하나님은 고통당한 사람의 기도를 가장 잘 들으시며, 고통받는 한 사람의 기도가 교회를 유지하는 원동력입니다.

하나님의 교회는 하나님이 책임지시고 이끌어 가십니다. 엘리 제사장은 무능하고 그 아들들은 부패했던 것처럼 이스라엘은 영적으로 어둡고 부패했습니다. 그럼에도 고통받는 한나의 기도가 있었기에, 하나님께서 사무엘이 태어나게 하시고 이스라엘 교회를 지켜 주셨습니다. 이스라엘 전체를 살리셨습니다.

그러므로 고통이 축복입니다. 고난이 축복입니다. 잘난 사람들 때문에 교회가 살아나는 게 아닙니다. 고통받는 한 사람의 기도가 너무나 간절하고 진실하기 때문에, 하나님 없이는 못 사는 사람들이 모여서 기도하는 교회는 힘이 있을 수밖에 없습니다.

우리들 묵상과 적용

저는 어릴 때부터 성당에 다녔지만 부모님은 모두 불신자였습니다. 불교 집안의 아내를 맞아 부부가 열심히 성당에 다니는 모범적인 결혼 생활을 꿈꿨지만, 아내는 결혼 후 성당에 나가지 않았고 아내와 신앙이 맞지 않아 자주 다투었습니다.

재작년에 대학생 조카가 갑자기 자살하는 사건이 있었습니다. 이 사건이 해석되지 않아 트라우마로 고생했는데, 동생이 저를 우리들교회로 인도했습니다. 그때 저는 혼자서 외롭게 신앙생활을 하다가 매너리즘에 빠져 5년 동안 성당을 나가지 않고 있었습니다.

하나님의 구속사에는 사람과 장소와 시간이 중요한데, 저에게도 가장 필요한 일이 있어서 이곳에 오게 하셨습니다. 목장에 처음 참석했을 땐 개개인의 사건을 오픈하는 게 이상하게 보였지만 계속 예배를 드리다 보니 성경을 모르고는 진정한 기도를 할 수 없고 응답도 없다는 것을 깨닫게 되니 희망이 생겼습니다.

우리들교회에 나온 지 일 년쯤 되었을 때, 그동안 성당에서 부부가 같이 봉사하는 것이 부러워 내 열심으로 브닌나처럼 아내를 격분시켰고, 엘가나처럼 아내를 사랑한다고 하면서 눈치 없이 행동했다는 것을 깨닫게 되었습니다.

목사님이 한나가 잉태하지 못한 것은 하나님께서 하신 일이기에 유익한 고통이었다고 하셨습니다. 우리 부부도 경건하게 열심히 봉사만 하면 문제가 해결될 줄 알았습니다. 그런데 우리가 하나님께 문제를 가져오기까지 영적으로 아내를 임신하지 못하게 하신 것이라는 사실을 알게 되니 그것은 좋은 고통이었습니다.

말씀을 묵상하며 깨달아지는 것으로 수준 높은 신음기도를 할 수 있도록 믿음이 자라기를 기도합니다. 사무엘이 이름 없는 곳에서 묵묵히 신앙을 지키던 믿음의 조상들 덕분에 태어난 것같이, 생활 속에서 수치와 조롱의 연단을 잘 받아서 내 사랑하는 가족의 구원을 위해 애통하며 영적 자녀를 낳고 싶습니다. 진정한 기도가 무엇인지 알게 하신 하나님을 사랑합니다.

말씀으로 기도하기

사무엘은 다윗에게 기름을 부은 제사장이고, 첫 선지자이자 마지막 사사이며, 왕정 체제의 기틀을 세운 위대한 인물입니다. 어머니 한나의 진정한 기도가 있었기에 위대한 사무엘이 태어났습니다.

진정한 기도를 하려면 구속사를 알아야 합니다. (삼상 1:1)

구속사는 '역사적으로 부활하신 예수님이 나를 구원해 주신 이야기' 입니다. 구속사의 기도를 드리기 위해 날마다 성경을 읽고 묵상하게 하옵소서. 사무엘의 조상들 이름이 성경에 기록된 것처럼, 유명하지 않고 자랑할 것 없어도 오늘 말씀을 내 삶에 적용하며 믿음으로 순종할 때 우리 가정의 영적인 계보가 이어질 것을 믿습니다.

진정한 기도는 고통이 수반되는 기도입니다. (삼상 1:2-8)

엘가나가 브닌나를 얻어 들임으로 가정의 고통이 시작됐습니다. 하나님을 믿어도 '이것쯤은' 하면서 끊지 못하는 것들을 회개합니다. 하나님이 임신하지 못하게 하심으로 한나에게 자녀가 없었던 것처럼, 나의 고난도 하나님이 막으셨기에 풀어 주실 분도 하나님뿐임을 알게 하옵소서. 고통 속에 인내를 배우고 연단하며 진실한 기도를 드리기 원합니다.

진정한 기도는 하나님께 가져가는 기도입니다. (삼상 1:9-11)

한나가 하나님 앞에서 통곡하며 기도한 것처럼, 사람에게 매달려 울지 않고 하나님 앞에서 눈물 흘리는 기도를 드리기 원합니다. 육적인 해결만 바라던 나의 기도가 영적인 소망으로 바뀌어 나의 모든 것을 하나님께 드리기로 서원하게 하옵소서.

진정한 기도는 내 생명을 내어 놓는 기도입니다. (삼상 1:12-18)

오직 영적 후사를 낳는 것이 소원이 되게 하옵소서. 서원을 했다고 금세 응답되는 것이 아니기에 침묵하며 신음하는 기도를 드릴 수밖에 없습니다. 나의 슬픔 때문에 오해를 받더라도 하나님과 통하고 있기에 침착하며 담대하게 하시길 원합니다. 그래서 제사장의 축복을 얻어 내는, 얼굴에 근심이 사라지는 응답을 받기 원합니다.

기도

하나님 아버지, 저에게 허락하신 고통 속에서 한나처럼 진정한 기도를 하게 하시니 감사합니다. 맹인이 눈을 떴어도 더듬더듬 길을 찾아가듯이 저에게도 오해와 핍박과 설움이 있었고 그 과정을 통해 주님께 한 걸음 한 걸음 나아갈 수 있었습니다. 참으로 한나처럼 통곡하며 창자가 끊어지는 신음의 기도가 무엇인지 경험했습니다. 그리고 나의 유익을 위해서가 아니라 남편의 구원을 위해서 제 생명을 내어 놓겠다고 서원할 수 있었습니다. 입도 벌리기 힘든 고통의 기도를 통해 주님과 마음이 통하는 기도를 하게 하신 것이 저에게 주신 축복이고 은혜임을 고백합니다.

하나님께서 저의 기도를 들으시고 남편의 구원으로 응답해 주셨습니다. 영적 자녀 삼아 주셨습니다. 저처럼 내세울 것 없는 한 사람의 기도로 남편을 구원하시고 그 구원이 우리들교회로 이어진 것이 얼마나 놀라운 은혜인지요. 주님, 이 순간 구원을 위해 고통하며 기도하는 모든이들의 기도를 들으시고 응답해 주옵소서. 육적인 소원을 내려놓고 영적 자녀를 낳기 위해 기도하는 한 사람, 한 사람의 기도로 가정이 살아나고 교회가 살아나고 나라가 살아날 것을 믿습니다. 내 자녀와 후손 대대로 구원의 역사를 이루어 가실 것을 믿습니다. 예수님의 이름으로 기도합니다. 아멘.

chapter 2

하나님 아버지, 값없이 받은 모든 것을
아낌없이 드리기 원합니다.
사람들에게 사명을 보여 줄 수 있는
'여호와께 드리는 인생'을 살아가도록
은혜를 내려 주옵소서.

여호와께 드리나이다

사무엘상 1장 19-28절

나실인은 하나님께 완전히 바쳐진 사람입니다. 나실인은 서원 기간 동안 발효된 음료와 술을 마셔서는 안 되고, 평생 삭도를 머리에 대지 않아야 합니다. 시체를 보거나 만져서도 안 되고, 부모가 돌아가셔도 몸을 더럽히지 않아야 합니다. 자기 몸을 거룩하게 구별하여 지켜야 하는, 오로지 하나님을 위하여 바쳐진 사람입니다.

자녀가 없어 고통받던 한나가 진정한 기도를 하며 아들을 주시면 나실인으로 드리겠다고 서원했습니다. 그리고 서원한 대로 아들을 여호와께 드렸습니다. 내가 간절히 원하던 아들을 얻었는데 어떻게 온전히 드릴 수 있었을까요?

여호와께서 생각해 주시기 때문에
드릴 수 있다

> 그들이 아침에 일찍이 일어나 여호와 앞에 경배하고 돌아가 라마의
> 자기 집에 이르니라 엘가나가 그의 아내 한나와 동침하매 여호와께서
> 그를 생각하신지라 (삼상 1:19)

누군가 나를 생각해 준다고 하면 굉장히 기분이 좋습니다. 나를 생각해 주는 사람이 있다면 힘이 나서 못할 일이 없어집니다. 모든 능력을 가진 대통령이 나를 생각해 준다면 더더욱 모든 것을 얻은 기분일 겁니다. 그런데 여호와께서 나를 생각하셨다고 합니다. 창조주 하나님이 나를 생각하시는데 내가 못할 일이 무엇이겠습니까?

하나님이 생각하시는 것은 '기억하심'입니다. 히브리어에서 '기억'이라는 것은 단순한 뇌의 활동이 아니라 행동이 따르는 것입니다. 여호와께서 한나를 생각하시고, 기억하시고, 곧 그녀의 태를 여셨습니다. 영적인 자녀를 낳기 위해 기도하며 전도하는데, 여호와께서 생각하심으로 바로 전도가 되었다면 이것이 영적인 태를 열어 주시는 일입니다.

그러나 태가 열리는 일은 당연한 것이 아니라 확률적으로도 하늘의 별 따기입니다. 그만큼 어려운 일이기 때문에 성경 전체에서 불임의 주제를 많이 다루십니다. 아브라함, 노아, 한나 같은 믿음의 위인들이 오랜 불임을 겪다가 하나님의 허락하심으로 자녀를 낳게 되었습니다. 이

를 통해 생명은 여호와께 속했다는 것을 보여 주신다고 생각합니다.

한나가 모든 것을 주님께 드리기로 결정함으로써 모두 하나님의 것이 됐습니다. 아이는 주셔도 안 주셔도 이미 하나님의 응답인 것입니다. 그래서 한나는 아침에 일찍 일어나서 여호와 앞에 경배하고 라마의 자기 집으로 돌아갔습니다.

여기서 또 중요한 것은 기도 응답을 받고 아침 일찍 일어나 여호와께 경배한 일입니다. 우리의 모든 예배가 일상생활에 복을 선사한다는 것을 알아야 합니다. 기도와 예배의 결론은 여호와께 경배하고 자기 집으로, 평범한 일상으로 돌아가는 것입니다. 하나님께서 사랑하시는 자에게는 평범한 삶을 잘 사는 은혜를 주십니다. 과거를 후회하고 미래를 걱정하는 사람은 오늘을 '빵점'으로 삽니다. 여호와께 경배하는 사람은 평범하게 잘 먹고, 잘 자고, 아침에 큐티하고, 성경 읽고, 독서하고, 운동도 하고, 균형 잡힌 삶을 삽니다. 그런 사람은 오늘을 낭비하지 않습니다. 그래서 여호와께 드리는 삶은 치우치지 않는 삶입니다.

하나님이 태를 열어 주셨으니 아이를 낳으려면 동침해야 합니다. 부부가 아들을 낳을 목적으로만 동침을 한다면 그것처럼 비극이 어디 있겠습니까? 그런데 한나가 경배하고 돌아왔더니 일상에서 남편 엘가나와 사랑이 깊어졌습니다. 아들을 낳기 위해서가 아니라 사랑이 깊어져서 둘은 동침을 했습니다. 이것이 바로 하나님께서 그를 생각하신 것입니다. 부부간의 사랑과 성은 영성과 깊이 연결되어 있습니다. 따라서 사랑의 관계는 기쁘게 해야 합니다. 우격다짐으로 동침하면 안 됩니다.

기도는 한나가 했지만 기도한 후에 이루어지는 일들은 하나님께서 주관하십니다. 그래서 한나가 기도하고 돌아왔더니 남편이 한나가 사랑스러워 자발적으로 동침을 한 것입니다. 내가 기도했더니 하나님께서 남편의 마음을 움직이십니다. 하나님이 사람을 통해 역사하시는 모든 것이 응답이고 감사한 일입니다. 영적인 것과 육적인 것이 이원론이 아니라 영과 육이 하나가 되어서 물 흐르듯 가는 것입니다.

자녀를 낳기 위해 기도하는 어느 집사님이 이런 나눔을 했습니다. 몇 달 전까지도 임신은 단순히 건강한 난자와 정자가 만나서 되는 것으로 알고 있었다고 합니다. 그래서 별다른 노력은 안 하고 날마다 배란일만 계산했습니다. 그런데 말씀을 들으면서 영적인 건강과 함께 육적인 건강도 생각하게 됐습니다. 그래서 몸에 나쁜 것을 끊고 공원에서 뛰고 걸으며 운동을 시작했습니다. 영적 건강을 위해 주일예배, 목장예배, 큐티, 기도를 열심히 하고 불임을 겪고 있는 동료를 위해 중보기도도 한다고 합니다.

이렇게 삶에서 실천하고 행해야 합니다. '기도했으니 하나님께서 알아서 하시겠지'가 아니라 운동하고, 큐티하고, 예배드리며, 또 끊어야 할 것을 끊는 영과 육의 균형 잡힌 적용을 해야 합니다.

• • • • • •

기도 응답을 받은 후에 일찍 일어나 경배하는 삶을 살고 있습니까. 응답받았다고 성경도 덮고, 예배와 기도도 소홀하지 않습니까. 하나님께서 나를 생각하시고 기억하시고 행하신 일이 있습니까. 그 일을 위해 오늘 내가 실천해야 할 적용과 행함은 어떤 것입니까.

때가 차야
드릴 수 있다

> 한나가 임신하고 때가 이르매 아들을 낳아 사무엘이라 이름하였으니
> 이는 내가 여호와께 그를 구하였다 함이더라 (삼상 1:20)

한나가 지금까지 임신하지 못했지만, 하나님 마음에 합하게 되니 임신하게 되었고 때가 차매 아들을 낳았습니다. 하나님께서 생각하셔서 태를 여셨는데, 한나도 '내가 여호와께 구했더니 아들을 낳았다'는 것을 기억했습니다. 자신이 한 일이 아니고 하나님이 주셨다는 것을 알았습니다. 하나님과 한나가 서로 통하고 생각하고 기억합니다.

모든 일에는 항상 때가 있습니다. 내 생각에 급한 일이라도 하나님이 정하신 때가 되어야 성취되는 것입니다. 그리고 하나님의 때가 차기까지 보내는 시간은 결코 헛되지 않습니다. 기도하고 기다리는 그 시간들이 모두 하나님의 창조하심의 시간입니다.

어떤 집에는 딸만 수두룩하고 어떤 집에는 아들만 수두룩합니다. 그런 아들딸이 하나도 없는 집도 있습니다. 다 섭리가 있는 것입니다. 그 섭리를 깨닫기까지 딸만 낳아서 죄인으로 사는 사람도 있고, 아들 낳았

다고 잘난 척하는 사람도 있고, 못 낳아서 슬픈 사람도 있습니다. 우리 모두가 자식 문제로 몸부림치면서 살아갑니다.

한나도 고통으로 몸부림 치다가 아들을 낳았는데 이름을 사무엘이라고 지었습니다. 사무엘은 히브리어로 쉐무엘인데 '쉐무'는 '들으셨다'는 뜻이고, '엘'은 '여호와'를 뜻합니다. '하나님이 들으셨다' 즉, 여호와께서 들으시고 이 아들을 주셨다는 뜻입니다. 그래서 사무엘은 살면서 어머니의 기도가 잊히지 않았을 것입니다.

"네 이름에 하나님의 이름이 있다. 너는 기도로 간구해서 얻은 아들이다. 그러니 언제나 하나님을 섬기고 기도하는 사람이 되어야 한다." 이런 간절한 소망이 아들의 이름에 담겨 있습니다. 어머니의 눈물의 기도가 있었기에 때가 차서 너를 낳았다는 것을 잊지 말라는 것입니다.

이 세상에 제일 아름다운 단어가 뭘까요? 옥스퍼드 사전에서 선정한 세상에서 제일 아름다운 단어 1위는 '엄마'(mother)라고 합니다. 아버지(father)는 70위 안에도 못 들었답니다. 악하고 음란한 세상에서도 어머니의 모성애가 있어서 그나마 세상이 유지되는 것 같습니다. 남자들은 자신을 먼저 챙겨도, 엄마들은 자식부터 챙깁니다. 힘든 일이 있어도 엄마는 자식부터 살리려고 합니다. 그래서 어머니의 눈물의 기도는 땅에 떨어지는 법이 없다는 말이 참 맞는 것 같습니다.

예배가 삶의 방식이 되어야
드릴 수 있다

> 그 사람 엘가나와 그의 온 집이 여호와께 매년제와 서원제를 드리러
> 올라갈 때에 (삼상 1:21)

한나는 이미 하나님을 만났습니다. 그런데 그 만남을 유지하기 위해 예배가 필요합니다. 사무엘상 1장에 '여호와께 드리기 위해서 예배드리러 올라갔다'는 말이 여러 번 나옵니다. 한나의 이야기는 '예배'가 시작이고 과정이고 마지막입니다. 예배 없이는 인생을 논할 수가 없는 것입니다.

예배는 삶의 방식입니다. 한나에게는 예배 자체가 삶의 방식이었습니다. 불임일 때도 기도하고, 임신해서도 기도하고, 괴로울 때나 기쁠 때나 항상 예배가 삶의 목적이었습니다.

브닌나의 질투와 격동이 없었다면 한나가 예배가 삶이 되도록 기도했을까요? 열 아들 부럽지 않은 남편이 있었는데 말입니다. 열 아들보다 더 나은 남편이 있으니 남편 사랑으로 만족하며 살았을지 모를 일입니다. 그러나 하나님은 브닌나를 통해 한나가 기도할 마음을 갖게 하셨습니다. 열 아들보다 나은 남편이 있어도, 최고로 좋은 남편을 두고도 진짜 신랑 예수님을 찾았다는 것이 중요합니다.

신랑 되신 예수님을 만나는 것이 우리 인생의 목적입니다. 가만히 보

면 다들 힘든 남편, 힘든 자녀 때문에 예수님을 찾게 됩니다. 좋은 남편, 좋은 자녀를 두고는 예수님을 찾기 어렵습니다. 그런데 한나가 엘가나 같은 좋은 남편을 두고도 하나님을 찾았습니다. 브닌나가 격동시켜도 남편 사랑으로 버틸 수 있었는데, 그 고난으로 하나님을 찾았다는 것이 중요합니다. 작은 고난을 통해서도 하나님을 찾는 사람이 있는가 하면, 굉장한 고난을 통해서도 하나님을 안 찾고 못 만나는 사람이 있기 때문입니다.

한나는 구약 시대에 성전에 올라가서 기도한 유일한 여인이 되었습니다. 서원을 실천한 여인이었습니다. 예배가 목적이 되면 육적인 것이 회복됩니다. 예배가 회복되면 모든 것이 회복됩니다.

사무엘을 낳고 드리는 예배는 매년제와 서원제를 겸한 예배였습니다. 우리가 기도할 때는 간절하지만 응답이 되고 나면 하나님을 향한 감사를 잊어버리기 쉽습니다. 그런데 한나는 감사를 잊지 않았습니다. 예배가 삶의 방식인 사람은 성실성이 나타납니다. 주님 앞에서 내가 뼛속 깊이 죄인이기에, 섬기게 해 주시는 것도 감사해 성실하게 약속을 지키게 됩니다. 그래서 저는 리더십의 최고 덕목이 '성실'이라고 생각합니다.

한나가 보여 준 성실함의 첫 번째는 하나님께 서원을 드린 것입니다. 그리고 두 번째는 서원을 했어도 자기 마음대로 드리지 않은 것입니다. 엘가나와의 사이에서 낳은 아들이기 때문에 남편에게 의논합니다. 서원의 문제를 남편과 상의하는 모습에서 가정의 질서를 지키려는 성실성이 엿보입니다.

오직 한나는 올라가지 아니하고 그의 남편에게 이르되 아이를 젖 떼
거든 내가 그를 데리고 가서 여호와 앞에 뵙게 하고 거기에 영원히 있
게 하리이다 하니 (삼상 1:22)

민수기 30장에 보면 아내가 서원을 했어도 남편이 안 된다고 하면 무
효가 될 수 있다고 했습니다. 그래서 한나가 엘가나에게 물어봅니다. 이
것이 성경적입니다. 미국에서는 세일즈맨이 아무리 여자를 꾀어 사인
을 받아 냈어도 나중에 남편이 아니라고 하면 모두 무효라고 합니다. 남
편이 무효화시키면 순종하시기 바랍니다. 하와가 뱀의 꼬임에 넘어간
것처럼 여자들은 충동적일 수 있습니다.

그의 남편 엘가나가 그에게 이르되 그대의 소견에 좋은 대로 하여 그
를 젖 떼기까지 기다리라 오직 여호와께서 그의 말씀대로 이루시기를
원하노라 하니라 이에 그 여자가 그의 아들을 양육하며 그가 젖 떼기
까지 기다리다가 (삼상 1:23)

한나와 엘가나 부부가 서로를 너무나 존중합니다. 하나님께서 주신
아이를 얼마나 키우고 싶었겠습니까? 얼마나 데리고 있고 싶겠어요?
그런데 한나가 물어보니까 "그대의 소견에 좋은 대로" 하라고 합니다.
당신 생각이 내 생각이고, 당신 생각이 하나님의 생각이라고 하면서 한
나를 존경하고 신뢰하며 배려합니다. 엘가나도 서원을 인정하는 성숙

한 모습을 보여 줍니다. 이런 모습이 크리스천 부모로서, 가장으로서 본보기가 되는 것 같습니다.

자녀 교육은 이렇게 부모가 하나가 되어야 잘할 수 있습니다. 부부가 서로를 존중하고 신뢰하며 배려하는 것이 예배가 회복된 사람의 특징입니다. 예배가 삶의 방식이고, 여전한 방식으로 생활예배를 잘 드리는 것이 여호와께 드리는 사람의 자격입니다. 내 삶에서 한 번 약속한 것은 지켜야 합니다. 하나님께서 주신 것이기 때문에 반드시 지켜야 합니다.

어떤 칼럼에서 기독교인 공무원과 교사는 당연히 뇌물과 촌지를 안 받기 때문에 동료 사회에서 왕따를 당하는 고통이 있어야 한다고 지적했습니다. 기독교인 검사, 판사, 변호사들은 다 이렇게 기도했을 겁니다. "고시에 붙게만 해 주시면 어려운 사람들을 위해 살겠습니다. 되게만 해 주시면 주의 일을 하겠습니다." 이렇게 기도했으면 지키라는 것입니다. 내 이익에 따라서 재판을 굽게 하는 일이 없으려면 승진과 소득의 불이익을 당하는 고통이 있어야 합니다. 또 기독교인 상인들은 정당한 이윤을 추구하기 때문에 노력만큼 보상을 못 받고 사업이 확장되지 못하는 아픔을 감수해야 합니다. 목회자와 교회는 실정법을 지켜야 합니다. 그래서 불이익을 받는 아픔이 있더라도 지켜야 합니다. 법을 지키는 것에서 더 나아가 덕이 되어야 합니다.

교회에 가고 기도하는 것도 중요하지만 하나님의 응답이 있기까지 고통당하는 구체적인 삶이 있어야 합니다. 그것이 서원이고 나실인 같은 삶이자 구별되게 사는 삶입니다. 예수님을 믿는 것은 십자가 지는 삶이기 때문에 세상에서 불이익을 당하고 손해를 볼 수밖에 없습니다.

••••••

예배가 곧 삶이고 삶의 방식이 되어 일상생활에서도 성실함을 나타냅니까. 부부 사이에 한나와 엘가나 같은 신뢰와 존중과 배려가 있습니까.

젖 떼기까지 양육을 잘해야
드릴 수 있다

> [22] 오직 한나는 올라가지 아니하고 그의 남편에게 이르되 아이를 젖 떼 거든 내가 그를 데리고 가서 여호와 앞에 뵙게 하고 거기에 영원히 있게 하리이다 하니 [23] 그의 남편 엘가나가 그에게 이르되 그대의 소견에 좋은 대로 하여 그를 젖 떼기까지 기다리라 오직 여호와께서 그의 말씀대로 이루시기를 원하노라 하니라 이에 그 여자가 그의 아들을 양육하며 그가 젖 떼기까지 기다리다가 [24] 젖을 뗀 후에 그를 데리고 올라갈새 (삼상 1:22-24)

말씀에는 "젖 떼기까지"라는 표현이 네 번 나옵니다. 그 시기가 아주 중요하기 때문에 반복해서 강조합니다. 어떤 아이든 젖 떼기까지는 양육을 잘해야 합니다. 한나는 사무엘이 충분한 애착을 경험할 때까지, 스스로 밥을 먹을 수 있을 때까지 데리고 키웠습니다. 어린 시절 엄마와의 애착관계가 부부관계나 인간관계에서 기본이 됩니다. 생활을 위해서 일도 해야겠지만 엄마는 아이에게 젖을 먹여야 합니다. 중동에서는 적어도 3년은 젖을 먹였다고 합니다. 엄마와 안정적인 애착관계가 형성되는 것이 아이의 인생 전체에 안정감을 줍니다.

"자식들은 여호와의 기업이요 태의 열매는 그의 상급"(시 127:3)이라는 말씀에서, '기업'에는 '유산'이라는 뜻뿐만 아니라 '숙제'라는 뜻이 있습니다. 하나님께 유산을 상속받은 것으로 끝이 아니라 잘 관리해야 할 책임이 있기 때문입니다. 그런 의미에서 자식은 우리에게 선물인 동시에 숙제인 것입니다.

여러분의 자녀는 숙제입니까, 상급입니까? 버릴 수도 미룰 수도 없는 무거운 숙제인 자녀가 우리에게 있습니다. 자녀를 하나님의 사랑으로 키우려면 부부간의 의사소통이 중요합니다. 누구 한 사람에게 미뤄서도 안 되고 어느 한 사람이 독재해서도 안 됩니다. 사무엘에 대한 한나의 의견에 엘가나는 '그대의 소견에 좋은 대로 하라'고 했는데, 좋은 것을 알아볼 수 있는 배우자라야 믿음의 자녀로 키울 수 있습니다.

어느 집사님이 직장에서 보너스를 받아서 아들에게 용돈을 주기로 했습니다. 평소엔 늘 아내가 아이들 용돈을 챙겨서 직접 줄 기회가 없었는데, 이번에는 직접 줄 생각으로 기분 좋게 아들을 불렀습니다. "아무개야~ 아무개야~" 하고 여러 차례 불렀지만 방에 있는 아들은 나와 보지도 않았습니다. 그래서 할 수 없이 아들 옆으로 가서 "특별 보너스다!" 하고 용돈을 내밀었더니 아들이 힐끗 쳐다보고는 "더러워서 안 받아” 하더랍니다.

분이 나서 한 대 때려 주고 싶지 않겠습니까. 그런데 자식이라서 참 았습니다. 회사라면 당장 때려치웠을 것이고, 친구라면 안 보면 되는데 자식이라 참는 겁니다.

집사님도 겨우 억지로 참으면서 “안 받을 거면 그만둬라. 앞으로 모든 용돈은 아빠가 줄 건데 너는 굶어 죽겠네?” 하고 모든 용돈을 딸에게 줬답니다. 그러고는 며칠 동안 아들이 꽁해 있는 게 안쓰러워서 먼저 문자를 보냈다고 합니다. 그래도 아들은 아빠를 아는 체하지 않았지만, 집사님은 자신이 아들을 위해 참는다고 하면서 한편으로는 용돈으로 생색만 내려 했다고 회개하셨습니다.

젖 떼기까지 양육하는 것이 이렇게 어렵습니다. 용돈을 주면서도 애교를 부려야 하는 부모의 비극, 자식 때문에 어쩔 수 없이 겪어야 하는 인내와 아픔을 모르는 사람은 인생을 논할 수가 없을 것 같습니다.

내가 젖을 먹이는 동안, 한 살이라도 어릴 때 말씀을 심어 주고 말씀으로 양육해야 합니다. 새끼일 때 가르쳐야 하는데 시기를 놓쳐서 다 큰 호랑이가 되면 그다음에는 부모의 힘으로 할 수가 없습니다. 부모보다 키도 크고, 성질은 호랑이 같아서 때릴 수도 없고, 야단을 칠 수도 없습니다. 부모가 자녀에게 욕을 먹고 맞는 경우도 허다합니다. 새끼일 때 양육을 잘했어야 하는데 그리 못한 것을 어쩌겠습니까. 부모에게 자식은 평생의 숙제이고 기도제목입니다. 부모가 젖 떼기까지 양육을 잘했다고 해도 끊임없이 문제를 일으킬 수 있습니다.

교회 안에도 젖먹이가 참 많습니다. 사도 바울의 표현처럼 영적으로 젖(고전 3:2)을 먹여야 하는 지체들을 위해 다 같이 수고해야 합니다. 브닌나처럼 시기 질투가 많은 사람이 공동체를 힘들게 할 수 있습니다. 세상 것을 다 갖추고도 예수님 신랑을 만나지 못해서 믿음의 지체들을 격동시키고 힘들게 합니다. 그런 한 사람을 양육하려면 얼마나 고생이겠습니까. 그럼에도 공동체 안에 젖먹이 브닌나 같은 사람이 있다는 걸 인정하고 주님의 사랑으로 먹이고 양육해야 합니다.

. . . . . .

자녀가 어릴 때부터 성경적 가치관으로 양육하며 하나님이 인생의 주인이심을 가르치고 있습니까. 나이를 먹었어도 영적으로 젖먹이에 불과한 가족, 지체가 있습니까. 그들을 젖 떼기까지 양육하기로 결단하며 구체적인 섬김을 실천해 봅시다.

가장 좋은 예물로
서원제를 드린다

> [24]젖을 땐 후에 그를 데리고 올라갈새 수소 세 마리와 밀가루 한 에바와 포도주 한 가죽부대를 가지고 실로 여호와의 집에 나아갔는데 아이가 어리더라 [25]그들이 수소를 잡고 아이를 데리고 엘리에게 가서 (삼상 1:24-25)

한나와 엘가나가 아들을 여호와께 드리러 가는데 수소 세 마리와 밀가루, 포도주를 예물로 가져갑니다. 일반적으로 드리는 예물보다 세 배 더 준비했습니다. 세상 이치로는 '귀하게 얻은 아들을 하나님의 일꾼으로 바치는데 예물까지 가져가는가' 할 수 있습니다. 손해보는 짓인 것 같고 바보처럼 보입니다. 그런데 신기하고 놀라운 것은 주의 일을 하면 그 자체가 너무 감사해서 더욱더 드리게 된다는 사실입니다. 나 같은 사람을 하나님이 써 주신다는 사실이 그저 감사한 겁니다. 나처럼 형편없는 사람이 전도를 해서 열매를 맺었을 때, 내가 영적인 생명을 낳고 양육한다는 것이 너무 감격스러운 겁니다. 그래서 시간도 재물도 더 드리고 싶어지는 것입니다.

우리가 섬길 수 있는 것이 감사해서 예물을 드리는 것이 진짜 예배입니다. '내가 왜 목자를 해서 내 집을 오픈하고 음식을 내놓고 내 시간을 써야 하나, 내가 얼마나 바쁜데 목장보고서 쓴다고 컴퓨터 앞에 앉아 있어야 하나' 이러면서 생색을 내고 불평한다면 구원의 상급이 오다가도 다시 갑니다. 내 시간, 내 재물이 어디 있습니까! 예수님은 나 같은 죄인을 구원해 주셨는데, 시간도 재물도 다 하나님께서 주신 것인데, 무엇을 드린다고 생색을 낼 수 있겠습니까. 값없이 주셨기에 값없이 드린다는 생각이 구원받은 자의 태도입니다. 구원의 은혜가 감사해서 섬기고 드리면 우리가 드린 헌금이 다른 사람의 구원을 위해 쓰입니다. 이렇게 교회가 움직이고 확장되는 것입니다.

한나가 이르되 내 주여 당신의 사심으로 맹세하나이다 나는 여기서
내 주 당신 곁에 서서 여호와께 기도하던 여자라 (삼상 1:26)

고통으로 기도하던 한나에게 '술을 끊으라'고 말할 정도로 엘리는 백
성의 사정과 아픔에 대해서 이해하지 못하는 목자였습니다. 그럼에도
한나는 엘리 제사장에게 사무엘을 데리고 가서 '내가 바로 당신 옆에서
기도하던 여자'라고 자신을 밝힙니다. 교회를 사랑하고 질서에 순종하
며, 오해를 받았지만 자신을 축복해 준 것에 감사해서 내가 그 여자라고
이야기하는 것입니다.

짐승의 피로 제사드리는 것밖에 몰랐던 엘리는 한나가 하나님과 교
통하고 통곡하고 신음기도하는 것을 보고 술에 취했다고 생각했습니
다. 그런데 한나가 하나님과 교통한 것이 진정한 예배의 시작이 되었습
니다. 한나는 진정한 예배와 기도의 선구자입니다.

[27] 이 아이를 위하여 내가 기도하였더니 내가 구하여 기도한 바를 여호
와께서 내게 허락하신지라 [28] 그러므로 나도 그를 여호와께 드리되 그
의 평생을 여호와께 드리나이다 하고 그가 거기서 여호와께 경배하니
라 (삼상 1:27-28)

예물 중에서 가장 좋은 예물은 나 자신이고 내 자녀입니다. 자녀가
곧 나 자신이기 때문입니다. 그런데 한나가 그 최고의 예물을 드리기로

하고 서원을 지켰습니다.

사무엘을 얼마나 키우고 싶었겠습니까! 그런데 고통 속에 눈물로 기도하면서 한나의 소망이 점점 영적인 것으로 바뀌었습니다. 남편 사랑도, 자식 낳는 것도 상급이 아니고 하나님 자체가 상급이 되었습니다. 인생의 목적이 행복이 아니라 거룩임을 깨달은 것입니다. 그래서 한나는 귀하게 얻은 아들이라도 하나님께 드릴 수 있었습니다.

내가 아직도 하나님께 나 자신을, 자식을 드리지 못하는 까닭은 내 인생의 목적이 거룩이 아니라 행복이기 때문입니다. 아직도 인간적인 사랑이 좋고 행복이 좋아서 서원을 지키지 못하고 드리지 못하는 것입니다.

자식을 낳고 싶다는, 지극히 개인적인 문제를 해결하기 위해서 올바르게 기도했더니 이 기도가 가정을 구원하고 이스라엘 공동체를 구했습니다. 내 문제를 해결하기 위해 개인적인 기도를 드려도 그 기도를 통해 내가 변화되고 살아날 것입니다. 그래서 우리의 기도가 가정과 사회와 나라와 전 세계를 위한 구원의 기도가 될 것입니다.

• • • • • •

내가 교회에서 봉사하고 수고하는데 헌금까지 해야 하나 싶습니까. 내가 누구보다 헌금을 많이 하는데 주차 봉사까지 해야 되나 생색이 납니까. 겉으로는 다 드리는 것 같은데 속으로 아끼고 아끼면서 드리지 못하는 것이 무엇입니까. 가장 중요한 나 자신, 나의 분신과 같은 내 자녀를 하나님께 전적으로 맡기고 드릴 수 있습니까.

내가 바빠서, 이혼을 해서, 젖 떼기까지 양육을 못 했어도, 내가 지금이라도 예수님을 믿고 달라지면 하나님께서 자녀를 책임져 주십니다. 내가 믿은 예수님을 자녀에게 전하고 하나님께로 인도하는 것, 이것이 가장 귀한 자녀를 여호와께 드리는 방법입니다.

우리들 묵상과 적용

제가 세 살 때 이혼하신 아버지는 새엄마들을 계속 바꾸셨고, 그때마다 저는 새엄마의 눈치를 보고 비위를 맞추면서 버려지지 않기 위해 온갖 노력을 다하며 살았습니다. 겉으로는 배려가 많고 착한 아이로 칭찬을 받았지만, 제 속에는 저를 버리고 집을 나간 친엄마에 대한 분노와 엄한 아버지에 대한 상처가 가득 차 있었습니다.

하루라도 빨리 집에서 탈출하기만을 고대하던 저는 직장에서 남편을 만나게 되었습니다. 이혼하고 혼자 살던 남편은 저에게 따뜻하게 대해 주었습니다. 믿음 없는 남편을 교회로 인도하면 저에게 감사하며 더 잘해 줄 거라는 기대를 하며 목장에까지 억지로 등 떠밀어 넣었습니다. 아픔이 있는 남편은 물 만난 고기처럼 양육을 받으며 주님을 알아 갔고,

그런 모습을 보면서 저는 슬슬 결혼을 생각했습니다.

　남편에겐 전처와의 사이에 아들이 있었지만 제 열심과 인내로 충분히 넘을 수 있는 문제라고 자만했습니다. 전처가 아이를 양육하다 보니 결혼하자마자 남편과 싸울 일이 너무나 많았습니다. 남편에게는 '이혼한 주제에 제대로 잘해 주지도 못한다'고 면박하기 일쑤였습니다.

　주말에 만나는 남편의 아들을 교회에 데려가기 위해 왕복 세 시간에 걸쳐 데려오고 데려다 주는 일도 만만치 않았습니다.

　하지만 다행히 아이는 예배드리는 것을 좋아했고 마침내 예수님을 영접했습니다. 아이가 소년부 제자훈련에 갔을 때 나눈 말씀 묵상이 있는데 어린 나이지만 예수님을 깊이 사랑하는 마음이 느껴졌습니다. 아이는 예수님이 열 명의 문둥병자를 고쳤으나 한 명만 돌아와 감사했다는 말씀을 묵상하면서 과연 자신은 그 한 명의 감사한 사람인가를 돌아보았다고 했습니다. 때때로 부모님의 이혼 사실이 너무 원망스러운 것을 보면 아직 그 한 명의 사람이 되지는 못한 것 같다고 했습니다. 하지만 지금까지 그런 것처럼 예수님이 자신의 상처를 어루만지고 치유해 주실 것을 믿는다면서 하나님께서 자신의 상처를 다른 사람을 돕는 도구로 사용하실 것이라고 했습니다. 그날 남편과 아이는 서로 끌어안고 울면서 용서와 회개의 고백을 했고 둘 사이의 관계도 예전보다 훨씬 도타워졌습니다.

　그런데 문제는 저였습니다. 남편과 저의 아기를 갖고 싶었던 것입니다. 생각보다 빨리 아기가 생기지 않자, 조급한 마음에 병원에 가서 이런저런 검사도 해 보았지만 남편과 저는 모두 정상이었습니다. 본격적으로 아기를 낳기 위해 임신 계획을 세워 배란 촉진 주사를 맞는 등 노력 끝에 결혼 2년 만에 임신을 했지만, 임신 9주 만에 계류유산이 되었습니다.

유산의 고통을 통해 저는 육적인 아들만을 바라며 엘리처럼 남편 아들의 아픔과 사정을 전적으로 이해해 주지 못한 죄를 깨닫고 회개했습니다. 그리고 태를 여는 분은 하나님이심을 알고 여호와께 경배하고 일상생활로 돌아와 여전한 방식의 삶을 잘 살아야겠다고 마음먹게 되었습니다.

그 무렵 남편의 전 부인에게서 아들을 데려다 키워 달라는 통보를 받았습니다. 아이를 키워 보지 못한 저는 막상 아이와 함께 살아야 한다니 엄두가 나지 않지만, 저도 이혼 가정에서 자랐기에 누구보다 그 아이가 혼란스러워할 것이 염려가 된다고 전처에게 솔직히 말했습니다. 그래도 말씀에 순종하여 '저에게 맡겨 주신다면 감사함으로 키우겠다'고 의사를 전달했습니다. 아이는 '친엄마와 살고 싶다'는 답장과 함께, 제가 믿는 하나님이 느껴져서인지 저에게도 '좋은 엄마가 돼 주셔서 고맙다'는 말까지 해 주었습니다.

하나님께서 생각해 주셔서 일이 잘 해결되고 남편의 신앙도 성숙해지니 사랑도 깊어져, 저는 지금 임신 9개월에 접어들었습니다.

때가 차매 태어날 아기를 젖 떼기까지 잘 양육해서 아이가 하나님과 친밀해질 수 있도록 애착관계를 잘 형성하겠습니다. 하나님께서 아이를 주신 것을 기억하고 예배가 삶의 방식이 되도록 힘쓰며, 두 아이를 태의 열매인 상급으로 키우기 위해 남편과 한마음으로 잘 살기를 기도합니다.

'여호와께 드리나이다'의 인생을 살게 해 주신 하나님을 사랑합니다.

말씀으로 기도하기

한나는 기도 응답으로 아들을 낳은 뒤 서원을 지켜서 아들을 나실인으로 드렸습니다. 나실인은 하나님께 완전히 바쳐진 사람입니다. 나와 나의 분신인 자녀를 하나님께 드리는 것이 가장 귀한 예물입니다.

여호와께서 생각해 주시기에 드릴 수 있습니다. (삼상 1:19)

진정한 기도와 예배의 결론은 한나처럼 여호와께 경배하고 자기 집으로 돌아가는 것입니다. 내가 여호와께 드리는 인생으로 평범한 삶을 잘 살며 시간을 낭비하지 않기를 기도합니다. 한나가 경배하고 돌아왔더니 남편 엘가나와 동침을 한 것처럼 창조주 하나님께서 나를 생각하심으로 우리 부부, 우리 가정이 회복되고 영과 육이 모두 응답받을 것을 믿습니다.

여호와께 드리려면 때가 차야 합니다. (삼상 1:20)

임신하지 못하게 하신 분이 하나님이신데, 하나님 마음에 합하게 되니 임신이 되고 때가 차매 아들을 낳았습니다. 어떠한 일도 하나님께서 정하신 때가 차야 성취되는 것을 믿습니다. 기다림의 시간이 하나님의 창조하심의 시간인 것을 알고 영적 생명을 낳기까지 잘 기다리고 인내하게 하옵소서.

예배가 삶의 방식이 되어야 드릴 수 있습니다. (삼상 1:21-23)

한나는 예배가 삶의 방식이 되었기에 기도 응답을 받은 후에도 감사를 잊지 않는 성실함을 보였습니다. 또 한나는 가정의 질서에 순종하여 서원을 지킬 수 있도록 남편에게 먼저 물어보았습니다. 예배가 삶의 목적이자 방식이 되어 가정과 직장, 교회에서 성실히 행하며 십자가 지는 삶을 살게 하옵소서. 한나의 서원을 인정하는 엘가나처럼 서로를 신뢰하고 배려하는 믿음의 부부, 믿음의 부모가 되기 원합니다.

아이를 젖 떼기까지 양육해야 드릴 수 있습니다. (삼상 1:22-23)

젖 떼기까지 애착이 잘 이루어지는 것이 부부관계, 인간관계에서의 기본이 됩니다. 자녀가 어릴 때부터 성경 말씀을 먹이고 가르치며 믿음으로 양육하게 하소서. 공동체에도 젖먹이가 있음을 인정하고 주님의 사랑으로 섬기고 양육하기 원합니다.

가장 좋은 예물로 서원제를 드립니다. (삼상 1:24-28)

한나가 귀한 아들 사무엘을 여호와께 드리러 가면서 많은 예물을 가지고 갑니다. 내가 드릴 수 있다는 것, 섬길 수 있다는 것이 너무 감사해서 가장 귀한 것으로 드리는 진정한 예배가 되게 하옵소서. 나와 내 자녀를 가장 귀한 예물로 하나님께 드리며 하나님께서 주인 되신 삶을 살기 원합니다.

기도

하나님 아버지, '여호와께 드리는 삶'은 여호와께서 생각해 주시는 인생이라고 했습니다. 이 땅에서 여호와께서 나를 생각해 주시는 인생이 얼마나 대단한 것인지 저는 그것을 경험했습니다. 여호와께서 생각해 주시면 우리의 모든 문제는 끝난 것입니다.

여호와께서 생각해 주시는 인생이 되니 아이를 낳고 드리는 것이 쉬워졌습니다. 때가 차기까지 기다리는 것도 쉬워졌습니다. 그러나 예배가 삶의 방식이 되기까지 아직도 하나님의 거룩에 미치지 못해서 안타까울 때가 많습니다. 말씀대로 적용한다지만 아직도 타협하고 싶은 것들이 있습니다. 우리의 자녀를 보고도 낙심했다 기뻤다 하면서 젖 떼기까지 양육을 하지 못하는 우리를 불쌍히 여겨 주시옵소서.

그럼에도 오늘 제 자신이 예물이 되어 하나님께 드려지기를 원합니다. 우리의 자녀가 온전히 하나님께 드려지기를 원합니다. 이 소원을 주님께서 받아 주실 줄 믿습니다. 그래서 모든 사람에게 사명을 보여 줄 수 있는 '여호와께 드리나이다'의 인생을 살아가도록 은혜 위에 은혜를 더하여 주시옵소서. 우리의 모든 인생이 '여호와께 드리는 인생'이 되기를 원합니다. 예수님의 이름으로 기도합니다. 아멘.

chapter 3

하나님 아버지,
기도 응답 때문이 아니라
오직 하나님만을 상급으로 누리며
찬양하기 원합니다.
가르쳐 주옵소서.

오직 하나님만 기뻐하는
찬양기도

사무엘상 2장 1-10절

우리가 간절한 기도제목을 가지고 기도할 때는 무엇이든 다 하겠다고 말합니다. 기도만 들어주시면, 응답해 주시면 못할 일이 없을 것 같습니다. 그런데 막상 응답을 받고 나면 감사는커녕 하나님을 잊을 때가 많습니다.

한나가 진정한 기도로 서원기도를 드리고 아들 사무엘을 낳는 응답을 받았습니다. 기도를 들으시고 응답하시는 하나님을 경험하니 그 감격을 이기지 못해 감사 찬양을 드리게 됩니다. 기도 응답을 받은 후에 드리는 기도가 찬양기도입니다. 그리고 진정한 믿음의 사람은 찬양기도를 잘하는 사람입니다.

오직 여호와를 즐거워하며
찬양한다

> 한나가 기도하여 이르되 내 마음이 여호와로 말미암아 즐거워하며 내 뿔이 여호와로 말미암아 높아졌으며 내 입이 내 원수들을 향하여 크게 열렸으니 이는 내가 주의 구원으로 말미암아 기뻐함이니이다 (삼상 2:1)

마리아는 예수님을 잉태하고 "내 영혼이 주를 찬양하며 내 마음이 하나님 내 구주를 기뻐하였음은 그의 여종의 비천함을 돌보셨음이라 보라 이제 후로는 만세에 나를 복이 있다 일컬으리로다"(눅 1:46-48) 하며 기쁨으로 찬양기도를 드렸습니다. 한나는 자신의 뿔이 여호와로 말미암아 높아졌기에 찬양했고, 마리아는 비천한 자신을 돌보셨기 때문에 찬양했습니다. 마리아는 성령으로 아기를 잉태했습니다. 한나도 불임 상태에서 아기를 잉태했습니다. 이 둘의 공통점은, 아들을 주셨기에 찬양한 게 아니라 하나님 자체를 찬양했다는 것입니다. 내가 낮은 자임에도 여호와로 말미암아 높아졌기 때문에, 내가 비천한데도 하나님께서 돌보셨기 때문에 찬양을 했습니다. 나의 낮음과 비천함을 자각하는 것이 찬양의 근거이고 만세에 복이 있는 인생입니다.

당시엔 문자적으로 아기를 잉태하지 못하는 것은 하나님의 저주로 인식되어서 멸시받을 조건이었습니다. 한나가 남편에게 열 아들 못지 않은 사랑을 받아도 임신하지 못하는 슬픔을 위로받을 수는 없었습니다. 우리가 모든 것을 갖추어도 영적 자녀를 낳지 못하면 고난이 왔을 때 산산이 부서질 수밖에 없습니다.

한나는 서원기도의 응답으로 사무엘을 낳고, 그 아들을 여호와께 드리며 영적 자녀를 낳는 것이 무엇인지 알았습니다. 받은 은혜가 너무 커서 젖을 뗀 사무엘을 엘리 제사장에게 맡기면서 감사 찬양의 기도를 드렸습니다.

찬양의 내용을 보십시오. 사무엘 때문에 기뻐한다는 말은 없습니다. 아들을 낳아서 감사하다는 내용이 아닙니다. 자식 주셔서, 돈 주셔서가 아니라 오직 주님 때문에 기뻐하며 찬양을 합니다. 오직 여호와로 말미암아 내 뿔이 높아져야 합니다. 오직 여호와를 인하여서만 내 입이 열려야 합니다. 하나님의 사랑을 모를 때는 전도도 못하다가 이제는 입이 크게 열려서 전도도 하고 찬양을 하는 것입니다.

저도 제가 믿는 하나님을 직접 경험했습니다. 남편의 사랑과 비교가 안 되는 하나님의 사랑을 경험했습니다. 하나님 자체가 저에게 상급이 되었습니다. 연애할 때 애인이 아무리 선물 공세를 해도 사람 자체가 나에게 와야 하고 그 사람이 좋아야 결혼할 수 있습니다. 선물만 보내고 사람이 안 온다면 어떻게 연애를 하겠습니까. 선물이 없어도, 가진 것이 없어도 사람이 좋으면 하는 것이 결혼입니다. 마찬가지로 아무것도 없어도 예수님 자체를 좋아해서 하는 것이 예수 신랑과의 연합입니다. 그리 아니하실지라도 나는 여호와의 구원으로 말미암아 기뻐하는 것이 진정한 사랑입니다. 한나가 이 진정한 사랑을 알았습니다.

어느 목사님의 간증입니다.

이 목사님은 고등학교 때 부모님이 돌아가셨고 전교 꼴찌로 졸업을 했습니다. 졸업 후 신문 배달을 하고 독서실 청소를 하면서 살았는데, 그래도 주의 일을 해야겠다는 마음에 신학대학교에 지원하기로 했습니다. 아무것도 가진 것 없이 신학을 하겠다는 마음만 있는데, 그래도 이런 분을 신랑으로 맞아 준 부인이 있었습니다. 피아노 반주자였던 부인은 집안도 좋고 대학도 나온 사람이었습니다. 그런 아내가 "내가 돈을 벌 테니 당신은 신학을 위해 기도하고 공부만 하시라"고 했습니다. 그래서 공부만 하면서 신학대학에 원서를 내는데 계속 떨어지는 겁니다. 떨어지기를 열 번, 자그마치 10년 동안 떨어졌습니다.

10년째 떨어지고 나니까 기가 막혀서 금식기도를 다녀온 뒤 심기일전하고 공부하려는데, 전화가 왔습니다. 지원했던 한 학교에서 결원이 생겨 추가 합격이 되었다고 연락이 온 것입니다. 그런데 그날 다른 두 학교에서도 연락이 와서 세 군데에서 추가 합격이 되었습니다.

저녁에 부인이 퇴근해서 돌아왔습니다. 목사님은 추가 합격 이야기는 안 하고, "내년에 또 떨어지면 어떻게 할 거냐"고 물었습니다. 그러자 부인이 눈물을 흘리면서 "그래도 기도하고 공부만 하세요. 돈은 제가 벌게요" 했습니다. 그래서 한 번 더 "이렇게 2~3년을 더 했는데도 떨어지면 어떡할 거냐"고 물었습니다. 부인은 또 눈물을 흘리면서 "그래도 당신은 기도하고 공부만 하세요. 제가 벌게요" 하더랍니다. 목사님이

"마지막으로 한 번만 더 물어보겠는데 앞으로 10년 동안 더 떨어지면 어떡할 거냐"고 했습니다. 그랬더니 부인이 눈물을 흘리면서 "그래도 당신은 주의 일을 해야 돼요. 그러니 기도하고 공부하세요. 제가 일해서 돈 벌게요" 했답니다.

그날 밤 목사님과 사모님은 고시에 붙은 것도 아니고 하버드에 붙은 것도 아니고 지방 신학대학교에 결원이 생겨서 붙은 사실만으로 너무 기뻐서 얼싸안고 밤새도록 울었다고 합니다. 그리고 지금 그분들은 목회 사역을 아름답게 감당하고 있습니다.

목사님이 이 사모님을 얼마나 극진하게 여기시겠습니까. 아무것도 없을 때, 정말 어려울 때 사람의 진심이 드러나게 마련입니다. 부모도 없고, 가진 것도 없고, 배운 것도 없는 그를 그 자체로 기뻐하고 사랑했기 때문에 하나님께서 그 뿔을 높이셨습니다. 결혼은 이렇게 해야 합니다. 사람 자체가 좋아서 펄쩍펄쩍 뛰어야 합니다. 우리가 하나님을 사랑하고 예수님을 사랑한다고 하는 것도 마찬가지입니다. 무엇을 주셔서, 뭔가를 해 주셔서가 아니라 하나님이 좋고 예수님이 좋아서 기뻐 뛰어야 하는 것입니다.

오직 여호와로 말미암아 기뻐하고 찬양하는 것은 마리아와 한나처럼 가진 것이 없고 고난당한 사람들이 합니다. 가진 것 많고 부족할 것 없는 사람이 오직 주의 구원으로 말미암아 기뻐하겠습니까. 엘리가 제사장이었지만 여호와를 인하여서만 이렇게 찬양했습니까. 어떤 분들은 제가 '고난의 신학'을 부르짖는다고 하지만 고난당하는 사람이 주님을 높이는 것이 사실입니다. '고난 따로 믿음 따로'라고 생각하지 마십시오.

하나님께서 병을 고쳐 주시지만 병 낫는 것 때문이 아니라 하나님 때문에 기쁜 것입니다. 병 낫는 기쁨 자체는 오래가지 않습니다. 병 낫기 위해 기도하고 서원하는 것이 아니라 그 아픔을 통해서 주님을 만나야 합니다. 그러면 주님을 만난 그 자체가 기뻐서 병이 낫든 안 낫든 기뻐할 수 있습니다. 주님은 영원하시고 기쁨의 근원이자 즐거움의 근원이시기 때문입니다.

'여호와는 구원이시다'라는 뜻을 가진 이름이 바로 '예수아', 즉 예수입니다. 하나님께서 예수 그리스도를 통하여 인생을 구원하신 놀라운 일을 하셨습니다. 이 구원을 얻은 자는 비천한 데서 높아졌으며 원수들을 이겼고 이로 인하여 즐거워하고 기뻐합니다.

> 여호와와 같이 거룩하신 이가 없으시니 이는 주밖에 다른 이가 없고
> 우리 하나님 같은 반석도 없으심이니이다 (삼상 2:2)

여호와와 같이 거룩하신 이가 없으시다, 주밖에 다른 이가 없다는 이 고백이 구별된 가치관입니다. 이 고백이 구원받은 우리 모두의 찬양이 되어야 합니다.

• • • • • •

나는 무엇으로 말미암아 기뻐하며 감사합니까. 돈이 생겨서, 아이 성적이 잘 나와서,

병이 나아서 기뻐합니까. 돈이 없어도, 성적이 떨어져도, 병에 걸려도 그 고난으로 주님을 만나고 구원받았기에 주님 자체를 기뻐하며 감사하고 있습니까.

지식의 하나님을
찬양한다

> 심히 교만한 말을 다시 하지 말 것이며 오만한 말을 너희의 입에서 내
> 지 말지어다 여호와는 지식의 하나님이시라 행동을 달아 보시느니라
> (삼상 2:3)

한나가 잉태를 통해서 하나님을 경험하고, 하나님은 모든 것을 아시는 전능하신 분임을 깨달았습니다. 자신의 모든 행동을 달아 보시는 것을 알고 교만한 말과 오만한 말을 회개했습니다. 한나가 어떤 교만한 말을 했을까요? "하나님이 나를 잊으셨나 봐. 내가 이렇게 힘든데 하나님도 이 문제는 해결하지 못하시는 거야." 이것이 교만한 말입니다.

하나님의 지식은 행동을 달아 보는 것입니다. 브닌나가 격분을 시키고 괴롭혀도 한나가 똑같이 격분하지 않고 가만히 있었던 것을 하나님이 달아 보셨습니다. 그래서 자식을 주셨습니다. 브닌나의 격동에 한나가 어떻게 반응하는지, 엘가나의 사랑이 있어도 한나가 하나님을 구하고 찾는 것을 하나님께서 다 보시고 자식을 주신 것입니다. 하나님은 모르시는 것이 없습니다. 지식의 하나님이 우리의 모든 말과 행동을 달아

보고 지켜보십니다.

> [4] 용사의 활은 꺾이고 넘어진 자는 힘으로 띠를 띠도다 [5] 풍족하던 자들
> 은 양식을 위하여 품을 팔고 주리던 자들은 다시 주리지 아니하도다
> 전에 임신하지 못하던 자는 일곱을 낳았고 많은 자녀를 둔 자는 쇠약
> 하도다 (삼상 2:4-5)

하나님 없는 용사, 박사는 교만하기 때문에 꺾일 수밖에 없습니다.
그러나 겸손한 사람은 패배하고 넘어질지라도 힘을 더해 주십니다. 높
은 자는 낮추시고 약한 자는 강하게 하시는 것이 하나님의 반전입니다.
　결혼 후 시집살이를 하면서 제가 걸레도 제대로 못 빨고, 힘도 잘 못
쓰고, 이불 홑청도 혼자 못 빨고, 마늘도 제대로 못 까고, 전 하나도 제
대로 못 부친다고 "할 줄 아는 게 뭐냐, 뭘 배웠냐"는 소리를 날마다 들
었습니다. 속상해서 남편에게 그런 이야기를 하면 "팔자가 늘어져서 그
런다. 아줌마 거느리고 그거 하나 못 하냐. 대학 나온 것 맞느냐"고 더
한 소리를 들었습니다. 결혼생활 13년 동안 제가 잘하는 것에 대해선
한 번도 인정받지 못하고 계속 못한다는 소리만 들었습니다. 제가 생각
해도 일류 대학을 나온 저의 지식이 어쩌면 그렇게 아무 소용이 없는지
정말 '아무짝에도' 쓸모가 없었습니다.
　그래서 패배하고 넘어진 것 같았지만, 시집살이 5년 만에 하나님을
만나고 저의 교만을 회개하면서 제게 힘이 생겼습니다. 날마다 성경을

보고 묵상하며, 영적으로 잉태하지 못하던 제가 만나는 사람마다 전도하고 영의 자녀를 낳게 됐습니다. 영적 자녀를 못 낳을 때는 남편, 시어머니에게 "네, 네, 네…" 하면서 힘이 없었는데, 시어머니에게도 말씀을 나누고 복음을 전할 힘이 생겼습니다. 남편이 무서워서가 아니라 남편의 구원을 위해 순종하는 능력이 생겼습니다.

결혼생활과 직장생활과 학업 등은 영적 자녀를 낳기 위해 하는 것입니다. 육적으로 지식을 쌓고 능력을 쌓아서 용사가 되는 것이 아니라, 영적 자녀를 낳는 것이 우리가 하는 모든 일의 목적입니다.

35년 동안 유치원 원장으로 근무하던 제 친언니가 몇 년 전 퇴임을 했습니다. 언니는 대통령 표창, 교육감 표창도 받은 유아교육계에서 인정받는 교사였습니다. 언니도 유치원 원장이라는 그 자리에서 날마다 유치원 선생님들과 큐티하고, 학부형들을 전도하고, 영의 자녀를 낳는 일에 힘썼습니다. 퇴임식에 선생님들, 학부형들이 나와서 원장님 덕분에 예수님을 믿게 되었다고 하는데 퇴임식이 아니라 간증 집회 같았습니다. 언니는 교육자로서 주어진 자리에서 열심히 영의 자녀를 낳고 있었습니다. 그래서 교사로서도 인정받고 다른 사람들을 인도하는 힘을 갖게 된 것입니다.

. . . . . .

말과 행동을 달아 보시는 하나님께 나는 어떤 평가를 받을까요. 큐티한다고 뭐가 달라지나, 기도한다고 되는 게 아니다 하면서 교만한 말을 하고 있습니까. 육적으로 꺾여서 넘어지는 것이 영적으로 힘을 얻는 길임을 알고 있습니까. 넘어지고 주린 자리에서도 복음으로 영의 자녀를 낳으며 풍성함을 누리고 있습니까.

하나님의 절대주권을
찬양한다

> [6]여호와는 죽이기도 하시고 살리기도 하시며 스올에 내리게도 하시고 거기에서 올리기도 하시는도다 [7]여호와는 가난하게도 하시고 부하게 도 하시며 낮추기도 하시고 높이기도 하시는도다 [8]가난한 자를 진토 에서 일으키시며 빈궁한 자를 거름더미에서 올리사 귀족들과 함께 앉 게 하시며 영광의 자리를 차지하게 하시는도다 땅의 기둥들은 여호와 의 것이라 여호와께서 세계를 그것들 위에 세우셨도다 (삼상 2:6-8)

죽이기도 하시고 살리기도 하시고 가난하게도 하시고 부하게도 하시 는 것은 남편 마음, 사장 마음, 대통령 마음대로도 아니고 '하나님 마음' 입니다. 이 세상 모든 것이 하나님의 절대주권 아래 있습니다.

땅의 기둥은 여호와의 것입니다. 내가 의지할 기둥은 권력이나 학벌 이 아니고 돈, 배우자, 자녀도 아닙니다. 세계가 여호와의 기둥 위에 세 워졌기 때문에 내 가족이라도 여호와를 모르면 의지할 대상이 아닙니다.

하나님께서 한나에게 세계를 보는 지혜를 주셨습니다. 세상의 역사 는 승자 중심의 역사이지만 성경의 역사는 가난한 자를 일으키시고 빈궁한 자가 영광의 자리를 차지하는 역사입니다. 예수님이 십자가와 부활로 우리를 죽음에서 일으키신 일은 그 절정을 차지합니다.

그래서 힘든 사람들에게는 복음이 기쁜 소식입니다. 저도 힘든 남편을 만나서 세상이 여호와의 것임을 알게 됐습니다. 힘든 배우자, 힘든 자녀들 때문에 우리가 하나님께 소망을 두고 하나님만 의지하게 됩니다. 그래서 힘든 남편은 좋은 남편입니다. 힘든 자녀가 좋은 자녀입니다. 내 마음대로 좋고 나쁘고를 결정하는 게 아닙니다. 모든 것이 하나님의 주권 하에 있습니다.

제 친언니가 학벌이나 능력이 좋아서 유치원 원장으로 인정을 받은 게 아닙니다. 언니도 남편 대신 생계를 책임져야 하는 고난이 있었습니다. 그 고난으로 힘든 가운데 큐티를 하면서 언니가 달라졌습니다. 말씀을 묵상하면서 선생님들과 학부형들에게 영향력을 끼치고 인정받는 교사가 되었습니다.

하나님께서 나를 죽이기도 살리기도 하시는 것은 내가 있는 그곳에서 영적 자녀를 낳으라고 하시는 것입니다. 가난한 자리에서도, 빈궁한 자리에서도 영적 자녀를 낳음으로 가정을 일으키고 교회와 공동체를 일으키라고 가장 알맞은 배우자, 가장 알맞은 자녀를 허락하신 것입니다.

• • • • • •
내 삶을 지탱하는 기둥은 누구(무엇)입니까. 죽이기도, 살리기도 하시는 창조주 하나님을 삶의 중심에 놓고 의지합니까. 하나님의 절대주권을 찬양하라고 내 힘으로 해결하지 못하는 문제를 주셨다는 걸 깨닫고 감사합니까.

거룩한 자들의 발을 지키시는
하나님을 찬양한다

> 그가 그의 거룩한 자들의 발을 지키실 것이요 악인들을 흑암 중에서
> 잠잠하게 하시리니 힘으로는 이길 사람이 없음이로다 (삼상 2:9)

'저기는 거룩하지 않으니까 가지 말아야지' 하면 안 가게 됩니까? 영적 자녀를 낳으려면 전도를 해야 하는데 그러기 위해서 저는 큐티를 했습니다. 제가 묵상하고 적용한 말씀이 있어야 그 말씀으로 기도하고 전도할 수 있기 때문입니다. 그래서 날마다 큐티하고 말씀을 전했더니 하나님께서 저절로 세상의 길은 안 가게 하시고 전도의 길, 양육의 길로 다니게 하셨습니다. 이것이 거룩한 자들의 발을 지키시는 것입니다.

남편이 떠난 뒤 당시 다니던 교회 담임목사님의 요청으로 큐티 모임을 시작하게 됐는데, 그때 제 나이가 30대 후반이었습니다. 재수생 큐티 모임을 인도할 때는 아이들에게 따뜻한 밥이라도 먹이고 싶어서 저희 집을 개방해서 모임을 가졌습니다. 흉악한 세상에 남편도 없는 집을 개방하고 수많은 사람이 큐티 모임에 드나들었는데 하나님께서 저를 지켜 주셨기에 아무런 사고도 없었습니다. 제가 운전이 서툴고 길을 잘 몰라도 곳곳에 집회를 인도하고 전도하러 다니도록 하나님께서 불꽃

같은 눈으로 저를 지켜 주셨습니다.

남편이 떠난 뒤 저에게도 유혹이 많았습니다. '이제 남편도 없으니 피아노를 가르쳐서 돈을 벌어야지.' 이것이 첫 번째 유혹이었습니다. 그렇게 악착같이 공부하고 연습해서 피아노 선생이 됐는데, 집에 피아노도 세 대나 있는데, '학생 하나라도 더 가르쳐야지' 하는 생각이 들지 않겠습니까. 당장 내 아이들도 가르치고 키워야 하는데 영적 후사 낳는 것에만 마음을 둘 수 있겠습니까.

그런데 재수생 큐티 모임을 인도하면서 아이들이 살아나는 것을 보니 피아노를 가르치는 것보다 더 큰 기쁨이 있었습니다. 아이들이 달라지고 그 부모가 같이 와서 말씀을 듣고 변화되는 걸 보니까 점점 더 말씀 전하는 일에만 전념하게 되었습니다. 그렇게 큐티 모임이 하나둘 늘어나고 모이는 사람도 많아지면서 피아노 가르치는 일을 내려놓게 되었습니다. 날마다 큐티하고, 양육하고, 다른 사람을 살리고자 한 것이 저에게 거룩한 밥이 되어 하나님께서 저를 지켜 주셨습니다.

사실 집을 개방한다는 것은 쉬운 일이 아닙니다. 목장예배를 위해 집을 개방하고, 거기에 식사를 대접하고, 다과까지 준비해야 하니 쉬운 일이 아닙니다. 요즘 같은 핵가족 시대에 명절날 형제들끼리 모이는 것도 쉽지 않은데, 매주 그것도 교회 성도들을 불러 밥을 해 먹인다는 게 쉬울 리 없습니다. 어떤 분은 교회에서 매주 식사 메뉴를 정해 주면 좋겠다고 합니다. 아마 그래도 힘들 것입니다. 그럼에도 내가 목장예배를 준비하고 섬기는 모습을 보여 주는 것이 하나님께서 나를 지키시고 자녀를 지키시는 비결입니다. 집에는 손님이 많이 와야 하는 법입니다. 손님을 먹이고 섬기라고 우리에게 집도 주시고 돈도 주신 겁니다.

여자 집사님들은 목장예배 준비하면서 두통이 생길 지경이라는데 남자 집사님들은 좋아합니다. 예배드린다고 음식 차리지, 집안 청소해서 깨끗해지지, 다른 집 요리도 맛보지, 남편들에게는 최고입니다. 그러니 믿음 없는 남편의 구원을 위해서라도 열심히 집을 개방하고 목장예배를 섬기십시오. 모여서 기도하고 찬송하고 말씀 나누고, 하나님 때문에 울고 웃는 모습을 보여 주는 것이 자녀들에게도 최고의 신앙교육입니다.

기름 부은 자를 높이시는
하나님을 찬양한다

> 여호와를 대적하는 자는 산산이 깨어질 것이라 하늘에서 우레로 그들을 치시리로다 여호와께서 땅 끝까지 심판을 내리시고 자기 왕에게 힘을 주시며 자기의 기름 부음을 받은 자의 뿔을 높이시리로다 하니라 (삼상 2:10)

아직 이스라엘에 왕이 세워지기 전인데 '왕에게 힘을 주시며 자기의 기름 부음을 받은 자의 뿔을 높이신다'고 합니다. 여기서 '왕'과 '기름 부음을 받은 자'는 다윗을 가리킵니다. 후에 사무엘이 다윗에게 기름을 부어서 다윗이 왕이 됩니다. 그리고 '여호와를 대적하는 자'는 다윗을 대적했던 사울을 의미합니다. 하나님을 믿는 나를 대적하는 자는 곧 하나님을 대적하는 자라는 믿음을 가지시길 바랍니다. 나를 비방하고 대적하는 것이 주님을 대적하는 것이라는 믿음을 가지고, 누군가 나를 대적할 때 그것을 주님께 넘기면 됩니다.

대적하는 자는 산산이 깨어진다고 했습니다. 사울이 다윗보다 먼저 기름 부음을 받고 이스라엘의 초대 왕이 됐지만, 모든 것을 갖추고도 아들 같은 다윗을 시기 질투하면서 대적하다가 산산이 깨어졌습니다. 본인뿐 아니라 부인들과 아들들도 다 비참하게 죽었습니다. 오직 절뚝발이 므비보셋 한 사람만 하나님의 은혜로 살아남았습니다.

한나에게 통찰력이 생겨서 아직 다윗이 등장하기 전임에도 그를 통해 하실 일들을 찬양했습니다. 우리가 내 삶에서 그리스도를 보고 매사를 구속사적으로 생각하면 세상에 대한 통찰력을 갖게 됩니다. 그러므로 내 사건을 통해서 예수 그리스도를 보게 해 달라고 기도해야 합니다. 부도와 배신, 이혼, 가출의 사건에서 예수 그리스도를 보고 그 속에서 어떻게 구원을 이룰 것인가 생각하면 통찰력이 생기고 지혜가 생깁니다. 그것을 경험하고 나면 가정과 직장과 결혼 등 모든 것에 대해서 뛰어난 통찰력을 갖게 됩니다.

● ● ● ● ● ●

돈이 없고 시간이 없고 건강이 없어서 마음대로 못 다닙니까. 마음대로 밖에 나가지 못하고 교회밖에는 갈 곳이 없는 지금의 환경이 하나님께서 거룩한 발로 지키시는 은혜임을 믿습니까. 고난 속에 말씀을 묵상하고 적용했더니 사건을 해석하고 세상을 분별하는 통찰력이 생기는 것을 경험하고 있습니까.

한나가 1절에서 10절까지 찬양기도를 하면서 아들 사무엘 이야기를 한 번도 안 했습니다. 내가 창조주 하나님을 알게 되었는데 아들을 얻었다고 그것을 자랑하겠습니까? 성적 올랐다고, 승진했다고 그걸 자랑하고 찬양하겠습니까! 창조주 아버지 하나님, 신랑 되신 예수님을 만났기에 그런 것과는 비교도 안 되는 대단한 기쁨과 감격이 있는 것입니다. 밤낮 물결이 찰싹거리는 바닷가에서 병 낫기만, 돈 생기기만 바라지 말고, 엄청난 은혜 가운데로, 요동치 않는 바다 가운데로 들어가시기 바랍니다. 바다를 창조하신 그 하나님을 알기 바랍니다.

이로부터 천 년 후에 마리아가 한나의 이 찬양을 적용해서 구원자 예수 그리스도를 잉태한 것에 대해서 찬양을 드립니다. 내가 오늘 감사함으로 하나님을 찬양하면 내 자녀, 그 자녀의 자녀, 후손들이 우리의 찬양을 배워서 그대로 드릴 것을 믿습니다.

우리들 묵상과 적용

저는 여덟 살 때쯤 이웃 할머니를 통해 교회에 다니기 시작했습니다. 무당이셨던 어머니는 어린아이가 한 번 정도 가는 거려니 생각하셨지만, 저는 교회가 너무나 좋았습니다. 그러다 교회에 가는 것 때문에 어머니께 심하게 매를 맞았고 결국은 집에서 쫓겨났습니다. 저는 살기 위해 기술을 배웠습니다. 낮에는 일터에서 일하고 밤이면 교회 예배당 마루에서 잠을 잤습니다.

직장생활을 하던 중 남편을 만났고 3대째 모태신앙이란 말만 믿고 더 이상 생각해 볼 것도 없이 남편에게 매달려 결혼을 했습니다. 그러나 행복할 것 같았던 결혼생활은 찢어지게 가난한 삶과 남편의 계속되는 여자 문제로 너무나 힘들었습니다.

내가 할 수 있는 것은 하나님께 나아가는 것밖에 없어서 남편을 돌아오게 해 달라고 날마다 기도했습니다. 하나님이 기도에 응답하셔서 남편이 가정으로 돌아오고 신앙생활도 열심히 해서 장로까지 되었습니다. 그런데 얼마 후 잘나가던 남편의 사업이 하루아침에 부도가 났고 남편의 여자 문제도 다시 드러났습니다. 저는 하나님을 원망하며 남편에게 이혼을 통보한 뒤 아이들을 데리고 집을 나왔습니다.

너무나 고통스럽던 그때, 8년 전 하나님에 대해 깊이 알고 싶어 우리들교회를 방문했던 것이 생각났습니다. 그 순간 이제 갈 곳은 우리들교회뿐이라고 생각했습니다.

목장 모임에 가니 저를 따뜻하게 맞아 주셨고 각자 자신들의 이야기를 하는데 제 얘기를 하는 것 같아서 하나님 앞에 서 있는 느낌이었습니다. 배우지 못했다는 열등감에 열심히 봉사해서 남편을 장로로 세워 믿음으로 인정받고 싶었지만, 산산이 부서지는 사건 속에서 나의 야망을 이루기 위해 하나님을 원망하는 교만한 말을 했음을 깨닫게 되었습니다.

남편과 헤어지는 과정에서 상처를 받은 큰아들은 7년째 백수가 되어 결혼식도 올리지 못한 채 동거 중이고, 작은아들은 강박증에 하루 살 것을 염려해야 하는 지독한 가난에 허덕입니다. 저는 그 아들 집에 얹혀 살면서 손녀를 키우다가 손녀가 어린이집에 다니면서부터는 가사도우미 일을 하고 있습니다. 그러나 저는 53년을 방황했지만 찾을 수 없었던 그 행복을 이제야 비로소 찾았습니다. 세상 사람들이 보기에 지금 내 삶은 너무나 지질해 보이지만, 나를 구속하신 주님을 만나니 행복하고 감사의 찬양을 드리게 됩니다. 그리고 기름 부은 자를 높이시는 하나님으로 인해 자존감도 높아졌고, 지금 내 인생에서 천국을 누리며 가장 행복한 때를 살고 있습니다. 아무것도 보이지 않고 아무것도 만져지는 것이 없지만 이제 영적 자녀를 낳기 위해 살고 있으니 하나님께서 힘으로 띠를 띠어 주실 것을 믿습니다.

빈궁하고 지식도 없는 나의 뿔을 높여 주시는 것이 장로 남편이 아니라 하나님의 절대주권이라는 것을 알게 되었습니다. 하나님 한 분만을 의지할 수밖에 없는 이 환경이 최고의 환경임을 고백하고 하나님의 공급하심을 경험하게 하시니 감사합니다.

말씀으로 기도하기

서원기도를 응답받은 후에는 찬양기도를 하게 됩니다. 진정한 믿음의 사람은 찬양기도를 잘하는 사람입니다. 한나가 아들을 낳아서가 아니라 서원을 통해 하나님이 어떤 분이신가를 경험했기에 감사로 찬양을 드릴 수 있었습니다.

오직 여호와를 즐거워하면서 찬양합니다. (삼상 2:1-2)

한나는 아들을 주신 것 때문이 아니라 오직 여호와로 말미암아, 주의 구원으로 말미암아 기뻐하며 찬양했습니다. 자식과 돈 때문이 아니라 하나님 자체를 상급으로 누리며 찬양하기 원합니다. 나의 비천함과 무능함을 자각함으로 고난 중에도 오직 하나님을 인하여 기쁘게 하옵소서.

지식의 하나님을 찬양합니다. (삼상 2:3-5)

잉태를 통해 하나님을 경험한 한나는 하나님께서 모든 것을 달아 보시며 전능하신 분임을 깨달았습니다. 하나님의 전능하심을 모르고, 하나님이 내 사정을 모른다고 했던 저의 교만을 회개합니다. 나의 활이 꺾여서 내가 겸손해질 때 더욱 힘을 주시는 것을 믿습니다.

하나님의 절대주권을 찬양합니다. (삼상 2:6-8)

죽이기도 살리기도 하시고 가난하게도 부하게도 하시는 절대주권의 하나님을 찬양합니다. 세계가 여호와의 기둥 위에 지어졌기에 돈, 남편, 자식도 의지할 대상이 아닌 것을 알게 하옵소서. 빈궁하고 가난한 자를 일으키시는 하나님의 역사에 감사하며 힘든 나의 환경이 하나님의 100퍼센트 옳으신 뜻이고 은혜인 것을 깨닫기 원합니다.

거룩한 자들의 발을 지키시는 하나님을 찬양합니다. (삼상 2:9)

내 힘으로는 거룩한 곳에 갈 수 없습니다. 아무것도 할 수 없는 환경에서 오직 말씀과 기도와 예배에 집중하게 하시는 것이 나를 거룩한 자의 발로 지키시는 은혜이기에 감사와 찬양을 드립니다.

기름 부은 자를 높이시는 하나님을 찬양합니다. (삼상 2:10)

사울이 기름 부음을 받은 다윗을 대적한 것이 여호와를 대적한 것이라고 하십니다. 예수님을 믿는 나를 대적하는 것이 하나님을 대적하는 것임을 알고 모든 대적과 비방을 하나님께 넘기기 원합니다. 하나님께서 한나에게 다윗과 예수님까지 내다보는 통찰력을 주신 것처럼, 내가 하나님을 찬양하고 나아갈 때 사건을 해석하고 세상을 분별하는 통찰력을 주실 것을 믿습니다. 한나의 찬양기도가 천 년 후 마리아에게 이어지듯이 오늘 나의 찬양기도가 자손 대대로 이어져 하나님을 찬양하는 우리 가정, 우리 교회가 되게 하옵소서.

기도

    하나님 아버지, 찬양기도는 오직 하나님을 즐거워하면서 하나님 자체가 상급이 되어야 하는데 우리는 사무엘이라는 자식 때문에 마음이 녹습니다. 하나님 자체를 찬양하기가 너무나도 어렵습니다. 또한 이제 지식의 하나님을 찬양해야 하는데 내 지식의 알량함을 믿고 하나님이 계시면 이럴 수가 있냐고, 하나님은 아무것도 모르신다고 심히 오만하고 교만한 말을 내뱉습니다. 날마다 행동을 달아 보시는 주님이 나의 어떤 행동을 보시고 달아 보실까를 생각하니 두렵고 떨림으로 회개하게 됩니다.

    모든 것이 하나님의 절대주권임을 찬양하게 하옵소서. 죽이기도, 살리기도, 가난하게도, 부하게도 하시는 분은 하나님이신데 내 학벌과 지식과 권세가 나를 부하고 가난하게 하는 줄로 알고 하나님을 찬양하지 못할 때가 많습니다.

거룩한 자들의 발을 지키시는 하나님, 기가 막힌 환경에서도 예배를 가장 우선으로 하며 예배 중심의 삶을 살게 하옵소서. 의지할 데 없고 가진 것이 없어도 내가 남을 도울 수 있는 중보기도를 할 수 있는 것에 감사하고 큐티를 할 수 있는 것에 감사합니다. 아무것도 없어도 하나님 자체가 상급이 되게 도와주옵소서. 하나님 생각만 하면 가슴이 설레고 하나님 이름만 부르면 기쁨을 이기지 못하는 찬양기도를 평생토록 할 수 있게 해 주옵소서.

나를 대적하는 자는 하나님을 대적하는 것이기에 우리의 대적을 하나님께 넘기고, 예수 그리스도라는 렌즈를 통해 내게 오는 모든 사건을 해석할 수 있도록 역사하여 주시옵소서. 나의 결혼과 직장, 자녀 교육의 모든 것을 예수 그리스도라는 렌즈로 해석하며, 이타적으로 영적 자녀를 낳기 위해 걸어갈 때 찬양기도의 능력이 나타날 줄 믿습니다. 평생토록 이 찬양기도를 할 수 있도록 도와주옵소서. 예수님의 이름으로 기도합니다. 아멘.

PART
2

말씀이 들리는 자는
복이 있나니

chapter 4

죄악이 관영하는 시대 가운데
나와 내 자녀가 여호와를 섬기며
여호와 앞에서 올바르게 서게 하옵소서.

악을 키우는 사람 vs.
여호와 앞에 선 사람

사무엘상 2장 11-21절

우리들교회는 몇 해 전부터 캄보디아의 선교지를 후원하고 있습니다. 캄보디아는 유네스코가 지정한 세계문화유산인 앙코르와트 사원을 재산으로 가졌으나 경제적으로는 가난한 나라입니다.

1975년 크메르 루주(Khmer Rouge)가 정권을 장악하면서 '노동자와 농민의 유토피아를 건설한다'는 명분으로 지식인과 부유층을 무차별로 학살했는데, 손이 좀 깨끗하고 하얘도 부유층이라고 처형했습니다. 1975년부터 79년까지 4년 동안 인구의 4분의 1이 넘는 200만 명이 희생됐습니다. 이런 비극의 역사 때문에 한 동네에서도 집안끼리 원수로 살고 있습니다. 우리 부모, 형제를 죽인 사람들이 옆집에 살고 있는 겁니다. 이 비극을 해결할 길은 복음밖에 없습니다.

우리들교회가 캄보디아의 복음화를 기원하면서 바탐방(Battambang)에 땅을 사서 거기에 유치원과 초등학교를 세웠습니다. 그곳의 아이들이 '우리들' 로고가 붙은 교복을 입고 학교에 다니며 기독교 가치관을 배웁니다. 언젠가는 그 아이들이 복음을 전하고, 캄보디아를 변화시키는 하나님의 일꾼이 될 것입니다. 지도자들의 악행이 하늘을 찔렀지만 그중에 여호와 앞에서 자라는 한 사람이 있다면 캄보디아에도 희망이 있습니다.

사무엘 당시 이스라엘에도 지도자의 악행이 하늘을 찔렀습니다. 그러나 여호와 앞에서 자라는 사무엘 한 사람 때문에 이스라엘이 구원되고, 그것이 전 세계의 구원으로 이어졌습니다.

여호와 앞에서 자라는 것은
여호와를 섬기는 것이다

> 엘가나는 라마의 자기 집으로 돌아가고 그 아이는 제사장 엘리 앞에서 여호와를 섬기니라 (삼상 2:11)

어린 사무엘이 뭘 알고 섬겼겠습니까? 그래서 여호와를 섬기는 것은 절대적으로 부모의 역할이 중요합니다. 그의 어머니 한나의 찬양기도는 다른 사람의 구원을 위한 기도였습니다. 내가 다른 이들의 구원을 위해 기도했더니 하나님께서 내 자녀를 책임지시고, 내 자녀가 여호와를 섬기는 것입니다.

• • • • • • •

자녀를 위해 가장 간절히 기도하는 것이 무엇입니까. 돈, 외모, 학벌이 아닌 하나님을 섬기는 자가 되라고 날마다 기도하고 가르칩니까. 내 자녀가 구원받기를 원하는 만큼 다른 이들의 구원을 위해서도 헌신하고 있습니까.

여호와를 알지 못하는 지도자들의
악을 직면해야 한다

내가 여호와를 섬기는데, 직면해야 할 장애물이 있습니다. 여호와를 알지 못하는 지도자들의 악행이 그것입니다. 어떤 악행이 있는지 엘리의 아들들을 통해 세 가지로 나눠서 생각해 봅니다.

첫째, 엘리의 아들들은 행실이 나쁜 불량자였습니다.

엘리의 아들들은 행실이 나빠 여호와를 알지 못하더라 (삼상 2:12)

개역한글 성경에서는 엘리의 아들들을 '불량자'라고 표현하고 있습니다. 불량자의 일반적 의미는 악한 사람인데, 여기서는 '언약 관계를 무시하고 기관과 제도를 멸시하는 사람'을 가리킵니다.

엘리가 기도하는 한나를 보고 술 취한 것으로 오해했을 때 한나가 '나를 악한 여자로 여기지 말라'고 말하는데, 이때 '악한 여자'가 불량자를 뜻하는 '벨리야알'로 쓰였습니다. 엘리가 자기 아들들이 불량자인 것은 모르고 한나를 벨리야알로 오해한 겁니다. 엘리가 제사장인데도 영적으로 무지한 것을 보여 줍니다.

성경은 한나의 찬양기도 후에 엘리 아들들의 나쁜 행실을 기록하고 있습니다. 왜 이 시대에 한나가 나와야 하는지를 보여 줍니다. 엘리 아들들의 악이 너무 크기 때문입니다. 비천한 한나의 아들은 여호와를 섬기는데 대제사장 엘리의 아들들은 악을 행하는 것을 비교해서 보여 주십니다. 여호와를 알지 못하기 때문에 악을 행하고 있습니다.

여호와를 안다는 것은 하나님을 지식적, 이론적으로 아는 것이 아닙니다. 여호와를 알지 못하는 것은 하나님과의 만남이 없다는 것이고, 살아 계신 하나님을 경험하지 못했다는 것입니다.

불량자 '벨리야알'을 헬라어로는 '벨리알'이라고 하는데, 이는 '사탄'의 또 다른 이름이기도 합니다. 여호와를 알지 못하는 사람들은 결국 사탄에 속할 수밖에 없습니다. 그런데 이렇게 불량자이면서 교회도 잘 나가고 공부도 잘하고 헌금도 잘하는 사람들이 있습니다. 대제사장 엘리의 아들들처럼 경건한 모습을 하고 악을 행하는 사람들이 많을 수 있다는 겁니다.

엘리의 아들들이 여호와를 알지 못하면서 여호와의 집에서 여호와를 알리는 일을 하고 있습니다. 이렇게 불량한 사람이 제사장으로, 목사로,

공동체의 지도자로, 집안의 가장으로 있는 경우가 너무나 많습니다. 사무엘 당시에만 이런 일이 있었겠습니까. 지금도 곳곳에 일어나는 일들입니다.

둘째, 합리화의 갈고리로 탐욕을 채우고 있습니다.

> 그 제사장들이 백성에게 행하는 관습은 이러하니 곧 어떤 사람이 제사를 드리고 그 고기를 삶을 때에 제사장의 사환이 손에 세 살 갈고리를 가지고 와서 (삼상 2:13)

본문에서 '관습'이 히브리어 '미슈파트'라는 단어로 쓰였는데 이것은 '재판'이라는 뜻입니다. 제사장은 옳고 그름을 판단하는 재판을 맡은 사람인데, 역설적으로 이들이 마땅히 해서는 안 될 일을 행하는 것이 관습처럼 된 것입니다. '백성에게 행하는 관습'이라고 했으니 백성과 더불어 이루어진 제사장들의 관례였습니다. 제사장이 해서는 안 될 일을 하고 있는데 점점 맞장구치는 백성이 많아졌습니다. 성도는 목회자 이상 자라기 어렵고, 지도자의 수준이 곧 공동체의 수준이기 때문에 제사장과 비슷한 백성이 양산되는 것입니다. 어떤 것이든 관습이 되면 바꾸기가 어렵습니다. 잘못된 일도 오랜 시간 굳어지고 익숙해지면 '그게 옳은가?' 하면서 따라가게 됩니다.

'세 살 갈고리'는 짐승 제사를 드릴 때 삶은 고기를 처리하는 기물입니다. 그런데 이 성물을 가지고 여호와의 제사를 더럽혔습니다.

어느 나라, 어느 사회든지 기독교가 들어가면 자아 성찰이 일어나기 때문에 독재가 어렵습니다. 그래서 독재자들은 어떻게든 명분을 만들어 합리화의 갈고리로 찍어대며 복음이 들어오는 것을 막습니다. 기독교가 들어간 나라치고 독재를 하는 나라가 없습니다. 그래서 복음은 반드시 전해져야 합니다.

> 그것으로 냄비에나 솥에나 큰 솥에나 가마에 찔러 넣어 갈고리에 걸려 나오는 것은 제사장이 자기 것으로 가지되 실로에서 그곳에 온 모든 이스라엘 사람에게 이같이 할 뿐 아니라 (삼상 2:14)

레위기에 보면 제사의 종류가 번제, 소제, 화목제, 속죄제, 속건제 이렇게 다섯 가지가 있습니다. 여기에서 소제를 제외한 네 가지 제사에서 짐승을 제물로 드립니다. 그중 제사장의 몫으로 확실한 것은 화목제에서 요제로 드린 '가슴'과, 거제로 드린 오른쪽 '뒷다리'입니다(레 7:34). 번제, 속죄제, 속건제에도 각각 제사장들이 취할 고기가 정해져 있습니다. 제사의 종류가 다르고 제사장의 몫도 제사에 따라 다르지만 그래도 분명히 제사장 몫이 따로 있었습니다.

그런데 제사장들이 여호와께 드리는 제물을 처리하면서 갈고리에 걸려 나오는 고기 중에 좋은 것을 마음대로 가졌습니다. 모든 제사의 고기를 자신이 원하는 대로 갈고리로 긁어모은 것입니다. 걷어 가는 양도 냄비에서 솥으로, 큰 솥으로, 가마로 점점 대담해졌습니다. 성전을 지키는 제사장들의 행악이 심각한 상황입니다.

오늘날 교회 안에서도 부자라서, 지위가 높아서, 직분이 있어서 잘못도 합리화하고 좋은 것은 먼저 챙기는 모습들이 있습니다. 가진 것이 많으면 더 많이 드려야 하는데 좋은 것, 편한 것만 누리려고 권위의 갈고리로 찍어 취하는 제사장들이 많습니다.

> 기름을 태우기 전에도 제사장의 사환이 와서 제사 드리는 사람에게 이르기를 제사장에게 구워 드릴 고기를 내라 그가 네게 삶은 고기를 원하지 아니하고 날것을 원하신다 하다가 (삼상 2:15)

제사를 드리는데 기름을 태우기 전에 날것을 내놓으라고 합니다. 기름이 붙어 있는 고기가 맛이 있기 때문입니다. 먼저 제물의 모든 기름을 떼어 내 태워야 하지만, 기름을 다 태우고 삶아서 주면 고기가 맛이 없으니까 태우기 전에 달라는 겁니다.

> 제사장은 그것을 제단 위에서 불사를지니 이는 화제로 드리는 음식이요 향기로운 냄새라 모든 기름은 여호와의 것이니라 (레 3:16)

내장에 덮인 기름을 태워서 드리는 것은 하나님께 도달하는 향기로운 냄새로 '화제'입니다. 모든 기름이 여호와의 것이고 하나님께 드리는 제물인데 제사를 드리기도 전에 고기를 가로챘습니다. 이런 날강도가 어디 있습니까. 하나님께 드릴 제물을 마음대로 취하면서 하나님께 드리는 제사, 예배 자체를 멸시한 것입니다.

셋째, 나쁜 행실로 폭력을 행합니다.

> 그 사람이 이르기를 반드시 먼저 기름을 태운 후에 네 마음에 원하는 대로 가지라 하면 그가 말하기를 아니라 지금 내게 내라 그렇지 아니하면 내가 억지로 빼앗으리라 하였으니 (삼상 2:16)

공동체의 지도자인 제사장이 언어 폭력을 행하고 물리적으로도 폭력을 행하고 영적, 정신적으로 폭력을 행합니다.

제물로 드릴 고기를 날것으로 달라고 하니까 백성이 도리어 '반드시 먼저 기름을 태운 후에 네가 원하는 대로 가지라'고 합니다. "고기는 드셔도 되지만 기름은 태워야지요" 하고 일반 성도가 지적을 한 것입니다. 제사에 대한 전문 지식이 없는 일반인이 보기에도 날것을 달라고 하는 제사장이 이상해 보인 겁니다. 그래서 문제를 제기했습니다. 제사장이 거꾸로 성도에게 훈계를 받고 있습니다.

그런데 "뭣이라고?" 하면서 지금 주지 않으면 억지로 제물을 빼앗겠다고 협박을 합니다. 이것이 무서운 영적 폭력입니다. "감히 주의 종이 말하는 것을 어기겠다고? 이건 불순종이야! 저주를 받을지어다!" 하면서 억지로 빼앗는 것입니다.

로마가톨릭 시대에 성직자들이 부를 쌓으려고 성도들에게 면죄부를 팔았습니다. "동전을 땡그랑 하고 넣으면 네 영혼이 하늘나라에 간다"고 가르쳤습니다. 유럽에 가면 큰 성당들이 곳곳에 있습니다. 서로 경쟁을 하면서 더 크게, 더 아름답게 지었습니다. 죄를 없애 준다고 면죄부를 판매하고, 천국행 티켓을 팔고, 성직을 매매했습니다. 지금이라고 안 그러겠습니까?

엘리의 아들들은 아버지가 대제사장이어서 저절로 제사장이 되었습니다. 고난 없이 제사장이 되었습니다. 그러면 가만히만 있어도 중간은 갈 텐데 갈고리로 찍고 빼앗고 자기 배를 불리려고 혈안이 됐습니다.

제사장들이 이러니까 평신도들은 분별이 안 됩니다. 엘리의 아들들 같은 목자가 자신과 똑같은 교인들을 키워 냈기 때문에 모두 똑같이 악을 행합니다. 제사장이라고 차원이 높은 죄를 짓습니까? 돈 문제, 먹는 문제, 성도들과 다를 바 없이 온갖 음란한 문제에 연루되어 있습니다.

그래서 우리는 100퍼센트 죄인입니다. 내가 아무리 제사장 의복을 입고 있어도 속에는 죄의 화덕이 준비돼 있어서 누가 와서 불만 붙이면 확 일어납니다. 말씀으로 혈기를 잠깐 누르지만 환경만 되면 언제나 불 붙을 준비가 되어 있습니다. 다른 사람들 이야기가 아닙니다. 내 이야기 이고 우리의 이야기입니다.

목사가 선물을 받을 수도 있습니다. 하지만 애초에 안 받는 것이 서로에게 편하고 좋습니다. 세상의 인간관계에서도 안 받을 것을 받으면 부담이 됩니다. 5만 원 받을 것을 10만 원 받으면 거기에 더 신경을 쓰게 됩니다. 선물을 한 사람도 '내가 이만큼 줬으니까 조금이라도 더 신경 써 주겠지' 하는 기대가 생깁니다. 우리들교회에서는 심방을 가도 헌금을 따로 받지 않습니다. 헌금이든 무엇이든 다 교회에 하게 되어 있습니다. 사람이 무엇이든 서로 주고받으면 거기에 문제가 생길 수 있기 때문에 모든 것은 교회를 통해 하도록 가르칩니다.

뇌물을 써서 하는 사업이 올바른 목적을 가질 수 없습니다. 헌금을 드려도 가치관이 바뀌지 않고 무조건 복 받으려고 하면 문제가 생깁니다. 사업이 잘되라고, 자식이 대학에 붙으라고 헌금을 하니까 어떻게든 잘되고 싶어서 빚을 내어 헌금을 합니다. 욕심을 버리는 것부터 적용해야 하는데 욕심으로 뇌물을 바치고 욕심으로 헌금하면 그 사업이 잘될 수가 없습니다.

'나는 안 그런다'고 할 사람은 아무도 없습니다. 누구라도 제사장 자리, 높은 자리에 가면 욕심이 생깁니다. 성도들이 하나님께 드리려고 예물을 가져오는데 그게 다 내 것 같고, 헌금도 내 것 같아서 갈고리로 찍어댑니다. 다들 떠받들고 섬기니까 음란의 문제에도 그냥 걸려 넘어집니다. 누구라도 그 자리에 가면 이겨 낼 장사가 없는 겁니다. 그래서 권력이 안 가야 될 사람한테 가면 집안이 망하고 나라가 망합니다. 하나님이 지켜보시는 것을 알고 중심을 잘 잡는 사람에게 돈과 권력이 가야 하는데 그러기가 참 어렵습니다.

이 소년들의 죄가 여호와 앞에 심히 큼은 그들이 여호와의 제사를 멸

제사장은 서른 살 이상이 되어야 하니까 엘리의 아들들이 '소년'은 아닙니다. 그런데 '소년들'이라고 표현한 것은 어린 사무엘과 그들을 비교하는 의미가 있습니다.

엘리의 아들들이 여호와를 알지 못한다고 했습니다. 여호와를 알지 못하니까 살면서 심히 큰 죄만 쌓는 것입니다. 사무엘은 여호와를 섬기니까 여호와 앞에서 자라나는데, 여호와를 모르는 엘리의 아들들은 죄만 쌓고 있습니다.

백성이 각자의 문제를 가지고 성전에 와서 치료를 받아야 하는데, 제사장이 성전에서 공공연하게 악을 행하면 성도들은 어디 가서 치료를 받겠습니까? 당시에는 성전이 하나여서 선택의 여지가 없었는데 어디 가서 치료를 받겠습니까!

하나님께서 우리를 사랑하시기 때문에 이때 우리를 치료하는 방법으로 고통받는 한나 한 사람을 쓰십니다. 오직 하나님만 의지하는 사람의 기도에는 대단한 힘이 있습니다. 한나의 기도로 사무엘이 나왔고 하나님의 교회가 이어져 갔습니다.

한나는 고난을 통해 하나님과 깊은 교제를 하면서 '아들 주시고 돈 주시는 하나님'이 아니라 '구원을 주시는 하나님'을 알았습니다. 그러나 지위와 권력을 가진 제사장 같은 사람들은 이 하나님을 모르기 때문에 하나님께 드리는 제사를 멸시합니다. 이런 사람들이 목사로, 장로로,

지도자로 있습니다. 하나님을 믿는다고 하면서, 교회의 일꾼으로 있으면서 여전히 돈 좋아하고, 여자 좋아하고, 직분만 탐하는 것이 여호와의 제사를 멸시하는 것입니다.

• • • • • •

나에게 성전으로 허락하신 가정, 직장, 교회에서 나의 행실은 어떠합니까. 십일조와 헌금이 아까워서 마땅히 드려야 할 것을 갈고리로 찍어 취합니까. 교회에서 직분을 내세우며 좋은 자리에 주차하고, 좋은 음식 대접받는 것을 당연하게 여깁니까. 부하 직원과 자녀를 권위로 누르면서 '네가 그러는데 하나님이 축복하실 리 없다'고 영적 폭력을 휘두릅니까.

그럼에도 여전히 여호와 앞에서 섬겨야 한다

> 사무엘은 어렸을 때에 세마포 에봇을 입고 여호와 앞에서 섬겼더라
>
> (삼상 2:18)

사무엘이 어렸을 때부터 여호와 앞에서 섬겼다고 합니다.

어렸을 때부터 아이들에게 섬김을 가르쳐야 합니다. 어렸을 때부터 교회 가는 것을 가르치고 예배를 가르치고 봉사를 가르쳐야 합니다.

사무엘이 어려서부터 세마포 옷을 입었는데 세마포는 제사장들이 입

는 옷입니다. 어렸을 때부터 직분을 가지고 제사장 흉내를 내면서 자랐습니다. 자신이 하나님께 드려진 인생이라는 것을 마음에 새기고, 몸에도 의의 예복을 입고 훈련한 것입니다.

당시 제사장은 서른 살이 넘어야 하는데 사무엘은 나이도 어립니다. 법적으로도 제사장이 될 수 없는 나이이고, 출신으로 봐도 제사장이 될 수 없는 가문입니다. 그럼에도 하나님께서 특별하게 구별하신 예외적인 사람이 되었습니다.

11절에는 '엘리 앞에서' 섬겼다고 했는데 이제 '여호와 앞에서' 섬깁니다. 내가 사람을 섬기지만 여호와 때문에 섬기는 것입니다. 악한 제사장이라도 여호와 때문에 섬기는 것입니다.

'여호와 앞에서'는 '함께'라는 의미가 있습니다. 즉 하나님과의 친밀한 관계를 뜻합니다. 우리도 하나님과 친해야 교회도 가고 싶고, 공동체 식구들과 친해야 모임에도 가고 싶습니다. 자녀들에게 '교회에는 무조건 가야 해. 교회에 가야 복을 받는 거야' 이러면 교회에 가고 싶겠습니까? 교회 가는 것이 즐겁고, 교회가 너무 좋아서 갈 수 있도록 교회 안에서 친밀함을 경험해야 합니다.

> 그의 어머니가 매년 드리는 제사를 드리러 그의 남편과 함께 올라갈 때마다 작은 겉옷을 지어다가 그에게 주었더니 (삼상 2:19)

유대인의 세 가지 절기에는 유월절, 오순절, 장막절(초막절)이 있습니다.

출애굽을 기념하는 유월절의 구원이 가장 중요하고, 구원을 받으면 오순절 성령 충만으로 나아가야 하고, 성령 충만을 받으면 이 땅의 삶을 초막으로 여기고 천국을 소망하는 종말론적인 인생을 살아야 한다는 것, 이것이 3대 절기의 원리입니다. 기도 응답으로 사무엘을 주셨으니 그것으로 끝이 아닙니다. 사무엘을 드린 후에도 매년 예배를 드리러 올라가고 작은 겉옷과 세마포를 매년 지어서 찾아갑니다. 신앙이 점점 자라 가야 하고, 균형이 잡혀야 하고, 그러기 위해서 예배가 중요하다는 것을 보여 줍니다.

매년 새로 겉옷을 짓는 이유는 아이가 커 가기 때문입니다. 사무엘이 영육으로 성장해 가고 있습니다. 한나가 매년 겉옷을 지으면서 얼마나 아들을 위해서 기도했겠습니까. 아들은 또 옷을 입을 때마다 엄마의 사랑과 헌신이 얼마나 사무쳤겠습니까. '아들을 하나님께 바쳤으니 하나님이 알아서 하시겠지' 하고 육적인 필요까지 끊는 것이 아닙니다. 끝까지 부모의 책임을 다하면서 예배를 중요하게 여기는 것을 보여 주었기 때문에 사무엘이 최고의 제사장이 되었다고 생각합니다.

책임 없이 예수님을 믿겠다, 그런 건 없습니다. 자녀도, 부모형제도 예수님께 맡겼다고 하면서 그들에 대한 나의 책임을 소홀히 하면 안 됩니다. 예수님을 믿는 부모, 가족으로서 책임을 다하고 자기 역할에 충실해야 합니다.

우리들교회에서 늘 간증을 하시는 의사 집사님이 있습니다. 이분이 아내를 두고 바람을 피우다가 아이까지 낳았습니다. 딸만 둘 있었는데 바람을 피워서 낳은 아이는 아들입니다. 그러니 쉽게 관계를 끊지 못하고 우리들교회에 오시면서도 한동안은 두 집 살림을 했습니다. 하지만 예배가 회복되고 말씀에 은혜를 받으면서 하나님이 짝지어 주신 본처에게 돌아오기로 결단을 했습니다. 무엇보다 하나님과의 관계가 바로 서야 하기 때문에 가정을 지키기 위해 눈에 밟히는 아들도 두고 왔습니다. 생모가 키우겠다고 하니까 억지로 데려올 수도 없었습니다.

신앙은 적용이라고 할 수 있습니다. 성경을 통해 하나님을 알고 깨닫는 것도 중요하지만 깨달았으면 반드시 삶에서 실천하는 적용을 해야 합니다. 그런데 적용을 할 때는 급한 일과 중요한 일을 분별해야 하고 때에 맞는 적용을 해야 합니다. 외도를 해서 낳은 아들이지만 영적으로도 양육해야 할 책임이 있습니다. 하지만 급한 것보다 중요한 것이 가정을 지키는 일이기 때문에 집사님은 아들을 두고 본처에게로 돌아왔습니다.

그래도 아버지로서의 책임은 그대로 있습니다. 양육비도 줘야 하고 당장은 직접 키우지 못해도 아이의 영적 성장, 육적 성장에 동참하고 계속 지켜봐야 합니다. 이제는 아이가 자라서 초등학교에 들어갈 나이가 되었다고 합니다. 집으로는 못 데려오더라도 교회에는 데려오는 게 어떻겠냐고 제가 말씀을 드렸습니다. 인간적으로 힘든 일이지만 집사님이 가정을 지키고 날마다 교회에서 간증을 하고 섬기기 때문에 하나님께서 그 아들을 지켜 주실 것입니다.

목사, 장로의 잘못 때문에 교회가 싫다고 비난합니까. 자녀에게 '교회 가라, 교회 가라'
말로만 가르치면서 예배 시간에 늦고 교인들 험담을 하며 잘못된 본을 보이지는
않습니까. 자녀가 교회를 즐거워하고 예배에 집중하도록 내가 예배로 회복되고
기뻐하는 모습을 보여 줍니까.

다섯 배의 복을
받는다

> [20] 엘리가 엘가나와 그의 아내에게 축복하여 이르되 여호와께서 이 여
> 인으로 말미암아 네게 다른 후사를 주사 이가 여호와께 간구하여 얻
> 어 바친 아들을 대신하게 하시기를 원하노라 하였더니 그들이 자기
> 집으로 돌아가매 [21] 여호와께서 한나를 돌보시사 그로 하여금 임신하
> 여 세 아들과 두 딸을 낳게 하셨고 아이 사무엘은 여호와 앞에서 자라
> 니라 (삼상 2:20-21)

한나가 아들 하나를 바쳤더니 하나님은 다섯 자녀를 주셨습니다. 다
섯 배의 복을 받았습니다.

하나님께서 한나를 '돌보셨다'는 것은, '권고하다, 방문하다'의 뜻이
있습니다. 하나님께서 한나의 기도를 생각하셔서 임신하게 하시고, 이
제는 한나를 돌보시고 방문하셔서 다섯 배의 복을 주신 것입니다. 하나
님의 뜻대로 사는 사람은 가만히 있어도 하나님께서 돌보시고 찾아 주

심으로 다섯 배의 복을 받습니다. 한나가 붙잡고 키우지 않아도 하나님께서 사무엘을 돌보시고 방문해 주십니다. 내가 하나님 말씀에 순종하여 삶에서 적용하고 가면 내 자녀들도 여호와 앞에서 자라게 하십니다.

세 아들과 두 딸, 다섯 배의 복보다 더 감사한 것은 사무엘이 여호와 앞에서 자라는 것입니다. 영적 아들 하나 때문에 모든 환경이 움직입니다. 내가 집에서 믿음으로 중심 잡는 한 사람이 되면 나 때문에 모든 환경이 돌아갑니다. 내가 돈이 많아서, 많이 배워서 나를 중심으로 돌아가는 게 아닙니다. 가난하고 연약하고 외모가 형편없어도 하나님을 믿고 하나님의 돌보심을 받는 내가 집안의 중심, 공동체의 중심입니다.

• • • • • •

가족 구원을 원한다고 하면서 하나님이 아닌 내 자녀, 내 배우자만 붙잡고 쳐다보고 있습니까. 내가 하나님만 바라고 순종하고 갈 때 하나님께서 나와 우리 가족을 돌보시고 여호와 앞에서 자라게 하실 것을 믿습니까.

우리들 묵상과 적용

초등학교 6학년 때 어머니가 암으로 돌아가신 뒤, 폭력과 외도의 문제가 있었던 아버지는 저희 다섯 남매를 보육원에 맡기셨습니다. 아버지로부터 버림받았다는 상처와 분노를 숨긴 채 교회에서 만난 자매와 결혼했지만 곧 이혼했습니다. 두 번째 만난 여자와는 혼인신고도 안 하고 살면서 처음보다 더한 지옥 같은 전쟁을 치렀습니다. 사업도 직장도 다 잃고 개인파산에 이르러 죽음에 직면했을 때 우리들교회에 왔습니다.

남동생은 간암, 여동생은 이혼, 막내 여동생의 남편은 신장암과 뇌종양, 옆을 봐도 앞을 봐도 저주받은 인생이고, 그 한가운데 비정한 아버지가 있었습니다.

어렸을 때는 자식들은 차갑고 쓸쓸한 보육원에서 눈물로 찬밥을 삼키고 있는데 새 여자와 등 따시게 사는 아버지가 정말 미웠습니다. 그런 아버지가 늙고 병들어 여자한테 버림을 받았습니다. 아버지는 제게 연락하여 어린아이처럼 울며 매달렸습니다. 그러면서 점점 저를 괴롭혔습니다. 조금만 아파도 수시로 전화해서는 '병원 보내 달라'며 혼을 빼놓았습니다. 대소변도 못 가리고 걷는 것도 불편한 노인이 방을 얻어 달라고 고집을 부렸고, 용돈을 드리면 하루도 안 되어 다 써 버렸습니다. '내가 왜 자처해서 아버지를 모신다고 했을까?' 후회했으나 이미 늦은 일이었습니다. 내가 아버지를 잘 모시면 가족 모두 교회에 나오겠다고 하니 잘 참으며 아버지를 모실 수밖에 없었습니다.

일대일 양육을 받으면서 죄를 회개했지만 내 안에 있는 미움은 해결되지 않았기에 누르고 있던 혈기를 부릴 화덕이 늘 준비되어 있었습니다. 악한 아버지를 보며 내가 얼마나 악한 아들이자 악한 아버지였는지, 나의 이기적인 언행으로 가까운 사람들에게 정신적 폭력을 행하며 그들을 얼마나 불행하게 하고 고통스럽게 했는지 회개가 되었습니다.

아버지가 어떠하고, 내 환경이 어떠하든지 이제라도 여호와 앞에서 자라 가게 하시니 감사합니다. 참사랑을 받아 보지도, 주지도 못한 제가 하나님의 사랑을 적용하며 끝까지 아버지와 가족들을 책임지고 섬기겠습니다. 지질한 내 가족이 싫어서 멀리했는데, 아버지가 난리칠 때마다 부뚜막에 숨어서 저를 꼭 끌어안고 기도해 주신 어머니를 생각하면서 여호와를 섬기며 가겠습니다. 그럴 때 우리 비천한 형제들을 방문해 주셔서 다섯 배의 복을 주실 것을 믿습니다.

말씀으로 기도하기

성전을 지키는 지도자의 악행이 하늘을 찌르고 있는데, 하나님은 여호와 앞에서 섬기는 사무엘 한 사람으로 인해 이스라엘과 교회를 지키십니다. 자녀가 많고 잘되는 것보다 내 자녀가 여호와를 섬기며 여호와 앞에서 자라는 것이 가장 큰 복입니다.

여호와를 섬겨야 합니다. (삼상 2:11)

다른 이들의 구원을 위해 기도하고 헌신할 때 하나님께서 내 자녀를 책임지시고 구원해 주시는 것을 믿습니다. 자녀가 여호와를 섬기도록 부모로서 섬김과 믿음의 본을 보이게 하옵소서.

여호와를 알지 못하는 지도자의 악을 직면하게 합니다. (삼상 2:12-17)

끊지 못하는 죄를 합리화하고, 하나님의 물질과 시간으로 내 탐욕을 채우고, 권위와 언어의 폭력을 휘두르는 나의 나쁜 행실을 회개합니다. 예배를 멸시하고 교회를 멸시하는 것이 하나님 앞에 큰 죄라는 것을 알게 하옵소서.

그럼에도 여전히 여호와 앞에서 섬겨야 합니다. (삼상 2:18-19)

사무엘이 어린 나이에도 하나님을 섬기는 훈련을 합니다. 자녀가 어려서부터 여호와 앞에서 섬기며 예배를 사모할 수 있도록 본을 보이기 원합니다. 사무엘을 드린 후에도 매년 제사를 드리러 올라가는 한나와 엘가나처럼 예배를 사모하며 말씀에 순종하고 갈 때 사무엘 같은 자녀와 일꾼들이 세워질 것을 믿습니다.

다섯 배의 복을 받습니다. (삼상 2:20-21)

한나의 기도를 생각하시고 임신하게 하신 하나님께서 한나를 돌보시사 다섯 배의 복을 주십니다. 내가 구원을 위해 기도하고 헌신할 때 하나님께서 생각하시고 돌보시며 다섯 배의 복으로 응답하실 것을 믿습니다. 다섯 자녀를 주셔서가 아니라 사무엘이 여호와 앞에서 자라는 것이 가장 큰 복이기에, 부족하고 연약해도 여호와 앞에서 자라는 나와 내 자녀가 되도록 축복하여 주옵소서.

기도

아버지 하나님, 한나가 하나님만 찬양했더니 사무엘이 여호와 앞에서 섬기는 것을 보게 됩니다. 그러나 여호와 앞에서 이렇게 자라 가기 위해서 악을 행하는 지도자도 옆에 있는 것을 보았습니다. 예수 믿으면 모두가 복 받고 다 아름답고 좋은 일만 있을 줄 알았는데 끊임없이 아픔과 갈등이 있습니다. 여호와를 알지 못하면서 여호와의 집에서 지도자 노릇을 하며 모든 합리화의 갈고리를 가지고 날마다 찍어대는 사람이 내 배우자로, 부모로, 목사로, 사회적 권위자로 자리매김하고 있습니다. 여호와의 제사를 멸시하고 하나님을 경홀히 여기며 그의 모든 지위가 하나님보다 높은 것 같아서 전혀 말씀이 들리지 않습니다.

그러나 이렇게 악한 환경을 우리 옆에 두셔도 자녀가 어릴 때부터 하나님께 드리고, 에봇을 입히고, 늘 여호와와 친하며 예배드리는 모습을 보일 때 여호와 앞에서 저와 자녀들이 자라 갈 것을 믿습니다. 악행이 만연한 시대에 여호와 앞에서 자라 가는 사무엘 한 사람 때문에 이스라엘을 살리시고 우리까지 그 은혜를 입게 되었습니다. 저도 어떤 상황에서든 변명하지 않게 도와주옵소서. 내게 악한 역할을 하는 사람은 우리를 하나님의 자녀 되게 하기 위해 힘든 역할을 하느라고 수고할 뿐입니다. 무조건 모든 것을 나의 일로 여기고 내가 책임지고 가는 그 한 사람이 될 수 있도록 역사하여 주옵소서. 예수님의 이름으로 기도합니다. 아멘.

chapter 5

점점 자라 가는 사람이 되어
하나님을 기쁘시게 하는 자가 되길 원합니다.
환경이 어떠하든 나이가 어떠하든
하나님께 쓰임받는 일꾼으로
자라게 하옵소서.

환경을 넘어 점점 자라 가라

사무엘상 2장 22-36절

　여호와를 알지 못하기에 나쁜 행실로 악을 행하는 지도자, 악을 행하는 사람들이 우리 곁에 있습니다. 하나님의 알곡으로 은혜를 받고 자라서 열매를 맺는 사람이 있는가 하면, 알곡 옆에서 잡초 역할을 하는 사람도 있습니다. 하나님께서 특별히 택하셔서 그 누구보다 더 많은 복을 받아도, 영적인 잡초가 되어 구원의 열매를 훼방하는 사람이 있는 것입니다. 그럼에도 여호와를 섬기는 중에 점점 자라 가는 사람이 있습니다.

자라는 동안 내 옆의 악도
점점 대담해진다

　첫째, 지도자의 음란 죄가 있습니다.

엘리가 매우 늙었더니 그의 아들들이 온 이스라엘에게 행한 모든 일과 회막 문에서 수종드는 여인들과 동침하였음을 듣고 (삼상 2:22)

이때 엘리의 나이가 98세로 고령입니다. 그런데 여기서 '늙었다'는 것은 물리적으로 늙었다는 게 아니라 영적으로 무력해진 것을 의미합니다. 모세는 120세의 나이에 죽을 때에도 눈이 흐리지 않았고 기력이 쇠하지 않았다고 했습니다(신 34:7). 그러나 늙어서 무력해진 이삭은 눈이 어두워 잘 보지 못했습니다. 그러면서 별미를 좋아하니 그 점을 이용해 장자의 축복을 빼앗으려던 야곱에게 속아 넘어갑니다(창 27장). 엘리와 이삭의 상태가 비슷합니다. 예수님을 믿고 시간이 흐르면서 성숙하게 자라 가야지 무력하게 늙어 가면 안 됩니다.

엘리의 아들들이 동침한 여인들은 성전에서 수종드는 나실인으로 하나님께 바쳐진 사람들이었을 것입니다. 그런 여인들과 '동침했다'는 히브리어 동사에는 반복적인 의미가 있습니다. 죄를 다루는 제사장은 도덕적으로 누구보다 엄격하게 구별되어야 하는데, 제사장들이 성전을 섬기는 여인들과 반복해서 성적으로 놀아났다는 겁니다. 서원으로 나실인이 된 여인들을 성전 창기로 만들었습니다.

이것이 엘리의 아들들에게만 해당되는 일입니까? 이 시대에 우리가 들어야 할 말씀입니다.

목회자가 성도와 상담을 하고, 교수가 학생과 상담을 할 때 절대 밖에서 하면 안 됩니다. 은밀한 고민들을 가지고 찾아오니까 은밀한 장소에서 하는 게 아니라 반드시 교회 안에서, 학교 안에서 상담해야 합니다. 상담자가 이성일 때는 더더욱 마주 보고 해서도 안 되고 서로 대칭으로 보라고 합니다. 상담을 하면서 아픈 사연을 듣고 도와주고 싶지만 그 상황에 공감하는 것과 개입하는 것은 전혀 다르다는 걸 알아야 합니다.

아무리 건강한 교회라도 그 안에서 불륜이 발생할 확률이 5~8퍼센트라고 합니다. 왜 그럴까요?

교회 안의 다수가 여성 성도이고 대부분이 안 믿는 남편 때문에 힘들어합니다. 그런데 교회에 오면 목사님이 천사 같은 모습을 하고 있으니 대리만족을 느끼지 않겠습니까. 처음부터 작정하고 음란을 행하는 사람은 거의 없습니다. 힘든 사연을 듣다가 같이 아파하고, 같이 아파하다 보니까 정이 들어 동침을 하는 사태가 올 수 있는 것입니다. 남의 이야기가 아닙니다. 우리가 얼마든지 합리화하고 변명하면서 악과 음란을 저지를 수 있습니다.

세계적인 영성의 대가이자 《내면세계의 질서와 영적 성장》의 저자인 고든 맥도널드 목사도 상담을 하다가 불륜을 저질렀습니다. 그 일로 그동안의 명성과 사역들이 무너지고 고통스러운 참회의 시간을 보내야 했습니다. 그 후에 나온 책이 《무너진 세계를 재건하라》입니다. 세계적으로 존경받던 목회자들도 무너지는데 누구도 예외가 없습니다. 엘리의 아들들도 날마다 성전에서 같이 생활하면서 결국은 유혹과 음란에 넘어갔을 것입니다.

그런데 이런 아들들의 행실을 엘리가 들었습니다. 매우 늙어서 들은 것이 안타깝지만 어쨌든 들었습니다.

둘째, 나의 잘못을 지적할 때 듣지 않기로 작정하는 죄가 있습니다.

> [23] 그들에게 이르되 너희가 어찌하여 이런 일을 하느냐 내가 너희의 악행을 이 모든 백성에게서 듣노라 [24] 내 아들들아 그리하지 말라 내게 들리는 소문이 좋지 아니하니라 너희가 여호와의 백성으로 범죄하게 하는도다 [25] 사람이 사람에게 범죄하면 하나님이 심판하시려니와 만일 사람이 여호와께 범죄하면 누가 그를 위하여 간구하겠느냐 하되 그들이 자기 아버지의 말을 듣지 아니하였으니 이는 여호와께서 그들을 죽이기로 뜻하셨음이더라 (삼상 2:23-25)

22절부터 '듣고', '듣노라', '들리는', '듣지 아니하였노라' 등 듣는다는 표현이 네 번이나 나옵니다. 여기에서 '듣다'는 단순히 귀로 듣는 것을 넘어서 '청종하다, 순종하다'의 의미가 있습니다. 그냥 듣는 것으로 끝나는 것이 아니라 몸소 행하고 실천해야 하는 것입니다.

엘리가 계속해서 아들들의 악행에 대한 소문을 들었지만 그것을 하나님의 음성으로 듣지 못했기 때문에 부러 잊으려 했을 것입니다. 그런데 악행이 커지니 안 들을 수가 없는 소문으로 몰려왔습니다. '내가 제사장인데 누가 어쩌겠어?' 하다가 도저히 지나칠 수 없는 상황까지 왔습니다. 그래서 이제라도 아들들을 가르쳐 보려고 하지만 아들들이 듣지 않았다고 합니다.

왜 안 듣습니까? 여호와께서 그들을 죽이기로 작정하셨기 때문입니다. 그렇기에 그들이 듣지 않고 회개하지 않은 것입니다. 내가 말씀이 안 들리고 회개가 안 되는 것은 이미 하나님의 심판이 임한 것입니다. 하나님의 심판은 듣지 않는 사람들의 귀를 닫으시고 보지 않는 자의 눈도 닫으시고 돌이키지 않는 자의 마음도 다 닫으십니다.

출애굽할 때 바로가 모세의 말을 듣지 않은 것도 하나님께서 바로의 마음을 강퍅하게 하셨기 때문입니다. 이사야가 소명을 받을 때에도 이스라엘 백성의 이마를 굳게 하심으로 '그들이 네 말을 전혀 안 들을 것'이라고 하셨습니다. 설교를 아무리 들어도 말씀이 내 것으로 안 들리는 사람, 회개가 안 되는 사람은 하나님의 심판이 이미 임해서 하나님께서 죽이기로 뜻하신 자입니다.

내 옆에 무지막지한 악을 행하는 사람이 있다면 그 사람은 이미 심판 가운데 있다는 것을 알아야 합니다. 그 악을 보면서 '하나님이 심판하셔야지, 하나님이 막으셔야지' 하고 조바심 낼 필요가 없습니다. 이미 하나님의 심판이 임한 것이기에 그 사람의 악을 보면서 나는 내 죄만 회개하고 가면 됩니다. 말씀이 들리고 회개하는 나는, 어떤 악한 사람이 있어도 그 옆에서 점점 자라 갈 수 있습니다.

엘리는 아들들의 죄에 참여하지는 않았습니다. 그리고 "너희의 악행을 내가 들었다. 그리하지 말라!"고 강하게 지적했습니다. 그런데 엘리가 죄는 잘 지적했지만 적용은 하지 않았습니다. 이때 어떤 적용을 해야 합니까? 아들들의 악행을 알았다면 그들을 제사장직에서 해임시켜야 했습니다. 성전에서 내보내야 했습니다. 그런데 그냥 그대로 두면서 지적만 했습니다.

말만 앞서는 사람에게는 능력이 안 생깁니다. 잠시 후 하나님께서 이 아들들을 다 죽이십니다. 엘리가 내쫓지 못하니까 죽음으로 빼앗으십니다. 그러기 전에 엘리가 먼저 아들들을 해임했다면 하나님께서 죽이지는 않으셨을 것입니다.

• • • • • •

영적, 육적으로 내가 행하는 음란의 죄는 무엇입니까. 죄짓는 데에는 점점 대담해지고 회개하는 데에는 점점 무뎌집니까. 자녀와 지체들의 악한 행실에 대해 어떤 태도를 취합니까. 그러면 안 된다고 말로만 가르치면서 악을 방치합니까. 용돈을 끊고, 인간적인 정을 끊어 내면서 단호하게 악을 내쫓는 적용을 하고 있습니까.

점점 자라면 하나님과 사람에게
은총을 받는다

아이 사무엘이 점점 자라매 여호와와 사람들에게 은총을 더욱 받더라
(삼상 2:26)

지도자들의 악이 대담해지고 하나님께서 죽이실 수밖에 없는 이 상황에도 점점 자라는 아이 사무엘이 있습니다. 엘리의 아들들은 점점 죄를 범하고 있는데, 사무엘은 그 옆에서 점점 자라고 있습니다. 환경을 뛰어넘는 하나님의 은혜와 은총이 있습니다.

'점점 자란다'는 표현을 공동번역 성경에서는 '무럭무럭 자랐다'라고 하는데, 무럭무럭 자랐다는 것은 신체적, 사회적, 영적으로 자랐다는 뜻입니다. "예수는 지혜와 키가 자라 가며 하나님과 사람에게 더욱 사랑스러워 가시더라"(눅 2:52)는 말씀처럼 사람이 자라 간다는 것은 사랑을 받는다는 뜻입니다. 지혜가 자라고 관용이 자라면서 사랑이 무럭무럭 자라는 것입니다.

하나님과 사람에게 은총을 받는 것은 이타적으로 사는 삶이고, 겸손한 삶입니다. 내가 하나님의 은총을 받으면 부귀영화는 내려놓게 됩니다.

부귀영화까지는 아니지만 저도 레슨비를 내려놓게 되었습니다. 오래전 피아노를 가르칠 때 시간당 얼마씩 레슨비를 받았습니다. 남편이 떠난 뒤 아이들과 함께 생활하려면 피아노 레슨을 계속 해야 했습니다. 하지만 무엇보다 영혼 구원이 급하고 중요한 일이었기에 피아노 레슨을 그만두었습니다. 부귀영화를 안겨 줄 정도는 아니지만 저에게는 유일한 돈벌이였기에 피아노 레슨을 그만두는 일은 대단한 적용이었습니다. 그렇게 10년이 넘도록 돈을 안 벌었지만 결과적으로는 하나님께서 명예도 주시고 영화도 주셨습니다.

하나님과 사람에게 은총을 받으려면 먼저 돈을 내려놓아야 합니다.

하나님의 은총을 맛보니 이 땅의 돈이나 그 어떤 것과도 바꿀 수 없고 비교가 안 되는 것을 알았습니다.

엘리 집안과 엘가나 집안의 명암이 서서히 엇갈립니다. 사무엘과 엘리의 아들들의 차이는 가치관의 차이입니다. 엘리의 아들 홉니와 비느하스는 기름진 고기를 택했습니다. 이 세대의 특징인 악과 음란을 택했습니다. 그러나 사무엘은 은총 받기에 합당한 삶을 택했습니다.

자녀를 잘 키우는 일은 부모 마음대로 되는 것이 아닙니다. 훌륭한 부모 밑에서 훌륭한 자녀가 나오고 악한 부모 밑에서 악한 자녀가 나오는 것도 맞겠지만, 성경을 보면 훌륭한 부모 밑에서 얼마나 악한 자녀들이 많이 나오는지 모릅니다. 이삭과 리브가의 예를 봐도 야곱처럼 하나님의 축복을 받는 아들이 있는가 하면, 쌍둥이 형제인 에서는 믿음이 하나도 없고 불신결혼을 해서 항상 부모의 근심거리였습니다. 그 후손은 대대로 이스라엘의 원수가 되어 결국 하나님의 진노로 멸망했습니다.

참으로 기가 막힌 것은 여호와 앞에서 섬기고 잘 자란 사무엘이지만 그 아들들은 나중에 뇌물을 받고 판결을 바르게 하지 않았다는 겁니다 (삼상 8:3). 성군으로 유명한 히스기야의 아들 므낫세도 예외가 아니었습니다. 히스기야가 시한부를 선고 받고 통곡의 기도를 해서 15년의 생명을 연장 받았으니 얼마나 뜨거운 체험 신앙입니까? 그런데 그 아들 므낫세는 우상숭배를 조장한 왕이었습니다. 후에 바벨론에 끌려가서 하나님 앞에 기도하며 하나님을 알게 되지만, 아버지가 확실한 믿음으로 살아도 안 되는 자녀가 얼마든지 있을 수 있습니다.

엘리의 아들들이 정작 자신들은 여호와를 알지 못하면서 여호와를 알리는 일을 했습니다. 하나님의 아들이신 예수님도 고난을 받아 순종을 배웠다고 했습니다(히 5:8). 엘리의 아들들도 고난의 훈련을 받았다면 하나님을 알 기회가 있었을 텐데, 어찌 고난이 없었는지 안타까울 따름입니다.

자녀가 어리다고 교회에 안 가도 그냥 두는 부모가 있는데 그러면 안 됩니다. 사람은 나이 들수록 고집이 늘고 마음이 강퍅해집니다. 신앙생활은 어렸을 때부터 하는 것이 좋습니다. 어려서 만나고 경험한 것은 전부로 받아들이기 때문에 나중에 자라서 은혜도 잘 받고 신앙생활을 지켜 가는 힘도 있습니다.

통계에 의하면 예수님을 믿고 구원받았다고 하는 연령의 85퍼센트가 18세 이전이라고 합니다. 그만큼 듣고 보는 것을 전부로 받아들일 때가 구원의 확신을 갖기에 좋습니다.

물론 이것이 절대적인 것은 아닙니다. 늦은 나이에 믿음 생활을 시작했어도 은혜받고 구원받는 경우도 많이 있습니다. 다만 나이가 어릴 때는 순수하게 무조건 받아들이기 때문에 어려서 배운 성경, 어려서 다닌 교회는 인생의 중심이 됩니다. 나이 든 사람들은 자녀 걱정, 생활 걱정하느라 예배 시간에 하나님께 집중하는 것이 어렵습니다. 95퍼센트는 다른 생각을 하고 있습니다. 아이들은 그런 걱정이 없기 때문에 잘 듣습니다. 그래서 아이들이 어릴 때 반드시 교회에 데려와야 합니다. 어려서 듣고 배운 말씀은 무엇과도 비교할 수 없는 재산입니다. 사무엘도 성전에서 키웠듯이 교회에서 아이들을 키워야 합니다. 저도 4대째 모태신앙으로 교회에서 많은 시간을 보내며 자랐기 때문에 이렇게 은혜로 지켜주신다고 생각합니다. 모태신앙이 '못해' 신앙이라고들 하지만 은총을 받을 기회가 오면 절대 놓치지 않는 것이 모태신앙의 저력입니다.

• • • • • •

가정에 위기가 오고 교회에 문제가 많아도 예배에 집중하고 말씀을 묵상하며 점점 자라고 있습니까. 내가 영적으로 자라는 만큼 주변 사람들에게도 좋은 영향을 끼치며 사랑받고 있습니까. 성경 지식을 휘두르고 다른 이들을 정죄하면서 하나님의 은총을 가리고 사람과도 멀어지는 독불장군 신앙은 아닙니까.

점점 자라지 못하는 원인은
문제 부모 때문이다

> [27] 하나님의 사람이 엘리에게 와서 그에게 이르되 여호와의 말씀에 너희 조상의 집이 애굽에서 바로의 집에 속하였을 때에 내가 그들에게 나타나지 아니하였느냐 [28] 이스라엘 모든 지파 중에서 내가 그를 택하여 내 제사장으로 삼아 그가 내 제단에 올라 분향하며 내 앞에서 에봇을 입게 하지 아니하였느냐 이스라엘 자손이 드리는 모든 화제를 내가 네 조상의 집에 주지 아니하였느냐 (삼상 2:27-28)

엘리가 아들들을 타일렀지만 보다시피 말은 힘이 없습니다. 노인의 충고쯤으로 여길 뿐 아들들이 전혀 돌이키지 않았습니다. 그래서 하나님의 선지자가 찾아와서 이유를 밝힙니다. 엘리가 하나님의 말씀을 대언해야 하는 대제사장인데 하도 말씀을 안 들으니까 이름도 없는 하나님의 사람이 나타나서 마지막으로 경고합니다. '너희 조상이 바로의 집에 속했을 때, 너희가 종 되었을 때 내가 꺼내 주지 않았느냐'고 출애굽 구원의 은혜를 말씀하십니다. 특별히 너희 지파, 너희 집안을 택해서 엄청난 특별대우를 했다는 것입니다.

제사장의 직무를 단에 오르는 것, 분향하는 것, 에봇 입는 것 세 가지로 말했는데, 제사장은 항상 단에 오르는 사람으로서 투명해야 합니다. 제사장의 삶은 숨길 수 없는 것이고 사람들의 주목을 받으며 어디에서나 드러나게 돼 있습니다. 단에 올라간 인생으로 예배의 본을 보이는 것이 제사장의 의복입니다. 다른 이들과는 구별된 삶을 살아야 하는 것입니다.

그런데 엘리가 그렇게 살지 못하니까 이름도 없는 하나님의 사람이 와서 한량없이 수치를 주고 있습니다. 특히 화제를 주지 않았느냐고 하면서 그들이 하나님께 받았던 몫이 얼마나 거룩한 것이었는지 강조합니다. 엘리의 아들들이 그 제물에 어떤 극악한 일을 행했는지 상기시키고 있습니다.

너희는 어찌하여 내가 내 처소에서 명령한 내 제물과 예물을 밟으며 네 아들들을 나보다 더 중히 여겨 내 백성 이스라엘이 드리는 가장 좋은 것으로 너희들을 살지게 하느냐 (삼상 2:29)

엘리가 아들들을 야단쳤지만 한편으로는 아들들이 가져온 것을 같이 먹으며 살찌웠습니다. 아버지로서 이 죄악에서 벗어날 수가 없습니다.

그리고 가장 중요한 것은 하나님보다 아들을 더 중히 여겼다는 것입니다. 4장에서 엘리가 죽을 때 "나이가 많고 비대한 까닭이라"(삼상 4:18) 했는데 '비대한'이라는 표현의 원어가 여기에 나오는 '중히', 30절에 나오는 '존중히'와 같은 뜻입니다. 엘리가 의자에서 넘어져 죽은 이유가 늙고 비대하기 때문인데, 영적으로도 늙고 둔해서 분별이 안 되어 하나님보다 아들을 중히 여겼다는 것입니다. 이것이 엘리의 구체적인 죄입니다.

모든 죄의 마지막에는 언제나 자식 우상이 있습니다. 성전 지도자인 대제사장도 자식에 대해서는 늙고 둔했습니다. 한나가 울며 기도하는 걸 보고는 술 취했다고 비난하더니 자기 아들들에 대해서는 관대했습니다.

하나님을 중히 여기고, 하나님만 사랑하는 것이 리더십의 덕목입니다. 하나님을 사랑하기 때문에 교회를 버릴 수도 있고, 자식을 버릴 수도 있어야 합니다. 반대로 하나님을 사랑해야 교회도, 자식도 사랑할 수 있습니다.

왜 하나님이 아브라함에게 독자 이삭을 바치라고 하셨겠습니까? 하나님 사랑을 알아야 자식을 사랑할 수 있기 때문입니다. 이원론으로 '하나님 사랑 vs. 인간의 사랑' 이렇게 나뉘는 게 아닙니다. '내가 하나님을 너무 사랑해서 남편의 사랑을 잃었다', '하나님 일 한다고 아내의 사랑을 잃었다' 이런 건 말도 안 되는 소리입니다. 하나님을 사랑하기 때문에 가족도, 이웃도, 지체도 사랑할 수 있습니다. 하나님을 사랑하기 때문에 이기적인 삶에서 이타적인 삶으로 바뀌고, 욕심으로 하는 사랑이 아니라 내 목숨도 내줄 수 있는 진정한 사랑을 하게 되는 것입니다.

다만 은사의 차이가 있습니다. 사랑을 시간과 공간의 개념으로만 생각하기 때문에 시간을 많이 할애하지 못하거나 같이 있어 주지 않으면 자기를 사랑하지 않는다고 생각합니다. 그러나 같이 있어야만 사랑이 아닙니다. 하나님이 주신 은사와 시기에 따라서 가족과 떨어져 지낼 수도 있고 섬기는 자리가 다를 수도 있습니다. 그럼에도 하나님의 사랑으로 통하는 사람은 따로 떨어져 있어도 사랑이 전해집니다. 아직 인간적인 사랑에서 벗어나지 못했기 때문에 '교회에 남편을 뺏겼어, 아내를 뺏겼어' 이런 생각을 하는 겁니다.

내 자녀가 예쁘고 귀하고 사랑스러운 것은 인지상정입니다. 그러나 자녀가 하나님보다 더 귀해서 해 달라는 대로 다해 준다면 사망의 길로 인도하는 것입니다. 주일에 예배드리는 대신 산 좋고 물 맑은 곳으로 데리고 다니면 좋은 아버지입니까? 유산을 남겨 주고 땅을 물려주면 좋은 부모입니까? 내가 죽은 다음에 추도예배라도 드려 주기는 하겠지요. 그렇다고 자녀가 나를 사랑해 주고 존경해 주는 건 아닙니다.

좋은 아버지는 하나님을 가장 귀하게 여기는 아버지입니다. 비싼 옷, 좋은 것은 못 사 줘도, 남겨 줄 유산이 없어도, 예수 그리스도를 믿는 믿음을 물려주는 부모가 최고의 부모입니다. 엘리가 아들들에게 잘해 주면서 잘 먹이고 잘 키웠지만 아들들은 하나님이 죽이시기로 작정할 만큼 악한 인생을 살았습니다.

문제아는 없고 문제 부모만 있습니다. 내가 하나님보다 돈과 쾌락을 중히 여겼기 때문에 내가 살아온 삶의 결론으로 악하고 음란한 자녀가 나온 것입니다. 날 때부터 문제아는 없습니다. 문제 부모가 있을 뿐입니다.

• • • • • •

내 자식, 내 새끼만 쳐다보느라 자녀가 숨막혀 하고 지겨워하는 엄마입니까. 자식 위해 열심히 돈 번다고 바쁘게 살면서 가족에게 외면당하는 아빠입니까. 하나님을 사랑해서 가정에 충실하고, 하나님을 사랑해서 성실하게 일하고 살림하고, 하나님을 사랑해서 정직하게 사는 모습을 자녀에게 보여 주고 있습니까.

점점 자라지 못하면
형벌이 기다리고 있다

그러므로 이스라엘의 하나님 나 여호와가 말하노라 내가 전에 네 집과 네 조상의 집이 내 앞에 영원히 행하리라 하였으나 이제 나 여호와가 말하노니 결단코 그렇게 하지 아니하리라 나를 존중히 여기는

자를 내가 존중히 여기고 나를 멸시하는 자를 내가 경멸하리라 (삼상
2:30)

'말하노라'는 유언할 때 쓰는 단어입니다. 마지막 예언, 마지막 유언,
마지막 심판의 이야기라는 것입니다. 영원히 이 집을 지키신다는 것은
하나님의 종으로 신실하게 사명을 지켰을 때 주시는 약속입니다. 그런
데 엘리와 아들들이 사명을 못 지키고 있으니까 행동을 달아 보시는 하
나님께서 모든 것을 보시고 마지막 결정을 내리셨습니다.

하나님을 존중히 여기는 자를 하나님께서 존중히 여기십니다. 그런
데 하나님을 위해서 살면 결혼도 못 하고 자식 사랑도 못 할까 봐 그런
고백을 못 합니다. 내가 하나님을 존중히 여기는 만큼 하나님도 나를 존
중히 여기시고 귀히 여기실 텐데, 그 믿음이 없어서 하나님 자리에 자꾸
자녀를, 배우자를, 돈을 놓는 것입니다.

> [31] 보라 내가 네 팔과 네 조상의 집 팔을 끊어 네 집에 노인이 하나도 없
> 게 하는 날이 이를지라 [32] 이스라엘에게 모든 복을 내리는 중에 너는 내
> 처소의 환난을 볼 것이요 네 집에 영원토록 노인이 없을 것이며 [33] 내
> 제단에서 내가 끊어 버리지 아니할 네 사람이 네 눈을 쇠잔하게 하고
> 네 마음을 슬프게 할 것이요 네 집에서 출산되는 모든 자가 젊어서 죽
> 으리라 [34] 네 두 아들 홉니와 비느하스가 한 날에 죽으리니 그 둘이 당
> 할 그 일이 네게 표징이 되리라 [35] 내가 나를 위하여 충실한 제사장을

일으키리니 그 사람은 내 마음, 내 뜻대로 행할 것이라 내가 그를 위하여 견고한 집을 세우리니 그가 나의 기름 부음을 받은 자 앞에서 영구히 행하리라 ³⁶ 그리고 네 집에 남은 사람이 각기 와서 은 한 조각과 떡 한 덩이를 위하여 그에게 엎드려 이르되 청하노니 내게 제사장의 직분 하나를 맡겨 내게 떡 조각을 먹게 하소서 하리라 하셨다 하니라 (삼상 2:31-36)

하나님의 심판은 항상 현재적입니다. 나중에 오는 것이 아닙니다.

아버지가 타일러도 아들들이 말을 안 듣고, 아버지는 그런 아들을 못 끊어 내고, 그러니 마지막으로 하나님의 사람을 보내어 경고하고 회개를 촉구하십니다.

그래도 이들이 끝까지 회개하지 않았습니다. 왜 회개하지 않았습니까? 하나님께서 나와 자녀, 우리 집안을 멸하기로 작정하셨다는데 이 무서운 경고를 받고도 왜 회개하지 않았을까요?

지금 누리는 것이 너무 풍족하기 때문입니다. 먹을 것이 많고 여자들이 즐비합니다. 수종 드는 여인들과 반복해서 동침을 해도 누가 뭐라고 하지 않습니다. 하나님 나라를 영의 눈으로 볼 수 없기 때문에, 썩어질 세상이 영원할 것처럼 누리는 것입니다. 그러니 경고의 말이 들리겠습니까? '지금 이렇게 편하고 좋은데 저주는 무슨 저주?' 이러는 겁니다.

아들들을 강퍅하게 키운 것은 아버지 엘리의 잘못입니다. 무능한 엘리 한 사람 때문에 집안 대대로 슬픔이 임하고 제사장 직분마저 빼앗겼습니다. 그러고는 떡 한 덩이 때문에 제사장 직분을 구걸하는 신세가 되었습니다. 사명 때문에 하는 것이 아니라 월급쟁이 하느라고 목회할 곳을 구하는 시대가 되었습니다. 신학교도 많고 거기에서 배출되는 전도사, 목사도 많아서 어디 가서 일할 곳이 없는 신세가 되었습니다. 가정에서 부모가 잘못함으로 그 집안이 몰락하고, 교회가 몰락한 것입니다.

미국의 영적 쇠퇴도 가정의 몰락에서 비롯됐다고 합니다. 성경에 손을 얹고 시작해 200년 만에 세계 최고 강대국이 되었으나 미국은 그 부요함으로 타락의 길을 걷기 시작하더니 지금은 하나님에 대한 첫사랑을 잃어버렸습니다. 가정의 지도자인 부모가 하나님을 멸시하면 내 자녀, 후손들까지 하나님께 경멸을 받게 됩니다. 이 말씀을 무서운 경고로 받으시기 바랍니다.

● ● ● ● ● ●
하나님이 계셔야 할 자리에 무엇(누구)을 두고 존중히 여깁니까. 내가 하나님보다 세상을 존중했기에 자녀도 하나님을 멸시하고 세상으로 가는 것을 인정합니까. 가족, 돈, 외모를 존중하며 안락하게 사는 것이 하나님께서 나를 경멸하시는 형벌이라는 걸 알고 있습니까.

점점 자라 가는 자를
충실한 제사장으로 일으키신다

> 내가 나를 위하여 충실한 제사장을 일으키리니 그 사람은 내 마음, 내
> 뜻대로 행할 것이라 내가 그를 위하여 견고한 집을 세우리니 그가 나
> 의 기름 부음을 받은 자 앞에서 영구히 행하리라 (삼상 2:35)

하나님 뜻대로 행하는 충실한 제사장을 일으킨다고 하십니다. 하나님의 마음을 아는 자, 하나님의 뜻대로 행하는 자를 통해서 하나님이 기뻐하시는 일을 이루고자 하십니다. 일차적으로 사무엘에게서 이루어졌고, 나중에 예수 그리스도를 통해 완전하게 성취되었습니다.

하나님께서 엘리와 아들들을 버리신 이유는 행위의 잘못보다는 그들이 하나님을 알지 못했기 때문입니다. 예배를 드릴 때 육신이 연약하고 피곤해서 조는 사람도 있지만, 안 졸고 열심히 듣는데 비판하려고 듣는 사람도 있습니다. 눈을 뜨고 열심히 들어도 완악한 마음으로 듣는 사람보다는 정신없이 졸아도 하나님을 사랑해서 온 사람이 훨씬 낫습니다.

엘리와 그 아들들은 하나님을 알지 못했습니다. 하나님의 마음도, 뜻도 몰랐습니다. 하나님을 사랑하지 않았습니다. 결국 하나님은 한나라는 이름 없는 여인의 기도를 통해서 사무엘을 얻으셨습니다. 엘리는 대제사장으로서 얼마든지 하나님의 뜻을 알고 자라 갈 수 있는 환경에 있었지만 사실은 한나만도 못한 사람이었습니다. 영적으로 둔해서 깨달

지 못하고 순종을 못한 겁니다. 하나님은 아직 어린 사무엘을 통해 학벌이고 나이고 다 필요 없다는 걸 보여 주십니다. 그를 통해서 하나님이 하실 일을 이루십니다.

오늘도 하나님은 문제 많은 한국 교회와 세계선교를 위해서 우리를 부르십니다. 누구를 불러 쓰시고 누구를 버리실까요? 여러분은 쓰임받는 사람입니까, 버려지는 사람입니까?

세상이 요구하는 실력을 갖추지 못했어도 상관이 없습니다. 나이가 어려도 상관이 없습니다. 말씀이 있으면 누구나, 어디에 가나 전도를 하고 선교를 할 수 있습니다. 도처에 교회가 있고 성전이 있어도 말씀 없는 곳이 많습니다. 말씀의 홍수 속에 있는데도 말씀을 듣지 못하는 기갈이 있습니다.

환경은 우리가 성장하고 자라 가기 위해서 중요한 역할을 하지만 그것이 다는 아닙니다. 사무엘이 자란 환경이 최상의 환경입니까? 엘리의 아들들의 죄가 보여 주듯이 최악의 환경이었습니다. 제사장들이 여종과 동침이나 하고, 제물로 바친 고기를 갈고리로 긁어 가고, 대제사장 아버지의 말을 하나도 안 들었습니다.

그러나 그 환경에서도 사무엘은 하나님과 사람에게 사랑과 은총을 받고 점점 자라 갑니다. 엘리가 어떤 사람이든지 그가 대제사장이기에 엘리의 지도를 받으면서 위대한 지도자로 성장했습니다.

엘리는 자기 아들은 못 가르치면서 사무엘은 가르쳤습니다. 그런 경우가 의외로 많습니다. 히스기야도 자기 아들 므낫세는 못 가르치면서 온 백성을 가르쳤습니다. 사무엘도 마찬가지입니다. 역사적으로 위대한 선지자인데도 자기 아들은 못 가르쳤습니다.

• • • • • •

날마다 말씀을 묵상하며 하나님이 어떤 분이신지, 하나님의 뜻이 무엇인지 찾아봅니까. 하나님의 마음과 뜻을 깨닫고 삶에서 실천하는 충실한 일꾼입니까. 환경이 어떠하든지, 내가 어떠하든지 하나님께서 하나님의 일을 위해 나를 자라게 하시고 복음의 일꾼으로 일으키실 것을 믿습니까.

똑같은 환경이라도 말씀으로 점점 자라 가는 사람이 있는가 하면, 대담하게 악을 행하는 사람도 있다고 했습니다. 우리들교회 어느 집사님의 나눔을 들려 드리려고 합니다.

저는 남편과 한 사무실에서 일하다가 가까운 사이가 되었습니다. 남편은 당시 유부남으로 부인과 별거 중이었지만 완전히 이혼한 상태는 아니었습니다. 그래서 당시 본부인에게 간통죄로 고소를 당했고 구치소에서 형을 살아야 했습니다.

간통죄로 벌을 받았으니 본부인과는 저절로 이혼이 되고, 감옥에서 나가면 정식으로 결혼해 살 것 같았지만, 한편으로는 남편이 원망스럽고 잘못된 만남이라는 생각이 들었습니다. 구치소에서 만난 분들도 '절대로 결혼하면 안 된다'고 했습니다. 조강지처 버리고 잘되는 사람 못 봤다고, 헤어져야 한다고 했습니다. 그래서 헤어지려고 마음먹었지만 남편이 시동생, 동서, 아들까지 보내서 설득하니 뿌리치지 못하고 결혼을 했습니다.

걱정했던 것처럼 결혼 후 남편은 습관처럼 술을 마시고 바람을 피우며 저를 힘들게 했습니다. 그러다 남편과 함께 우리들교회에 오게 되었고, 일대일 양육과 목장예배를 통해 남편이 달라지는 것 같아서 너무 좋았습니다. 남편이 본처를 버렸던 것처럼 저를 버릴까 봐 두려워, 목자가 되면 완전히 달라질 것 같은 마음에 남편을 목자로 만드는 것을 야망으로 품고 무조건 맹종했습니다.

저의 바람대로 남편은 목자가 되었습니다. 그동안 수치스럽고 자유하지 못했던 저에게 남편이 목자라는 것은 큰 자랑거리였습니다. 첩의 열등감으로 조강지처를 무시하고 남의 가정을 깬 주제에 남편이 최고인 줄 알고 교만을 떨었습니다. 남편이 다시 세상으로 갈까 봐 불안했던 저에게 우리들교회와 목장은 가장 확실한 안전장치로 여겨졌습니다. '다른 사람을 살리는' 목장이 아니라 '남편을 붙들어 매어 놓는' 목장이었고 그러니 당연히 사명에는 관심도 없었습니다.

부부목장에 참석하는 여자 집사님이 있었는데, 그분은 독신이었습니다. 독신인 여자 성도는 부부목장에 참석하지 못하는 게 교회의 방침이었습니다. 잠깐 참석할 수 있어도 장기적으로 참석하지 않는 게 교회에서 정한 질서였습니다. 그런데 그 질서를 무시하고 남편은 괜찮다고 했습니다. 얼마 후 목장 개편으로 그 집사님이 다른 목장에 편성됐는데도 남편은 따로 전화를 하고 메시지를 보냈습니다. 이제 우리 목원도 아닌데 왜 따로 연락하느냐고, 잘못된 거라고 하면 남편은 "네가 너무 집착을 한다"면서 "이래서 너하고는 못 산다"고 싸움으로 끝내 버렸습니다.

의심과 집착으로 죽을 것 같았지만 목장에서 이런 이야기를 하면 남편이 목자를 못 하게 될까 봐, 첩으로서 제 상처가 되살아날까 봐 꺼내 놓기가 싫었습니다. 또 그런 저와 남편을 목원들이 어떻게 생각할까 하는 염려와 두려움도 컸습니다. 저의 약점을 아는 남편은 모든 것이 저의 집착 때문이라고 몰아붙였습니다. 견딜 수 없이 힘들어진 저는 목장에 이런 사실을 알렸습니다. 하지만 남편은 저를 이해시키지도, 구체적으로 사실을 말하지도 않고 늘 흐지부지 이야기를 끝냈습니다.

남편의 그런 모습은 저를 배신한 것으로 여겨져 너무나 힘이 들었습니다. '남편을 만나서 내 인생이 형편없어졌다'는 피해의식에 '남편이 나를 배신했다'는 상처가 덧입혀져서 저는 남편의 어떤 것도 이해하고 싶지 않았습니다. 남편 말대로 집착만 했을 뿐 사랑하지도, 불쌍히 여기지도 않았습니다. 교양 있는 얼굴로 '남편이 너무 이상하다'고 욕만 하고 다녔습니다. 남편을 사랑하지 않았기에 남편을 주님께 맡기지 못하고 죽은 것처럼 꽁꽁 싸매고 무덤 속에 숨고만 싶었습니다.

이제 저의 죄를 인정하며, 남편을 욕하기 위한 목장 나눔이 아니라 남편을 살리고 제가 살아나기 위한 회개의 나눔을 하고 싶습니다.

몇 년이 지난 일입니다. 남편 집사님은 결국 목자 직분을 내려놓으셨습니다. 당시 독신이었다는 여자 집사님의 입장을 제가 못 들었기 때문에, 실제 어떤 사건이 있었는지, 남편 집사님이 혼자 여자 집사님을 좋아했던 것인지 확실하지 않습니다. 하지만 사실관계를 떠나서 부인이 오해할 만한 일이 있었다면 적극적으로 해명해야 했습니다. 설사 부인의 집착일 뿐이라 해도 부인을 안심시킬 책임이 있으므로 사랑을 확인시켜 줬어야 했습니다. 그랬다면 의심도 사라졌을 텐데 무책임한 태도로 부인을 힘들게 했습니다.

엘리의 아들들이 성전에서 동침했다고 하는 본문 말씀을 읽으면서 '교회에서 무슨 그런 일이 있냐'고 함부로 말할 수 없습니다. 오해로 인한 것이든 혼자 좋아한 것이든, 각자의 수준에서 음란과 악을 행하는 것이 오늘날 우리의 모습입니다. 이런 이야기가 교회의 수치라고 보는 분도 있겠지만, 우리가 거룩을 이루고 자라 가기 위해서 이런 일도 드러내고 가르침을 받아야 한다고 생각합니다.

우리가 점점 자라 가면 내 옆의 악도 점점 대담해집니다. 엘리와 아들들은 하나님의 경고를 받고도 돌이키지 않았기에 죽임을 당했지만, 오늘 말씀을 들음으로써 돌이키기 바랍니다.

말씀을 듣고 내 죄를 인정하는 것이 사는 길입니다. 거룩한 성전, 거록한 교회라도 어떤 일이든 일어날 수 있고, 어떤 사람도 있을 수 있습니다. 그러나 아무리 악한 환경이라도 하나님의 마음과 하나님의 뜻을 알고 순종하는 사람은 점점 더 자라 갈 것입니다. 하나님께서 죽이기로 작정하신 죄를 지었더라도 오늘 말씀을 듣고 돌이키는 사람은 점점 자라게 하시고 충실한 일꾼으로 일으키실 것입니다.

우리들 묵상과 적용

저는 치과 의사였지만 다시 의대에 진학해 이비인후과 의사가 되었습니다. 하나도 하기 어려운데 두 개의 의사 자격증으로 대학교수가 되었고, 젊은 나이에 과장도 되었습니다. 또 귀 질환 전문의로서 네 명만이 가입되는 세계이비인후과 정회원에 이름을 올렸습니다. 이렇듯 성공하고 인정받고 게다가 믿음까지 있었으니 저 스스로 축복받은 요셉이라 여겼습니다.

그런데 "진정으로 축복받은 자는 요셉이 아니라 예수의 씨를 이은 유다"라는 목사님의 설교를 듣는 중에 '인생의 목적이 행복이 아니라 거룩'이라는 말씀이 제 기복적인 가치관을 흔들었습니다. 그 뜻을 깨닫고 싶어서 매일 큐티하며 말씀을 묵상했고, 모든 양육에 참여했습니다.

저는 무엇보다 큐티 말씀을 풀어 주는 수요예배를 사모하게 되었습니다. 보통 수요일에는 하루 종일 수술을 합니다. 수술 예약이 6개월 이상 밀려 있기 때문에 식사 시간도 없이 종일 수술을 해야 합니다. 현미경을 이용한 수술이라 너무나 피곤하지만, 우유 한 잔 먹고 저녁예배를 드리러 달려갑니다. 왜냐하면 수요예배 말씀을 통해 나를 볼 수 있기 때문입니다.

선천성 난청으로 태어나 평생 청각장애로 살아야 하는 아이가 제게 수술을 받고 잔소리하는 아이로 커 가는 육적 회복을 보는 것도 감동인데, 매주 목장에서 적용하며 하나님의 은총을 받아 점점 자라나는 영적 부활까지 맛보는 것은 참으로 감사한 일입니다.

아내는 제가 대학교 1학년 때 제게 과외를 받던 고등학생이었고, 저는 믿음이 있던 아내와 결혼을 했습니다. 당시 저는 대학생 신분으로 가장의 역할도 못하면서 악이 점점 대담해져 영적 잡초처럼 아내를 괴롭혔습니다. 매일 짜증을 내고, 폭언을 하고, 죽을 듯이 차를 몰고, 술에 취해 하룻밤 외도까지 했습니다. 아내가 두 번이나 암이라는 무서운 질병에 걸린 것은 결코 우연이 아닙니다.

문제 부모가 되어 자녀들의 믿음을 자라지 못하게 할 뻔한 제가, 제 사장의 모습으로 목장에서 단에 올라 구별된 삶을 보이며 하나님만을 위하여 살게 해 달라는 기도를 하게 되었습니다.

제가 말씀으로 점점 자라 가자 우리 가정은 천국을 누리는 기쁨을 맛보게 되었습니다. 이 기막힌 맛을 알고 나니 전도하지 않을 수 없어서 수술 방에서, 외래 진료실에서, 학교에서, 학회에서 벌써 25명을 전도했습니다. 50명 전도하고 죽게 해 달라고 한 저의 서원기도가 너무 빨리 이루어질까 봐 지금은 약간 후회가 되지만, 엘리처럼 자녀를 우상 삼기보다 하나님을 존중히 여기니 저의 권세를 구원을 위해 쓰게 하시는 것이 너무나 감사합니다.

하나님 아버지 품으로 불러 주셔서 이제야 여호와가 하나님인 줄 알게 해 주신 하나님을 사랑합니다.

말씀으로 기도하기

여호와를 알지 못하는 지도자의 악이 극에 달한 시대에 아이 사무엘은 여호와 앞에서 섬기며 점점 자라 갑니다.

점점 자라 갈수록 내 옆의 악도 점점 대담해집니다. (삼상 2:22-25)

엘리의 아들들은 성전을 섬기는 여자들과 반복적인 동침을 하며 점점 대담하게 악을 행합니다. 음란에는 누구도 예외가 없음을 인정하고 유혹이 되는 상황은 아예 만들지 않도록 기도합니다. 엘리가 아들들을 타일러도 하나님께서 죽이기로 작정하셨기에 듣지 않은 것을 보면서, 하나님의 말씀을 듣지 않는 것이 죽이기로 작정하신 심판인 것을 알게 하옵소서. 죄를 지적만 할 것이 아니라 끊어 내는 적용을 하게 하소서.

점점 자라는 사람은 하나님과 사람에게 은총을 받습니다. (삼상 2:26)

엘리의 아들들이 죄를 범하는데 사무엘은 점점 자라며 하나님과 사람에게 은총을 받습니다. 우리 자녀가 기름진 고기를 택하지 않고 하나님의 은총을 택하기 위해 고난을 통해서라도 순종을 배우게 하옵소서.

점점 자라지 못하는 원인은 문제 부모 때문입니다. (삼상 2:27-29)

엘리가 하나님보다 아들을 존중히 여겼기에 자녀를 사망의 길로 인도했습니다. 죄의 마지막에는 자녀 우상이 있다는 것을 알고 하나님보다 자녀를 존중히 여기지 않도록 기도합니다. 하나님을 사랑하기에 자식, 가족, 이웃을 사랑하며 하나님을 존중히 여기는 본을 보이게 하옵소서.

점점 자라지 못하면 형벌이 예고되어 있습니다. (삼상 2:30-34)

내가 하나님을 존중히 여기지 않았기에 자녀가 세상으로 나가고 방황하며 심판의 사건이 왔다는 것을 인정하기 원합니다.

점점 자라 가는 자를 충실한 제사장으로 일으키십니다. (삼상 2:35)

행위의 잘못보다 하나님을 사랑하지 않는 것이 엘리와 아들들처럼 죽을 수밖에 없는 죄라는 것을 알게 하옵소서. 환경이 열악하고 나이가 어려도 사무엘이 점점 자라 가는 것처럼, 환경이 어떠하고 내가 어떠하든지 하나님께 쓰임받는 일꾼으로 일으켜 주시옵소서.

기도

하나님 아버지, 악과 음란으로 나가는 엘리 아들들의 죄악이 저에게
도 있습니다. 그리고 절대로 듣지 않기로 작정하는 악도 있습니다. 홍수
처럼 들리는 말씀 속에서 엘리의 식구들처럼 듣지 않기로 작정한 우리
의 식구들이 있습니다.

하나님, 우리가 자라서 충실한 제사장이 되어 하나님의 심장과 하나
님의 뜻을 가지고 '내가 죄인'이라고 외치며 힘든 사람에게 가기 원합
니다.

하나님께서 너무나 안타까워서 하나님의 사람을 보내 마지막으로 경
고하십니다. 이제 여기서도 듣지 못하면 우리는 죽을 수밖에 없는데, 이
죽이기로 작정한 죄 가운데서 오늘 돌이켜 듣기를 원합니다. 내가 먼저

가장 중히 여기는 것들을 내려놓기 원합니다. 하나님보다 더 중히 여기는 자식과 돈과 우상을 내려놓기를 원합니다.

엘리가 하나님보다 아들을 더 중히 여겨서 죽이기로 작정했다고 하십니다. 이 두려운 말씀을 하나님의 중한 경고로 받고, 내가 충실한 제사장이 되어 하나님의 뜻을 알고 실천하는 한 사람이 되기 원합니다. 날마다 말씀으로 경고를 받고 내 죄를 회개하며 점점 자라 가는 믿음이 되게 하옵소서. 그래서 모든 사람과 내 식구들을 주님께로 인도하는 우리 모두가 될 수 있도록 역사하여 주옵소서. 예수님의 이름으로 기도합니다. 아멘.

chapter 6

말씀이 희귀한 이 시대에
말씀 묵상을 기뻐하게 하시고,
하나님의 일꾼으로
사용하여 주옵소서.

하나님이 부르시는 일꾼

사무엘상 3장 1-10절

하나님은 대제사장처럼 대단한 사람을 쓰시지 않고 불임과 고통을 겪고 있는 한나를 통해, 또 여러 가지 어렵고 힘든 환경에 있는 사람들을 통해 하나님 나라를 이루어 가시는 것을 봅니다. 엘리와 아들들이 악에서 돌이키지 않고 있어도, 그 옆에서 사무엘은 점점 자라 갑니다. 그리고 드디어 하나님께서 사무엘을 하나님의 일꾼으로 부르십니다.

말씀이 희귀한 시대에도
하나님은 일꾼을 부르신다

아이 사무엘이 엘리 앞에서 여호와를 섬길 때에는 여호와의 말씀이 희귀하여 이상이 흔히 보이지 않았더라 (삼상 3:1)

우리가 예수를 믿고 하나님을 섬길 때 내 삶의 현장에서도 섬겨야 할 구체적인 대상이 있습니다. 하나님을 섬기는 것이 사람을 섬기는 모습으로 나타나는 것입니다.

엘리의 아들들이 제물로 바친 고기를 갈고리로 찍어 내고 수종 드는 여인과 동침을 합니다. 그런데 아이 사무엘이 이런 이상한 리더 엘리 앞에서 여호와를 섬기고 있습니다. 진정한 리더십은 질서에 대한 순종에서 시작됩니다. 이상한 상사, 이상한 부모라도 윗사람에 대한 순종을 어려서부터 배워야 리더십을 가질 수 있습니다. 이것을 배우지 못한 사람은 인간관계가 힘듭니다.

하나님의 말씀을 알고 순종하는 사람에게는 하나님이 여러 각도에서 훈련을 시키십니다. 이상한 윗사람에게 순종하는 것이 어려워도 내가 질서에 순종하는 훈련을 잘 받고 있으면, 엘리에 대한 순종을 졸업시켜 주실 때가 곧 찾아옵니다. 여전히 힘든 인간관계를 졸업하지 못했다면 아직 훈련의 때가 남았기 때문입니다. 질서의 훈련이 끝나고 때가 되면, 그때에 힘든 인간관계도 졸업시키시고 일꾼으로 부르십니다.

오늘날 우리는 어느 때, 어느 장소에서나 설교를 들을 수 있습니다. 성경을 쉽게 접하고, 교회도 많고, 목회자들도 많습니다. 그런데 오히려 이 시대는 말씀이 희귀한 시대입니다.

제가 20여 년 전에 미국에서 열린 코스타(KOSTA)에서 간증을 했습니다. 그런데 귀국해서 보니 제가 미국에서 간증한 녹음테이프가 미국뿐아니라 전 세계 곳곳에 있는 것을 보고 정말 놀랐습니다. 당시에 저는 그저 평신도 집사일 뿐이었는데, 한국이 아닌 다른 곳에서 유명해졌습니다. 마지막 때에 "많은 사람이 빨리 왕래하며 지식이 더하리라"(단 12:4)는 말씀처럼, 정보와 지식이 참 빨리 전해지는 것을 그때 알았습니다.

또 교회를 개척하고 인터넷 홈페이지를 만들어 놓으니 홈페이지를 통한 전달 속도는 더욱 엄청납니다. 매 주일 예배와 설교가 전 세계 많은 사람들에게 전해지고 있습니다. 게다가 요즘은 스마트폰이 있어서 어느 곳에서나 즉시 보고 들을 수 있습니다.

인터넷의 가공할 만한 위력은 아무리 말해도 지나침이 없습니다. 전도와 사역의 방법도 많이 달라졌습니다. 우리들교회는 홈페이지를 통해 서로서로 심방합니다. 가 보지 않아도 집이 어떻게 생겼는지, 목장에 누가 모이고 뭘 먹었는지 사진과 나눔을 통해서 들여다봅니다. 이렇게 심방을 자세히 하는 교회도 드물 것입니다. 홈페이지에 올라오는 목장 보고서를 읽기만 해도 심방이 됩니다.

'일대일로 눈을 마주 보고 심방을 해야지 그게 무슨 심방이냐' 할 수도 있는데, 그것도 맞는 말입니다. 정말 힘든 사람은 찾아가서 눈을 마주하고 만나야 합니다. 하지만 이렇게 세계가 달라지고 있는데 한 가지 방식만 고집할 수는 없습니다. 우리가 찾아가지 못하는 곳, 우리가 마주볼 수 없는 사람들을 인터넷이 찾아갑니다. 인터넷을 통해서 말씀이 전해지고 전파됩니다.

물론 인터넷의 폐해가 심하고 중독도 위험합니다. 말씀과 예배가 전 세계에 퍼지듯이, 저의 잘못이나 실수도 클릭 한 번으로 전 세계에 퍼져 나갑니다. 하지만 그런 힘 때문에 인터넷을 통해 전도를 하면 위력도 대단합니다. 인터넷과 컴퓨터를 안 할 수 없는 시대에 우리가 살고 있습니다.

저도 컴퓨터를 전혀 다루지 못했습니다. 2000년에 공식적으로 큐티 선교회가 출범하고 홈페이지가 생겼는데, 그때만 해도 컴퓨터를 쓸 줄 몰랐습니다. 홈페이지에 많은 분들이 큐티한 내용을 올리고 간증도 올리는데 제가 컴퓨터를 못하니까 일주일 치를 인쇄해서 저에게 갖다 주었습니다. 그때 저는 '성경 읽어야 해서 컴퓨터 할 시간이 없다'고 말했습니다.

그러다 신학교에 들어가자, 모든 과제와 리포트를 컴퓨터로 해야 했습니다. 또 각지에서 저에게 메일을 보내고 상담을 청하는데, 거기에 답장을 하기 위해서라도 컴퓨터를 배워야 했습니다. 그래서 큐티 모임을 인도하고 신학교에 다니면서 컴퓨터를 배웠습니다. 독수리 타법이라도 열심히 쳐 가면서 과제를 하고 답장을 썼습니다.

그러면서 컴퓨터와 인터넷의 유용함을 알았습니다. 이메일이 있으니까 세계 곳곳의 사람들과 언제라도 상담을 하고 말씀도 전하고 안부도 물을 수가 있는 것입니다.

말씀이 희귀하다는 것은 말씀을 듣지 못했다는 뜻이라기보다는 실천이 없다는 것을 말합니다. 우리가 조금만 찾아보면 얼마든지 말씀을 들을 수 있고, 배울 수 있습니다. 엘리는 하나님의 경고를 들었지만 돌이키지 않았습니다. 말씀이 들린다는 것은 실천으로 옮기는 것을 말합니다. 그냥 아는 것을 말씀이 들린다고 하지 않습니다. 엘리가 성경 말씀을 몰라서 들리지 않는다고 했겠습니까!

한 교회의 영성지수는 지도자인 목회자에 의해 좌우된다고 볼 수 있습니다. 지도자가 하나님을 사랑하지 않으면 소통이 안 되고 하나님도 말씀하시지 않습니다. 그래서 사사시대에는 하나님의 예언과 계시가 거의 없었습니다. 말씀을 듣는 사람도 없고, 들리지 않으니까 얘기해 줄 수도 없는 겁니다.

"양식이 없어 주림이 아니며 물이 없어 갈함이 아니요 여호와의 말씀을 듣지 못한 기갈이라"(암 8:11)고 했습니다. 곳곳에서 성경을 보고 설교를 들을 수 있는 이 시대에, 참으로 말씀의 홍수라고도 할 수 있는 이 시대에 여러분은 말씀이 들리십니까?

우리들교회 목장의 어떤 분도 계속해서 "나는 말씀이 하나도 안 들린다, 정말 안 들린다"고 말합니다. 그분은 소설책은 잘 읽히는데 성경만 읽으면 딱 막혀서 진도가 안 나간다고 합니다. 초등학생이 대학 강의 듣는 것 같답니다. 그래서 성경 두 줄을 못 읽고 프로젝트 생각이 난다고 합니다.

이런 사람의 특징이 '똑똑하다'는 것입니다. 이분이 설교를 들어도 이해가 안 되고 너무 말씀이 안 들려서 '내가 정신적으로 문제가 있는 건 아닌가' 생각했다고 합니다. 날마다 성경을 묵상하고, 목장에서 나누고, 홈페이지에서 나누고, 예배를 드리고, 설교를 듣고, 그야말로 말씀이 넘친다고 할 수 있는 우리들교회에서 말씀이 안 들리는 분들이 있으니 바로 '똑똑한' 사람들입니다. 그런 분에게는 말씀이 희귀한 것입니다.

저는 외적으로는 그냥 할머니입니다. 하나님께서 왜 저를 쓰시는지, 왜 우리들교회를 부흥케 하시는지 저도 잘 모르겠습니다. 아무리 생각해도 우리들교회는 오히려 부흥이 안 되는 조건을 다 갖추고 있습니다. 하나님의 은혜로 판교에 예배당이 세워졌지만, 몇 년 전까지만 해도 냉난방이 안 되고 간판도 없는 학교 체육관에서 예배를 드렸습니다. 그 주변으로 아파트 단지가 있는 것도 아니고 관공서, 회사 건물밖에 없습니다. 그런 곳에서 교회를 시작했는데 성도들이 모일 수 있었겠습니까? 보수적인 교단에서는 안수도 안 해 주는 여자 목사에, 간판도 없고, 건물도 없는 교회에 사람들이 오고 싶겠습니까? 그렇게 안되는 조건을 다 갖추었는데도 하나님께서 저를 일꾼으로 부르셨습니다. 그리고 말씀에 고픈 자들, 환난당한 자들을 모이게 하셨습니다.

• • • • • •

이상한 부모, 이상한 상사라도 순종하며 존중합니까. 어디서나 마음만 먹으면 말씀을 들을 수 있는 환경에서 오히려 말씀이 안 들려 영적 기근을 겪고 있습니까. 날마다 말씀을 실천으로 옮기는 적용을 하며 순종의 훈련을 하고 있습니까.

말씀을 즐거워하는 자를
부르신다

²엘리의 눈이 점점 어두워 가서 잘 보지 못하는 그때에 그가 자기 처

소에 누웠고 ³ 하나님의 등불은 아직 꺼지지 아니하였으며 사무엘은 하나님의 궤 있는 여호와의 전 안에 누웠더니 (삼상 3:2-3)

엘리가 '누웠고', 사무엘이 '누웠더니', 이 두 가지의 '누웠다'가 대조되고 있습니다. 엘리는 자기 처소에 누웠고, 사무엘은 여호와의 전 안에 누웠습니다.

어른이 여호와의 전에 누워 있는 것이 쉬울까요, 아이가 누워 있는 것이 쉬울까요. 당연히 성숙한 어른이 누워 있기가 더 쉽지 않겠습니까. 그런데 엘리는 자기 처소 침대에 누워 있고, 아이 사무엘이 여호와의 전을 지킵니다. 이 아이 때문에 하나님의 등불이 꺼지지 않고 있습니다.

여호와의 전에 계속 등잔불을 켜 두어야 하는데, 매일 저녁 그날 밤을 밝힐 만큼의 기름만 채웠습니다. 그래서 제사장은 휘장 밖을 지키고 있다가 불이 꺼지지 않도록 항상 등잔불을 정리해야 했습니다(레 24:2-3).

하나님의 불을 꺼뜨리지 않기 위해서 아이 사무엘이 여호와의 전을 지켰습니다. 하나님의 말씀이 희귀하고 이상이 보이지 않는 시대에, '교회가 틀렸어, 이 나라는 틀렸어' 하는 시대에, 사무엘이 하나님의 등불을 지키고 있습니다. 모두가 말씀이 안 들리고 순종을 못 해도 여호와를 섬기는 나 한 사람이 필요합니다. 그리고 등불이 다 타고 꺼져 갈 때, 여명 전 이른 새벽에 하나님께서 사무엘을 부르셨습니다. 영적으로 어두운 이스라엘을 오직 하나님만이 밝히실 수 있다는 상징입니다.

사무엘이 낮에는 엘리를 도와서 성소 일에 충성 봉사하고, 저녁에는 하나님의 궤가 있는 여호와의 전에 머물렀습니다. 아마도 자기 처소가 따로 있었을 텐데 사무엘이 궤 앞에서 머물기를 즐겨 합니다. 낮이나 밤이나 하나님과 함께하기를 기뻐했습니다.

"복 있는 사람은 … 여호와의 율법을 즐거워하여 그의 율법을 주야로 묵상하는"(시 1:1-2) 자라고 했습니다. 묵상을 히브리어로 '하가'라고 하는데, 이 말은 원래 동물의 울음소리를 뜻한다고 합니다. 유대인의 풍습에는 묵상이라는 관념적 행위가 없다고 합니다.

"나는 제비같이, 학같이 지저귀며 비둘기같이 슬피 울며"(사 38:14a). 이때의 지저귐과 울음이 바로 '하가'입니다. 곤경에 처해서 간절하게 도움을 바라는 연약한 새들의 모습이 바로 묵상의 근원입니다. 어리고 연약한 사무엘이 그런 모습으로 말씀을 사모하고 성전을 즐거워하며, 쉽게 말하면 근무 시간 외에도 성전을 떠나지 않고 지켰습니다. 얼마나 좋은지 자리를 깔고 누웠습니다.

저도 어린 시절의 추억이 교회생활밖에 없습니다. 그래도 돌아보면 아련한 추억이고 즐거웠던 기억입니다. 모여서 어린이 연극을 하고, 새벽송을 돌면서 팥죽 얻어먹고, 미사리에 캠핑도 갔습니다. 학교를 싫어한 것도 아닌데 학교에 관한 기억은 별로 없습니다. 우리 아이들에게도 교회를 통한 즐거운 추억들을 많이 남겨 줘야 합니다. 아이들이 커서 생각할 때 학원 다닌 기억밖에 없다면 얼마나 슬픈 일입니까.

사무엘은 엘리나 엘리의 아들들과 비교하면 무시받을 수밖에 없는 위치였습니다. 대제사장 아들도 아니고, 출신도 다르고, 다만 나실인으로 성전에서 봉사하고 일할 뿐이었습니다. 그러나 어떤 경우에도 하나님과 말씀을 즐거워하고, 하나님과 깊은 교제가 있는 사람은 반드시 쓰임받는다고 생각합니다.

남편이 살아 있을 때 외출도 자유롭지 못했고, 교회도 주일에만 갈 수 있었습니다. 왜 나는 마음대로 나가지도 못하나 싶어 안타까웠지만 그런 저에게 하나님의 궤가 있었습니다. 꼭 교회에 가야만 하나님의 궤와 말씀이 있는 것은 아니므로 집에서 큐티하고 성경 읽고 말씀이 깨달아지는 것이 즐거웠습니다. 전화로 상담하고 남편 병원에 오는 환자들을 전도하면서, 하나님이 좋고 말씀이 즐거워서 남편이 뭐라 하든 기쁘게 살았습니다.

사무엘도 하나님 자체가 기쁘고 말씀이 좋아서 엘리가 어떠하든 상관없었을 겁니다. 엘리 아들들이 별별 악을 다 저질러도 하나님을 섬기는 것이 너무 즐거워서 생각도 안 났을 겁니다.

내가 어떻게 쓰임받는가는 우리 몫이 아닙니다. 하늘에 수천억 개의 별이 있어도 어둠 속에서 올려다보면 다 반짝입니다. 천국에서는 우리가 이렇게 하나의 별 같은 존재입니다. 수천억 개 별 중 하나여도 나는 내 빛으로 반짝입니다. 아래에서 쳐다보면 다 똑같이 반짝이는 별입니다.

저도 큐티 모임을 하기 전에는 얼마나 야망을 향해 달렸는지 모릅니다. 어릴 때부터 피아노를 공부하면서 내가 연습해서 내 노력으로 뭔가를 이루며 살았습니다. 부모님의 뒷바라지도 없이 독학으로 피아노를 연습하면서 제 목적이 일류 학교, 해외 유학, 일류 교수였습니다. 얼마나 세상의 최고를 좋아했겠습니까.

그런데 큐티를 하고 전도를 하면서 제가 변화되고, 제가 전한 말씀을 듣고 실제적으로 사람이 살아나니까 피아노 가르치는 것과는 비교가 안 되는 겁니다. 피아노는 조화(造花)이고, 말씀 전하는 것은 생화(生花) 같았습니다.

많은 사람들이 교회를 다니면서 직분 타령을 합니다. 직분이 없어서 쓰임받지 못한다고 생각하는 사람이 많습니다. 제가 처음 큐티 모임을 시작한 것은 서리집사였을 때입니다. 그래도 큐티 모임을 인도하고, 쟁쟁하신 목사님들 옆에서 코스타 강사로 서고, 곳곳에서 큐티 강사로 쓰임받았습니다. 직분과 상관없이 열린 마음으로 저를 세워 주신 목사님들이 계셔서 가능했습니다. 전통에 붙잡혀 있었다면 제가 감히 강단에 서지 못했을 것입니다.

여러분, 직분 때문에 시간 낭비하지 마시기 바랍니다. 다섯 개 받아서 네 개 남기면 충성되지 못한 것이고, 한 개 받아서 한 개 남기면 착하고 충성된 종입니다. 더 받아서 더 쓰임받는 게 아닙니다. 직분을 못 받고 인정을 못 받아도, 말씀의 궤 옆에 누워 있는 것이 최고의 복입니다. 직분으로, 가진 것으로 비교하지 마시기 바랍니다.

제가 직분이 없어도 하나님의 말씀을 기뻐하니까 적용을 하게 됐습니다. 누가 가르치지 않아도 말씀을 적용해서 이혼을 안 했습니다. 제가 가정을 지켜서 다른 분들의 이혼도 막고 있으니, 제가 이혼하지 않은 것이 결과적으로 국익에도 보탬이 되는 것 아닙니까? 정말 내가 아무것도 아닌 것 같아도 내가 이혼을 안 해서 내 옆 사람이 살고, 가정이 살고, 교회가 살고, 전 세계가 사는 것입니다. 나 한 사람이 하나님의 말씀에 순종해서 적용한 것 때문에, 말씀의 궤 옆에 있는 것 때문에, 내가 언약의 통로, 축복의 통로가 되어 전 세계가 복을 받습니다.

그러므로 내가 살아만 있으면 하나님께서 나를 쓰십니다. 너무 힘들어서 얼마든지 이혼할 이유가 있었지만, 말씀대로 적용하려고 하니까 남편에게 욕을 먹는 날이면 말씀이 더 잘 깨달아졌습니다. 사무엘도 그랬을 것 같습니다. 옆에서 제사장들이 악을 행하고 있어도, 이상한 지도자에게 야단을 맞아도, 그럴수록 하나님을 더 사모하고 말씀이 꿀송이처럼 달았을 것입니다.

치과의사이자 이비인후과 의사인 분이 전도축제와 일본 학회가 겹치는 바람에 고민이 많았다고 합니다. 하지만 요한복음 17장에서 영생을 위해 권세를 쓰라는 말씀을 붙들고 일본 학회를 포기하고 전도축제에 참여했습니다. 이 일로 윗사람에게 꾸중을 들었으나 "평강이 있을지어다"(요 20:19)는 말씀을 그날 아침에 받았기에 괘념하지 않을 수 있었습니다. 그런데 주님이 주신 '평강'은 사실 생각지도 못한 곳에서 왔습니다. 지난 5년 동안 진행해 온 두 가지 연구논문이 저명한 학술지에서 통과되었다는 소식을 들은 것입니다. 내 힘으로는 할 수 없는 것을 일본 가는 것을 포기하니 이뤄 주셨다고 했습니다.

또 한 번은 국내 최대 규모의 이비인후과 학술대회를 참석하기 위해 한국에 온 외국인 의사 두 명을 접대하는 일과 목장 모임이 겹쳤다고 합니다. 이 학술대회를 책임지고 진행하는 주관자로서 초대받아 오는 그들을 접대하는 것이 당연하지만, 그날 마침 목장에 새 식구가 두 명 온다는 소식을 접한 터라 몹시 갈등이 되었습니다. 결국 '환난이 축복이다'를 믿고 목장 모임에 갔습니다. 그런데 그날 이분이 가슴이 먹먹한 대접을 받았습니다. 목장 식구 중에 다리가 불편한 분이 같이 먹으려고 생선회 한 박스를 휠체어에 싣고 가져온 것입니다. 참석한다 하고는 오지 않아 내심 속상했는데, 이렇게 아름다운 선물을 가져오니 순간 먹먹해서 박스를 받을 생각도 못했다고 합니다.

한순간도 틈이 없을 만큼 바쁜 의사 선생님이 날마다 이렇게 은혜의 나눔과 적용을 올려 주십니다. 뿐만 아니라 주일예배는 물론 수요예배, 목장 모임까지 빠지지 않고 참석하십니다. 직장인들이 이분처럼 직장이 아닌 목장을 선택하기는 쉽지 않습니다. 이분 역시 이런 선택을 하기까지 엄청난 갈등과 고민을 했을 것입니다. 그럼에도 말씀을 즐거워하고 말씀에 귀 기울이므로 하나님의 일꾼다운 적용을 할 수 있었습니다.

• • • • • •

나는 내 처소에 누웠습니까, 여호와의 전에 누웠습니까. 말씀을 듣고 실천하는 한 사람입니까, 다른 사람이 적용하는 걸 구경하는 한 사람입니까. 교회를 즐거워하고 말씀을 즐거워합니까, 억지로 와서 앉아 있습니까. 세상이 악하고 교회에 문제가 많아도 말씀을 즐거워하는 나 한 사람 때문에 우리 공동체에 하나님의 등불이 꺼지지 않는 것을 믿습니까.

말씀에 귀 기울이는 자를
부르신다

> [4]여호와께서 사무엘을 부르시는지라 그가 대답하되 내가 여기 있나이다 하고 [5]엘리에게로 달려가서 이르되 당신이 나를 부르셨기로 내가 여기 있나이다 하니 그가 이르되 나는 부르지 아니하였으니 다시 누우라 하는지라 그가 가서 누웠더니 [6]여호와께서 다시 사무엘을 부르시는지라 사무엘이 일어나 엘리에게로 가서 이르되 당신이 나를 부르셨기로 내가 여기 있나이다 하니 그가 대답하되 내 아들아 내가 부르지 아니하였으니 다시 누우라 하니라 (삼상 3:4-6)

드디어 하나님의 부르심이 사무엘에게 임했습니다. 공동체가 엉망일수록 말씀에 귀를 기울이는 사람이 제일 빛나는 역할을 합니다. 하나님이 사무엘을 부르셨는데 사무엘은 즉각적으로 엘리에게 달려갑니다. 엘리가 아무리 이상해도 지도자이기에 금세 엘리에게로 달려가며 질서에 순종합니다. 그러나 엘리는 하나님이 사무엘을 부르셨다는 것을 깨닫지 못합니다.

마치 이런 것과 비슷합니다. 성경을 읽거나 묵상을 하다가 말씀의 뜻을 깨달았습니다. 그래서 '이거 설교로도 못 들어 본 말씀인데 내가 왜 이런 게 깨달아지지?' 하면서 목사님에게 달려가는 겁니다. 그러고선 "목사님, 제가 이런 게 깨달아졌는데 이게 무슨 뜻일까요?" 하고 묻습니다. 그랬더니 목사님이 "얘, 너는 왜 이렇게 이상한 걸 묻니? 혼자 뭘 깨달았다고 그래. 가서 잠이나 자" 이러는 겁니다.

저도 집에서 성경 읽고 큐티를 하면서 깨달음을 주시면 이렇게 묻고 싶을 때가 많았습니다. 말씀이 너무 좋고 깨닫는 것이 기뻐서 남편에게 순종하고 적용을 하는데 이게 맞는 것인지 물어보고 싶었습니다. 아마도 제가 물었다면 이상하게 보는 분도 많았을 것입니다. 하지만 직접 묻지는 않았어도 교회에서 저를 세워 주기 전까지는 함부로 나가서 가르치지 않았습니다. 주어진 질서에 순종하는 것이 우선이기 때문에 집에서 살림하면서 병원 환자들, 시장 아주머니들을 전도했습니다. 그러다 나중에 교회의 담임목사님께서 저를 큐티 집회 강사로 세워 주셔서 그때부터 공식적인 사역을 시작하게 되었습니다.

> 사무엘이 아직 여호와를 알지 못하고 여호와의 말씀도 아직 그에게 나타나지 아니한 때라 (삼상 3:7)

사무엘이 여호와를 알지 못했다는 것은 아직 하나님의 존재를 인격적으로 알지 못했다는 뜻입니다. 사무엘은 젖 뗀 후부터 성전에서 살았기 때문에 일어나서 말씀 보고 기도하는 것은 습관이 되었습니다. 그러나 인격적인 하나님은 아직 만나지 못했습니다.

여호와를 '알다'라는 뜻의 히브리어가 '야다'인데, 이 단어는 '남녀가 동침해서 한 몸이 된다'는 뜻입니다. 부부가 동침을 하듯이 실제적으로 하나님을 경험하는 것이 인격적으로 아는 것입니다. 습관에 따라 말씀 보고 기도하고 예배를 드려도 하나님과 인격적인 관계를 맺지 못하면 율법 신앙으로 남게 됩니다. 그래도 어려서부터 습관으로 교회에 다녔기 때문에 하나님께서 부르실 때 사무엘이 즉각 들었습니다. 하나님과 인격적으로 만날 준비를 갖추고 있었습니다.

사무엘이 하나님의 음성을 듣고 즉각적으로 순종한 것은 한나의 서원기도 때문이라고 생각합니다. 서원을 하려면 삶이 따라야 합니다. 제가 하나님과 인격적인 만남 없이 습관적으로 교회에 가고 예배 반주를 했지만 어머니의 기도가 있었기 때문에 일탈하지 않았습니다. 이것이 하나님의 은혜입니다. 엄마는 "공부해라, 일찍 들어와라"는 잔소리 한 번 안 하셨지만, 저는 탈선을 안 한 정도가 아니라 지극히 청교도적인 삶을 살았습니다. 술, 이성 문제로 방황하고 실수하다가 하나님을 만났다는 분들이 많은데, 저는 너무 모범생으로 살아서 도덕적으로는 죄를 깨닫기가 참 힘든 사람이었습니다. 그럼에도 어머니의 기도가 있고, 제가 습관적으로라도 교회를 열심히 다녔기 때문에 서른 살에 말씀을 깨닫고 하나님을 만났습니다.

당장 깨닫든지 못 깨닫든지 어려서부터 교회 오고 예배드리는 것을 습관으로 만들어 주는 것이 중요합니다. 그렇다고 자녀들이 교회 다닌다고 안심하고 있으면 안 됩니다. 내가 아침부터 저녁까지 무슨 말을 하고 무슨 행동을 하는지 자녀들이 다 지켜보고 기억하고 있습니다. 교회에서는 "믿음이 최고"라고 하면서 집에 가면 "교회도 좋지만 성적 좀 신경 써라. 교회 가서 친구들이랑 어울리지 말고 일찍 와라. 믿음이 밥 먹여 주는 게 아니다" 하는 이율배반적인 소리를 자녀들이 다 기억하고 있습니다. 다 기억했다가 "우리 엄마는요" 하면서 저한테 와서 이릅니다. 아무리 내가 교회를 열심히 다니고 헌금을 많이 해도 삶에서 '믿음이 최고'라는 걸 안 보여 주니까 자녀들도 하나님을 만나기가 어려운 겁니다.

'백화점 왕'으로 불리는 워너메이커는 주일학교의 효시로 불릴 정도로 신앙교육에 큰 헌신을 했습니다. 돈을 많이 벌어서 헌금도 많이 했습니다. 그런데 막상 그 후손들은 문란한 삶을 살았다고 합니다. 왜 그랬을까요? 백화점에는 사치품이 많습니다. 자본주의 사회에서 돈을 벌려면 되도록 값비싼 물건을 갖다 놓고 팔아야 합니다. 워너메이커 본인은 하나님의 일을 하겠다는 목적으로 사치품도 팔고 돈을 많이 벌었겠지만, 자녀들이 보기에 그의 삶은 거룩해 보이지 않았을 것 같습니다.

자녀들이 인격적으로 하나님을 만나기 위해서는 내가 일상생활에서 보여 주는 가치관이 중요합니다. 아침부터 저녁까지 큐티 말씀을 생각하면서 세상 가치관이 아닌 성경적인 가치관으로 사는 것을 보여 줘야 합니다. 하나님 때문에 포기하고, 하나님 때문에 선택하고, 하나님 때문에 인내하고, 하나님 때문에 분을 내기도 하는 모습을 보여 주는 것이 자녀가 하나님을 만나게 하는 비결입니다.

[8] 여호와께서 세 번째 사무엘을 부르시는지라 그가 일어나 엘리에게

로 가서 이르되 당신이 나를 부르셨기로 내가 여기 있나이다 하니 엘리가 여호와께서 이 아이를 부르신 줄을 깨닫고 ⁹ 엘리가 사무엘에게 이르되 가서 누웠다가 그가 너를 부르시거든 네가 말하기를 여호와여 말씀하옵소서 주의 종이 듣겠나이다 하라 하니 이에 사무엘이 가서 자기 처소에 누우니라 ¹⁰ 여호와께서 임하여 서서 전과 같이 사무엘아 사무엘아 부르시는지라 사무엘이 이르되 말씀하옵소서 주의 종이 듣겠나이다 하니 (삼상 3:8-10)

사무엘이 세 번째 자신을 부르는 소리를 듣고 달려가니 엘리도 드디어 깨달았습니다. 사무엘이 하나님의 음성을 직접 들었지만 아직 연륜이 없었기 때문에 그 소리가 하나님의 말씀인지를 검증받고자 했습니다.

우리가 신앙생활을 하면서 검증받고자 하는 마음이 참 중요합니다. 하나님께 직통계시를 받는다고 '설교도 들을 필요 없고 나눔도 필요 없다' 이러면 안 됩니다. 하나님께서 필요하시면 직접 음성을 들려주실 수 있습니다. 그래서 어떤 음성을 들었다면 공동체에서 나누고 검증을 받아야 합니다. 진정한 하나님의 음성이라면 공동체에서 신뢰를 얻고 공동체에 유익을 끼치고 공동체에 감동을 주어야 합니다.

내가 말씀을 깨달았다고 그것이 찌르는 칼이 되어서 "내가 음성을 들었는데 당신이 망한대, 기도가 부족하대, 헌금을 해야 된대" 이러면 되겠습니까. 하나님의 음성을 들은 사람은 모든 말과 행동에서 감동과 신뢰를 주어야 합니다. 그러기 위해 내가 깨닫고 들은 것을 검증받고자 하는 것이 중요합니다. 검증받고자 하는 태도가 하나님이 부르시는 일꾼의 태도입니다.

하나님이 부르시는 일꾼은 저절로 검증이 되고 저절로 들려주시는 것이 있습니다. 공동체에서 검증이 되지 않으면 일꾼으로 쓰일 수 없습니다. 제가 한 교회를 25년 섬기면서 담임목사님께 검증도 받고 큐티 모임도 인도했지만 아무 직분 없이 쓰임을 받았습니다. 일류를 좋아하던 제가 피아노 강사도 내려놓고 왔으면 뭔가 직분이 있어야 할 것 같은데, 평신도 서리집사로 있어도 얼마든지 말씀을 깨닫고 전하게 하셨습니다. 말씀을 깨닫게 해 주시는 것이 너무 기뻐서 평신도로서 쓰임받는 것만으로도 감사했습니다.

나 혼자 깨닫고 나 혼자 은혜 받겠다는 '나 홀로 신앙'은 쓰임받지 못합니다. 큐티를 하고 성경을 보는 중에 깨닫게 하시는 것이 있다면 그 깨달음으로 공동체에 유익을 주고 신뢰와 감동을 주어야 합니다. 그러기 위해 내가 삶을 잘 살아야 하고, 깨달은 만큼 실천하고 열매를 맺어야 합니다. 힘들고 바쁜 환경에서도 큐티하고, 성경 읽고, 날마다 하나님께 귀를 기울이면 하나님께서 음성을 들려주시고 깨닫게 하십니다. 그것으로 가르치라고 말씀을 깨닫게 하시는 게 아닙니다. 삶에 적용하고 실천하라고, 하나님의 일꾼으로 쓰임받으라고 말씀을 들려주시고 깨닫게 하십니다.

• • • • • •

자녀들이 인격적으로 하나님을 만나도록 나는 일상생활에서 어떤 가치관을 보여

줍니까. 세상 가치관이 아닌 성경적 가치관을 보여 주고 있습니까. 내가 말씀으로

깨달은 것을 공동체에서 말씀으로 검증받으며 삶으로 실천하고 있습니까.

우리들 묵상과 적용

고등학교 때 부모님의 재혼 사실을 알고 심한 낙심에 빠져 세상을 원망했고, 대학교 때 이혼남인 지금의 남편을 만나 결혼했습니다. 둘째 아이가 생기면서 남편의 폭력, 시어머니와 시누이 문제, 계속된 맞벌이로 죽고 싶을 만큼 힘이 들었습니다. 별거와 이혼 소송 후 재결합을 했지만 주말마다 시댁에 가는 게 힘들었습니다. 남편은 집에만 오면 스트레스를 쏟아냈고, 저는 남편의 폭력적 행동을 도저히 참을 수가 없어 두 번째 별거를 시작했습니다.

별거 기간 동안 큰아이를 맡아서 키워야 했는데 제 월급으로는 살기가 힘들어 회계사 공부를 하게 되었습니다. 그때 같이 공부하던 분이 제 이야기를 듣더니 우리들교회를 소개시켜 주었습니다.

어려서부터 교회를 다녔지만 말씀이 희귀해서 이혼만이 답이라고 생각했는데, 목장에 참석하고 말씀을 들으며 그게 아니라는 것이 깨달아졌습니다. 결혼 자체가 희생이 따르는 십자가의 길이라는 것과 그동안의 삶이 해석되니 남편이 진정 불쌍하게 느껴졌습니다.

작년 4월, 협의이혼을 하려고 4개월 만에 만난 남편에게 자존심을 세우며 얼굴도 마주치지 않았던 제가 숙려기간이 지난 그해 7월 이혼 확정일에 지금이라도 최선을 다해 보고 싶어서 출석을 않겠다고 연락을 했고 남편은 장난치는 거냐며 으름장을 놓았습니다.

연륜이 부족한 저는 목장에 달려가 제 죄를 고백하며 검증받고 싶어서 나누었고, 그러다 보니 하나님께서 마음을 치유하여 주시고 시댁과 남편을 용서하는 마음을 주셨습니다. 말씀을 적용하기로 결단하며 큰 용기를 내어 남편과 시댁에 1년 만에 먼저 연락을 해서 직접 찾아가 용서를 구했습니다.

그러나 결과는 시댁과 남편으로부터 문전박대를 당하는 것이었습니다. 사무엘이 엘리에게 야단맞고 말씀을 더욱 사모했던 것같이, 주님을 인격적으로 만나게 되니 포기하는 마음보다는 제 죄가 더욱 선명하게 보여서 우리 집에 등불이 꺼지지 않도록 말씀에 귀를 기울이며 더욱 절실히 기도하게 되었습니다.

용서를 구하고 한 달이 지나 아이 문제로 시댁과 연락할 일이 있었는데, 제게서 감동과 신뢰가 느껴지셨는지 큰아이 걱정과 제 안부를 물으시며 조금씩 마음을 열어 주십니다.

아이들이 하나님을 인격적으로 만나도록 어려서부터 교회에 다니는 습관을 길러 주고 말씀의 가치관으로 사는 삶을 보여 주는 것이 중요하다고 하신 목사님 말씀을 따라 큰아이는 유아부 때부터 교회에 데리고 다니기 시작해서 올해는 유치부에 잘 적응해 다니고 있고, 지금은 제게 큰 힘이 됩니다. 그러나 둘째는 시댁에 있어서 교회에 다니지 못하니 구원을 위한 애통함과 안타까운 마음이 가득합니다. 어려움에 처한 연약한 새처럼 제가 할 수 있는 것은 하나님의 도우심을 간절히 바라며 주야로 기도하는 것밖에 없습니다. 그러나 교회 오는 것이 좋고 말씀이 즐거워 기쁘게 적용하고 있습니다. 훈련의 양이 차고 때가 되면 더 성숙한 일꾼이 되리라 믿습니다. 그리고 그때 하나님께서 우리 아이들을 만나 주시고 복을 주실 줄 믿습니다.

말씀으로 기도하기

하나님은 대단한 사람을 부르시지 않고 불임의 고통을 겪은 한나처럼 어려운 환경에 있는 사람들을 통해 하나님 나라를 이루어 가십니다.

말씀이 희귀한 시대에 하나님의 일꾼을 부르십니다. (삼상 3:1)

사무엘은 하나님이 죽이시기로 작정한 엘리 앞에서 여호와를 섬깁니다. 내가 예수님을 믿고 섬기는 것이 사람에 대한 섬김으로 나타나게 하옵소서. 엘리처럼 힘든 윗사람이 있어도 훈련의 양이 차고 때가 되면 엘리의 훈련을 졸업하고 더 성숙한 일꾼이 되게 하실 것을 믿습니다. 엘리가 하나님의 경고를 들었지만 돌이키지 않아 말씀이 희귀했던 것처럼, 말씀을 듣고도 순종하지 않으면 나에게 말씀이 희귀할 수밖에 없습니다. 어떤 상황에서도 하나님의 말씀을 최우선으로 놓고 사소한 일에도 순종하기 원합니다.

말씀을 즐거워하는 자를 부르십니다. (삼상 3:2-3)

사무엘은 여호와 궤 옆에 누웠는데, 엘리는 자기 처소에 가서 눕습니다. 여호와 궤 옆에 누운 사무엘 때문에 하나님의 등불이 꺼지지 않았습니다. 영적으로 어두운 시대에 여호와를 섬기는 사무엘이 있어 이스라엘에 소망이 있었던 것처럼, 밤낮으로 말씀을 묵상하고 적용하는 나 한 사람으로 인해 우리 가정과 교회와 나라를 밝히실 줄 믿습니다.

말씀에 귀 기울이는 자를 부르십니다. (삼상 3:4-10)

사무엘은 하나님이 부르셨는데 즉시 엘리에게 뛰어갑니다. 엘리가 아무리 이상해도 사무엘은 질서에 순종하고 달려가서 신앙의 연륜이 있는 엘리에게 검증을 받았습니다. 지도자에게 흠이 있고 공동체에 문제가 있어도 허락하신 질서에 순종하며 본을 보이는 한 사람이 되게 하옵소서. 내가 깨닫고 적용한 것을 공동체에서 나누며 겸손하게 검증받으며 가도록 하옵소서.

기도

하나님 아버지, 지나간 인생을 생각해 보니 정말 엘리 같은 남편, 힘든 환경 가운데서 얼마나 말씀이 즐거웠는지 모릅니다. 그리고 어떤 사건이 와도 하나님의 말씀에 귀 기울이며 간절히 듣고자 했기 때문에, 심지어 남편이 천국에 갔을 때도 하나님의 사랑을 깨달을 수 있었습니다. 그렇게 날마다 귀를 기울이니 남편도 구원을 받고, 시어머니도 구원을 받고, 하나님이 쓰시는 일꾼의 역할을 저절로 하게 되었습니다. 저에게 섬길 사람들과 환경을 허락하셔서 날마다 말씀으로 검증받고자 하고 그 앞에서 순종하는 적용을 하게 하시고, 그래서 하나님의 일꾼이 되게 하셨습니다.

나에게 주어진 악한 엘리의 시대를 잘 순종하게 도와주시고, 어떤 상황에서도 말씀에 귀를 기울이고 즐거워하여 하나님이 부르신 일꾼이 될 수 있도록 역사하여 주옵소서. 말씀이 희귀한 이 시대에 하나님의 말씀이 길과 진리이고 생명인 것을 보여 주는 사명의 삶을 살게 하옵소서. 예수님의 이름으로 기도합니다. 아멘.

chapter 7

나를 부르신 가정과 직장, 교회에서
말로만 가르치지 않고
말씀을 삶에 적용하는
참 선지자가 되게 하옵소서.

참 선지자가 되게 하소서

사무엘상 3장 11-4장 1절

말씀이 희귀한 시대에 하나님께서 몇 번이나 반복해서 사무엘을 부르십니다. 교회와 이스라엘의 회복을 위해, 여호와의 선지자로 세우시기 위해서입니다. 우리가 모두 부르심 받은 일꾼이지만 그중에서도 참선지자가 되어야 합니다.

참 선지자는 자녀에게
객관적이어야 한다

[11] 여호와께서 사무엘에게 이르시되 보라 내가 이스라엘 중에 한 일을 행하리니 그것을 듣는 자마다 두 귀가 울리리라 [12] 내가 엘리의 집에 대하여 말한 것을 처음부터 끝까지 그날에 그에게 다 이루리라 [13] 내가

그의 집을 영원토록 심판하겠다고 그에게 말한 것은 그가 아는 죄악 때문이니 이는 그가 자기의 아들들이 저주를 자청하되 금하지 아니하였음이니라 ¹⁴ 그러므로 내가 엘리의 집에 대하여 맹세하기를 엘리 집의 죄악은 제물로나 예물로나 영원히 속죄함을 받지 못하리라 하였노라 하셨더라 (삼상 3:11-14)

사무엘을 부르시고 처음 주시는 말씀이, 사무엘이 절대 순종하던 엘리의 집안이 망한다는 것입니다. 이 말씀을 순종의 대상인 엘리가 아니라 순종을 하고 있는 사무엘에게 들려주셨습니다. 엘리에게는 말씀이 너무 안 들리기 때문에, 순종하는 옆 사람에게 대신 들리게 하셨습니다.

엘리가 망하는 가장 큰 이유는 엘리 본인이 아는 죄악 때문이라고 하십니다. 엘리가 모르는 이유가 아닙니다. 아는 죄악 때문에 그의 집을 심판하십니다. 아들들이 제물로 바쳐진 고기를 갈고리로 찍어 내고 수종 드는 여인들과 동침하는 것을 엘리가 다 알고 있었다는 겁니다. 알면서도 금하지 않았습니다. 그래서 결국은 저주받을 죄를 자청한 것입니다.

사실 엘리가 얼마나 인격적인 부모입니까. 얼마나 교회를 열심히 다니는 부모입니까. 그런데 도대체 뭘 잘못했을까요? 자식들에게 '좋은 게 좋은 것'이라고 가르친 것이 그의 죄악입니다. 나쁜 행실을 알면서도 야단은 안 치고, '때가 되면 그만둘 거야, 때가 되면 깨닫고 돌아올 거야' 하는 것이 저주를 자청하는 죄입니다.

하나님께서 엘리 집안에 행하실 심판은 두 귀가 울릴 정도로 충격적인 것입니다. 마음이 녹고 두 손이 늘어지는 두려운 심판입니다. 그리고 그것은 블레셋과의 전투에서 패해 언약궤를 빼앗기고 홉니와 비느하스가 죽는 사건으로 나타났습니다.

얼마나 두려운 일입니까? 내가 하나님을 믿는데도 전쟁에서 지고 말씀의 궤를 빼앗긴다고 하십니다. 믿는 자로서 정체성이 흔들릴 만큼 두려운 말씀입니다. 그렇다고 심판의 말씀을 들었으니 불안과 공포 속에서 살라는 뜻입니까? 아닙니다. 마지막까지 우리는 말씀을 잘 들어야 합니다. 엄청난 심판의 메시지가 엘리에게 선포되었는데도 엘리는 마지막까지 듣지 못하고 깨닫지 못했습니다. 엘리의 죄를 보면서 자녀를 객관적으로 보는 것이 얼마나 힘든가를 알게 됩니다.

《목적이 이끄는 삶》의 저자로 유명한 릭 워렌 목사님의 아들이 스스로 목숨을 끊은 사건이 있었습니다. 목사인 저에게도 충격적이고 가슴 떨리는 사건이었습니다. 그런데 이 일에 대해서 미국 내 영향력 있는 복음주의자로 알려진 사무엘 로드리게즈(Samuel Rodriguez) 목사님이 위로의 메시지를 전했습니다. 그리고 많은 기독교인들이 우울증과 자살 충동 같은 정신질환을 앓고 있는데, 그 병을 기독교적인가 아닌가로 봐서는 안 된다고 했습니다. 심장병이나 암처럼 정신질환도 우리의 신앙심을 희석시키지는 않는다고 했습니다. 그러므로 정신질환으로 고통받는 것은 죄가 아니지만 이것에 대해서 언급하지 않는 것은 매우 큰 죄가 될 수 있다고 말했습니다.

릭 워렌 목사님의 아들이 오랫동안 정신질환을 앓았다는데 지극히 가까운 사람들만 알고 있었습니다. 미국의 최고 의사들과 상담 전문가들에게 치료를 받았고 치유 전문가들의 도움도 받았습니다. 물론 이런 일도 다 필요합니다. 그런데 병이 오래되었으면 공동체에 오픈하고, 아들도 공동체에 들어가서 아픔을 같이 나누었다면 좋지 않았을까 하는 생각이 듭니다. 정신적으로 아픈 분이라도 교회 공동체에 와서 삶을 나누고 말씀을 나누는 것이 회복의 길이라는 것을 우리들교회를 통해 경험하고 있기 때문입니다.

교회를 개척하고 첫 제자훈련을 하면서 목자들은 한 번씩 정신과에 가서 상담을 받아 보는 게 좋겠다고 했습니다. 그런데 그것이 우리들교회에 대단한 치유의 시작이 되었습니다. 목자들이 다녀오니까 정신적으로 아픈 목원이 왔을 때 치료를 권하기가 쉬워졌습니다. "나도 이미 다녀왔다, 집사님도 가 보시라" 하는 것이 가 보지 않고 말하는 것보다 대단한 힘이 있었습니다.

그래서 우리들교회에서는 정신과에 가서 상담하고 치료받는 것을 감기 치료받는 것처럼 당연하게 생각합니다. 우리들교회에 특별히 아픈 사람이 많아서 그럴까요? 아프면 아프다고 표현을 하고 치료를 받는 것이 건강해지는 비결입니다. 정신과 의사 선생님이 도대체 어떤 교회가 이렇게 교인들을 보내는가 궁금해서 알아보셨다고 합니다. 지금은 가정 문제로 힘들어하는 환자가 있으면 우리들교회에 가 보라고 권하신다고 합니다.

자살과 분노 범죄가 온 나라의 문제이고, 정신적으로 아픈 사람들이 곳곳에 있습니다. 목사 자녀라고 예외일 수는 없습니다. 세상의 기준으로 보면 제 아이들은 문제가 없습니다. 어려서부터 큐티도 하고, 교회에 헌신해서 사역도 하고, 믿음 안에서 결혼도 했습니다. 그러니 제가 과부로 자녀들을 키우면서 "하나님 은혜로 이렇게 잘 컸다"고 얼마든지 자랑할 수 있습니다.

그런데 정말 예외가 없습니다. 모범생으로서 이론적으로만 열심히 믿다 보니 부부생활의 어려움, 자녀양육의 어려움, 사역의 어려움, 남들이 겪는 어려움을 똑같이 겪고 있습니다. 그리고 그런 어려움을 각자 목장에 들어가서 나누고 있습니다. 목장에서 정신과에 가 보라는 처방을 받고 아들과 며느리, 딸, 사위가 다 다녀왔습니다.

목회자라고 해서, 사회적 지위가 있다고 해서 정신적인 문제를 가족과 가까운 지인들만 알고 숨긴다면 그것이 오히려 '너는 큰 병에 걸렸다'고 주지시키는 것 아닙니까. 가족과 지인들만 안다면 항상 그들과만 어울리게 될 것이고, 치료의 목적으로만 누군가를 만나게 될 것입니다. 결코 건강해지는 방법은 아닌 것 같습니다.

오래전 제가 정신과 병동에 심방을 갔다가 거기 입원해 있던 어느 장로님의 따님과 우연히 마주쳤습니다. 평소 존경하던 장로님인데 저를 보고는 딸의 일을 들키게 되었다고 부끄러워했습니다. 저는 태연하게 인사를 하고 장로님의 딸에게도 나중에 만나러 오라고 했습니다. 퇴원 후 저를 만나러 온 장로님의 따님과 이런저런 얘기를 나누며 복음을 전했더니 무척 좋아했습니다. 그런데 장로님은 집안 창피라며 저를 못 만나게 하는 겁니다. 한동안 부모님 몰래 전화 통화하다가 그것이 오히려 도움이 되지 않을 것 같아 나중에 부모님이 허락하시면 만나자고 했습니다. 부모님에게 자꾸 거짓말을 하게 되는 것이 마음에 걸렸던 것입니다.

정신적인 병은 부끄러운 일도, 숨길 일도 아닙니다. '하나님을 믿는데 왜 우울증에 걸리느냐'고 한다면 '하나님을 믿는데 왜 감기에 걸리느냐'고 묻는 것과 똑같은 말입니다. 정신의 병일수록 교회가 앞장서서 구체적으로 도와야 합니다. 당연히 중보하고 기도해야 하지만 병원에 가서 치료도 받아야 합니다. 다른 병과 똑같이 전문가인 의사의 치료도 받으면서 성경적인 가치관을 가진 공동체에서 나누고 예배드려야 합니다.

일반적으로 자기 고난과 죄를 드러냈을 때 정작 본인이 못 견뎌서 공동체를 떠난다고 합니다. 자신을 오픈하면 죄가 끊어지고 치유가 일어난다고 해서 어렵게 오픈했는데, 성숙하지 못한 공동체 안에서 가십거리가 되어 버리는 경우도 있습니다.

그래서 지도자가 본을 보이는 것이 중요합니다. 지도자가 아픈 것을 드러내고 죄를 고백하고, 공동체의 중보와 위로로 회복되는 모습을 보여 줘야 합니다. 엘리는 자녀들의 나쁜 행실을 직면하기 싫었을 겁니다. 우리도 자녀가 아픈 것을 직면하기 싫고, 자녀의 나쁜 행실을 직면하기 싫습니다. 문제가 있다는 걸 알면서도 부러 잊으려고 합니다. 하지만 얼른 아픈 것을 인정하고 드러내야 치료도 시작할 수 있습니다. 나와 자녀의 악을 직면하지 않고 숨기고 외면하면 엘리처럼 스스로 아는 죄악 때문에 무서운 심판을 받게 됩니다.

••••••

자녀에게 어떤 부모입니까. 객관적으로 대하며 부족하고 아픈 것도 잘 인정하는 부모입니까. 영적 양식은 주지 않고 육적 양식만 먹이면서 '교회에 다녀도 공부를 잘해야 한다, 돈이 많아야 한다'고 모순적인 태도를 취하지는 않습니까.

참 선지자는 말씀을
가감하지 않는다

> [15] 사무엘이 아침까지 누웠다가 여호와의 집의 문을 열었으나 그 이상을 엘리에게 알게 하기를 두려워하더니 [16] 엘리가 사무엘을 불러 이르되 내 아들 사무엘아 하니 그가 대답하되 내가 여기 있나이다 하니 [17] 그가 이르되 네게 무엇을 말씀하셨느냐 청하노니 내게 숨기지 말라 네게 말씀하신 모든 것을 하나라도 숨기면 하나님이 네게 벌을 내리시고 또 내리시기를 원하노라 하는지라 [18] 사무엘이 그것을 그에게 자세히 말하고 조금도 숨기지 아니하니 그가 이르되 이는 여호와이시니 선하신 대로 하실 것이니라 하니라 (삼상 3:15-18)

지금까지는 사무엘이 엘리에게 순종하러 달려갔는데 엄청난 심판의 말씀을 듣고는 금세 엘리에게 달려갈 수가 없었습니다. 어린 사무엘도 밤새도록 고민을 했을 겁니다. 어떻게 이 어린 사무엘이 대제사장에게 가서 "당신 집이 망합니다. 회개하세요" 할 수 있겠습니까?

그래도 엘리에게 연륜이 있었습니다. '하나님이 사무엘을 부르시면서 나는 안 부르시는구나. 내게 문제가 있구나' 하고 생각했을 것입니다. 하나님의 사람에게 이미 경고도 들었으니 불안하기도 했겠지요. 죄를 회개하지 않고 순종하지 않으니까 어쩔 수 없이 불안합니다. 그러다가 하나님이 사무엘을 부르신 것을 알고 뭔가 조짐을 알아차립니다. 그래서 들은 바를 다 이야기하라고 합니다.

이때 사무엘이 참 힘들었을 것 같습니다. 예를 들어 나이 어린 부목사가 담임목사보다 말씀을 더 잘 깨닫고 적용도 잘합니다. 교인들에게도 더 많은 은혜를 끼칩니다. 그러면 얼마나 그 자리 때문에 두렵고 떨리겠습니까? 어린 사무엘에게 자꾸 말씀이 들리고 하나님이 사무엘만 부르시니 엘리가 불안하고 떨리는 겁니다.

그래도 엘리가 하나도 숨기지 말고 이야기하라고 한 것은 천국에 가는 믿음이라고 생각합니다. 처음에는 깨닫지 못했지만 사무엘을 통해 어떤 조짐을 느끼면서 마지막에 회개를 합니다. 사무엘의 이야기를 다 듣고는 하나님이 선하신 대로 하실 것을 인정했습니다.

최고 지도자가 남의 말을 듣고 인정하여 태도를 바꾸는 것은 거의 불가능하다고 합니다. 저도 마찬가지일 확률이 높습니다. 아이들이 저에게 "엄마는 자기 말만 옳대"라고 말합니다. 제가 큐티를 하고 말씀을 적용해서 여기까지 왔기 때문에 때로 이것만 강조하는 면이 있을 것입니다. 큐티가 잘못되었다는 게 아닙니다. 제가 부족한 사람이기에 한쪽으로 치우칠 수 있다는 말입니다.

엘리는 한나를 술 취한 사람으로 오해했다가 아니라는 걸 알고 얼른 자기 실수를 인정하고 한나를 축복했습니다. 그리고 지금 사무엘의 말도 그대로 인정하고 있습니다.

지도자로서, 부모로서 들을 말은 들어야 합니다. 또 상대가 지도자라도 전할 말은 정확하게 전해야 합니다. 사무엘이 엘리에게 전한 것은 복음이고 복음의 내용은 "장차 받을 환난"(삼전 3:4)입니다. 하나님께서 전하라고 하신 내용을 조금도 숨기지 말고 세세히 이야기해야 합니다.

대단한 권력가, 대단한 부자가 암에 걸리면 감히 암이라고 말하지 못하고 곧 나을 거라는 공허한 위로를 합니다. 암이 진행되고 있으니 실상을 밝혀야 하는데, 조금 있으면 어떻게 될지 모르는데 '내가 감히 어떻게 암이라고 하겠어, 어떻게 높은 사람한테 망한다는 말을 하겠어' 이러면서 숨깁니다. 하지만 그것은 복음을 훼방하는 일이고 그 사람을 죽이는 일입니다. '당신이 암에 걸렸으니 치료하지 않으면 죽을 것이다' 이렇게 전하는 것이 정확한 복음입니다. '우리가 회개하고 돌이키지 않으면 망할 것이다!' 이것이 정확한 복음입니다.

당장 아프고 힘들어 죽겠는데 '곧 나을 거다, 평안해질 거다, 문제없다' 하는 거짓 위로는 평강을 주지 못합니다. 진정한 복음이 평강을 줍니다. 듣기에 괴로울 것 같아도 내가 병들고 아픈 것을 정확하게 지적해주면 거기에 시원함이 있고 평강이 있습니다.

대단한 사람이 망하게 됐을 때 "지금 이 일을 통해서 주님을 만나야 합니다. 이렇게 힘들 때가 은혜받을 때이고 구원받을 때입니다"라고 하는 것이 복음입니다. 사무엘이 엘리에게 전한 것이 바로 이런 메시지입니다.

엘리 앞에서 늘 공손하고 순종하던 사무엘이 결정적인 진리를 전할 때는 단호합니다. 엄청난 사역을 감당한 것입니다. 복음을 전할 때 태도를 부드럽게 하고 예절을 지켜야 하지만 내용은 단호해야 합니다. 그것이 진정한 사랑입니다. '아니 뭐, 꼭 망한다는 건 아니고… 하나님이 꼭 그러신다는 건 아니고…' 이러면 그 사람을 살릴 수 없습니다.

가장 정확한 복음을 가장 온유한 모습으로 가장 단호하게 전해야 합니다. "하나님이 너를 사랑하셔서 이 사건을 주신 거야! 빨리 하나님을 만나고 돌이켜야 해! 지금이라도 회개하고 돌이켜!" 이렇게 말해 주는 것이 진정한 사랑입니다. 왜냐하면 마지막에라도 어떻게든 돌이켜야 살아날 수 있기 때문입니다. 회개할 기회를 주는 것이야말로 사랑입니다. 말씀 사역은 이것입니다. 마지막에라도 회개할 기회를 주어서 하나님께 돌아오도록 하는 것입니다.

엘리가 사무엘의 말을 듣고 기가 막혔겠지만 이것을 인정했습니다. 엘리가 무능하고 연약해도 복음의 본질을 알았습니다. 그래서 장차 받을 환난의 메시지에도 자유함이 있었습니다. 장차 받을 환난이라는 복음의 내용에 자유함을 가질 때 우리는 이 땅에서 어떤 일이 와도 인정하고 받아들일 수 있습니다. 무조건 잘되는 것만 생각하고 '환난' 소리는 듣기도 싫어한다면 작은 고난에도 무너집니다. 복음의 내용을 인정하지 못하고 회개의 기회를 놓치면 멸망할 수밖에 없습니다. 그래서 정말 밑바닥까지 내려가 보지 않은 사람은 복음을 제대로 받아들이기가 어렵습니다.

여러분의 자녀 교육은 어떻습니까? 엘리처럼 교회 열심히 다니고 자녀교육을 잘 시킨다고 해도 그게 전부가 아니라는 걸 알아야 합니다.

얼마 전에도 하나님을 부정하고 엄마를 너무나 증오한다는 고등학생의 메일을 받았습니다. 힘들어서 위로받고 싶을 때 더 힘들게 하는 것이 엄마라고 합니다. 기분이 좋아서 더 격려받고 싶을 때 기분을 망쳐 놓는 사람이 엄마라고 합니다. 엄마가 자기를 사랑해서 기도한다고 하는데 그것도 가증스럽다고 합니다. 미움과 증오로 가득 차 있습니다.

믿음 없는 엄마, 무식한 엄마 이야기가 아닙니다. 이분도 엘리트이고 열심히 신앙생활을 하는 분입니다.

대부분의 부모가 자녀를 사랑한다는 명분으로 하나님의 말씀을 가감합니다. 어디에서 단호해야 하고 어디에서 위로해야 하는지를 모릅니다. 다 치우쳐서 한쪽은 애지중지하고, 한쪽은 너무 엄격하고, 어떤 자녀에게는 듣기 좋은 말만 하고, 어떤 자녀에게는 '그러다 벌 받는다'고 엄한 이야기만 합니다. 정말 사랑해서 환난의 복음을 전한다면 균형이 잡혀야 하는데, 내 감정에 치우쳐 복음을 전하니까 말씀을 가감하고 자녀를 분노하게 하는 겁니다.

철의 여인으로 불리는 영국의 마거릿 대처는 정치인으로서는 추앙을 받았지만 엄마로서는 아주 불행한 삶을 살았다고 합니다. 대처의 딸은 "엄마는 나를 돌볼 겨를이 없었다"고 회고합니다. 오빠와 이란성 쌍둥이인 딸은 엄마가 아들만 애지중지해서 세상을 떠나는 날까지 불편한 관계로 지냈다고 했습니다. 오빠는 엄마의 명성 덕분에 결혼해서 전 세계 곳곳에 저택을 가지고 있는 데 반해 어릴 때부터 찬밥 신세였던 자신은 지금까지 정해진 거처도 없고 결혼도 못했다고 했습니다. 대처는 남편을 먼저 떠나보낸 뒤 쓸쓸하게 황혼기를 보내다 기억상실증에 걸렸다고 합니다. 딸은 오빠도 자신도 찾아오지 않는 엄마에게는 기억상실증을 앓은 것이 오히려 좋은 일이었을지도 모르겠다고 했습니다.

같은 엄마로서 생각하기에 아들은 연약하니까 애지중지하고, 딸은 믿을 만하고 기대가 높아서 냉정하게 대하지 않았을까 싶습니다. 세계 최고의 정치가라도 거기에 복음이 없으므로 치우칠 수밖에 없습니다. 그래서 돈 많은 아들도 돈 없는 딸도 어머니를 찾지 않았습니다.

영국의 수상이라고 해도 가정교육은 인간의 힘으로는 할 수 없습니다. 엘리처럼 아들들을 잘 먹이고 잘 입힌다면서 저주를 자청하고 있다는 것을 알아야 합니다. 우리는 이렇게 자녀를 기복적으로 키우기 때문에 망칩니다.

사무엘의 아들들도 나중에 뇌물을 받고 잘못을 저질렀다고 합니다(삼상 8장). 이스라엘을 위해서 그렇게 일했는데도 나중에 백성들은 "사무엘 없어도 되니까 왕을 세워 달라"고 하면서 배신을 했습니다. 우리 인생에 어떤 일이 올지 모릅니다.

그래도 잘못된 자녀교육의 예로 엘리를 꼽지, 사무엘을 꼽지는 않습니다. 내가 믿음으로 잘 살아도 자녀가 잘못될 수 있지만, 엘리처럼 좋은 게 좋은 거라고 하면서 죄를 치리하지 못하고 애지중지하는 것이 얼마나 위험한지를 성경은 계속해서 강조합니다.

큐티를 할 때 위로의 말씀, 축복의 말씀만 찾아 읽는 것은 묵상이라고 할 수 없습니다. 성경을 기록하신 성령의 의도대로, 차례대로 읽어야 합니다. 차례대로 읽다 보면 전하기 싫은 말씀, 거북한 말씀, 기대하지 않은 말씀들이 있습니다. 그래도 그것을 피하지 않고 내 삶에 적용하면서 그대로 전하는 사람이 참 선지자입니다. 거짓 선지자는 "이에 물 것이 있으면 평강을 외치나"(미 3:5)라고 했습니다. 무조건 복 받는다, 잘된다, 평강하다고 외치는 것은 백성을 유혹하는 거짓 선지자입니다.

사랑하는 자녀와 가족을 구원으로 인도하고 마지막에라도 회개할 기회를 놓치지 않으려면 전하기 힘든 말씀, 장차 받을 환난의 복음을 전해야 합니다. 하나님께서 주신 말씀을 남김없이, 가감하지 않고 정확하고 단호하게 전하는 것이 자녀를 사랑하고 가족을 사랑하는 방법입니다.

• • • • • •

나는 충고를 받아들이는 부모, 지도자입니까. 누가 나에 대해 지적하면 불만 세력으로 매도하고 절대 인정을 못 하는 지도자입니까. 자녀, 배우자가 내 잘못을 지적할 때 "네가 뭘 알아, 당신이 뭘 알아" 하고 무시하고 변명하면서 회복의 기회를 걷어찹니까.

참 선지자의 말은
하나도 땅에 떨어지지 않는다

> 사무엘이 자라매 여호와께서 그와 함께 계셔서 그의 말이 하나도 땅
> 에 떨어지지 않게 하시니 (삼상 3:19)

엘리가 아버지로서 아들들을 타일러도 그의 말에 전혀 권위가 없었습
니다. 말은 인간의 인격을 반영합니다. 인간의 말은 다 땅에 떨어질 수밖
에 없습니다. 말이 땅에 떨어지는 것은 내가 말한 대로 되지 않는다는 뜻
입니다. 선지자가 주의 이름으로 말한 것이 그대로 이루어지지 않는다면
그 말은 주님이 주신 말이 아니라 인간의 생각인 것입니다.

엘리의 말이 전혀 권위가 없고 다 땅에 떨어졌는데 사무엘의 말은 하
나도 땅에 떨어지지 않았다고 합니다. 여호와께서 그와 함께 하셨기 때문
입니다. 우리가 큐티를 하면서 하나님의 말씀으로 듣고 믿은 것은 하나님
이 함께하심으로 이루어집니다. 이것이 말씀 묵상이고 적용입니다.

말씀 묵상은 내 생각을 내려놓고 주님의 말씀을 듣는 통로입니다. 자
신을 버리고 하나님의 뜻과 하나님의 생각으로 채우는 시간입니다. 성
경의 순서에 따라 차례대로 큐티를 하다 보면 불편하고 어려운 말씀도
있습니다. 특히 헌금에 관한 말씀이 나오면 적용하기가 쉽지 않습니다.
"환난의 많은 시련 가운데서 그들의 넘치는 기쁨과 극심한 가난이 그들
의 풍성한 연보를 넘치도록 하게 하였느니라"(고후 8:2)와 같은 본문이

나오면 아주 부담이 됩니다. '내가 돈이 없는데 어쩌나' 하면서 난처해
집니다.

그러나 그럼에도 하나님의 음성으로 믿고 적용하면 말씀이 그대로
나에게서 이루어집니다. 없는 중에도 풍성한 연보를 할 수 있도록 환경
을 열어 주십니다. 말이 하나도 땅에 떨어지지 않는 사람의 비결이 적용
입니다. 말씀을 삶에 적용하는 것이야말로 신앙의 꽃입니다. 적용은 구
속사의 꽃입니다.

부모가 자녀에게 말씀을 가감하지 않고 전하기는 힘이 듭니다. 자녀
들은 대부분 부모가 좋게 말해도 기분이 나쁘고, 엄하게 말해도 억하심
정을 갖고 좋게 안 받아들입니다. 그런데 어려서부터 아이 스스로 큐티
를 하면 저절로 심판의 말씀, 사랑의 말씀, 교훈의 말씀을 차례대로 읽
게 됩니다. 그래서 하나님의 말씀이 가감 없이 전해지는 것입니다.

자녀 교육도 하나님이 말씀하셔야 합니다. 부모가 삶으로 보여 준 것
이 없으면서 '큐티해라, 기도해라, 인내해라, 용서해라'는 말만 하면 자
녀들은 반감을 가질 수밖에 없습니다. 날마다 말이 땅에 떨어질 수밖에
없습니다. 그래서 부모나 자녀나 다 큐티를 해야 합니다. 내가 내 인생
을 마음대로 할 수 없습니다. 자식 인생은 더더욱 마음대로 안 됩니다.
나도 하나님께 인도함 받아야 하고 자녀도 인도함 받아야 합니다.

> 단에서부터 브엘세바까지의 온 이스라엘이 사무엘은 여호와의 선지
> 자로 세우심을 입은 줄을 알았더라 (삼상 3:20)

'단에서부터 브엘세바까지'는 이스라엘의 전 영토를 의미합니다. 사무엘이 여호와의 선지자임을 온 이스라엘이 알았습니다. 어떻게 알았을까요? 사무엘의 말이 하나도 땅에 떨어지지 않으니까, 저 목사님 저 집사님이 전한 말씀이 하나도 땅에 떨어지지 않고 삶에 적용되고 이루어지는 걸 보니까, 온 백성이 여호와의 선지자임을 알았습니다. 사무엘이 잘나서, 대단한 확신을 가져서가 아니라 하나님의 말씀을 들은 대로 선포하고 그 말이 이루어지는 것을 보면서 알았습니다.

당시 엘리의 아들들이 너무 악했기 때문에 상대적으로 사무엘이 인정받기가 쉬웠습니다. 하지만 아직은 엘리와 아들들이 안 죽었기 때문에 사무엘을 처음부터 제사장으로 세우지 않으시고 선지자로 세우셨습니다. 불필요한 마찰을 피하게 하셨습니다. 엘리가 죽은 후에는 사무엘이 제사장도 하고 사사도 하고 선지자도 했습니다. 선지자는 백성에 대한 죄를 선포하는 사람이고, 제사장은 교회를 섬기는 사람, 사사는 정치를 하는 사람입니다. 사무엘이 이 세 가지 직분을 다 가졌습니다.

'내가 왜 제사장을 못 해? 목사가 저렇게 잘못하는데 내가 왜 리더가 못 돼?' 할 필요가 없습니다. 하나님께서 하실 일을 잘 따라가면 저절로 세워 주시고 인정도 받게 하실 것입니다.

> 여호와께서 실로에서 다시 나타나시되 여호와께서 실로에서 여호와의 말씀으로 사무엘에게 자기를 나타내시니라 (삼상 3:21)

실로는 성막이 있는 곳이고 하나님 임재의 상징입니다. 사람들은 실로를 보면서 적군이 쳐들어와도 마음이 든든했습니다. 말씀은 안 보고 안 들으면서 실로만 쳐다보면서 든든해하는 겁니다.

이 실로에서 잠시 후에 언약궤를 빼앗길 예정인데, 이제 제사를 드려도 소용이 없는데, 거기에 엘리의 아들들이 죽어라 제사를 드리러 갑니다. 하나님이 아니라 언약궤를 우상처럼 섬기면서 본질이 없는 제사를 드리고 있습니다. 그래서 하나님께서 실로에서 사무엘에게 말씀의 본질로 나타나십니다. 여호와의 말씀으로 사무엘에게 자기를 나타내십니다. 하나님께서 자기를 나타내시는 방법은 기적, 환상이 아니라 말씀입니다. 그렇기 때문에 말씀 묵상은 아무리 강조해도 지나치지 않습니다.

> 사무엘의 말이 온 이스라엘에 전파되니라 이스라엘은 나가서 블레셋 사람들과 싸우려고 에벤에셀 곁에 진 치고 블레셋 사람들은 아벡에 진 쳤더니 (삼상 4:1)

사무엘의 말이 온 이스라엘에 전파되었다고 합니다. 여호와께서 세우시니까 온 이스라엘에 전파되고 말이 땅에 떨어지지 않는 참 선지자가 되었습니다.

우리들교회의 어느 집사님이 택시를 타고 교회에 오면서 택시 기사님을 전도했습니다. 그냥 전도만 한 것이 아니라 '예배 시간만큼 택시비로 계산해서 드릴 테니 예배를 드리고 가시라'고 권했습니다. 예배가 끝난 후에는 멀리 사는 우리들교회 지체를 찾아서 그 택시를 타게 했습니다. 다음 주일에도 꼭 오시라고 하면서 제가 사인한 책을 드리고 집사님의 연락처를 적어 드렸습니다.

그리고 그 주에 그 택시 기사님이 부인과 아들과 친구 부부까지 데리고 교회에 오셨습니다. 집사님이 다른 집사님들과 함께 그분들을 안내하고 옆에서 예배를 드렸습니다. 그날 기사님을 포함한 다섯 분이 교회 등록을 했습니다.

택시에서 전도를 한 집사님은 대학의 원로 교수님인데 지금까지 전도라고는 한 번도 해본 적 없는 분입니다. 그런데 자신이 전도한 것이 땅에 떨어지지 않는 것을 보면서 너무나 기쁘고 감동이 되는 겁니다. 복음은 말로 전하기만 하는 것이 아니라 이렇게 구체적으로 섬기고 애쓰는 것입니다. 이 집사님은 말이 땅에 떨어지지 않는 참 선지자가 되었습니다.

말이 땅에 떨어지지 않는 참 선지자가 된다는 것은 결국 말과 행동이 같다는 것입니다. 말한 것을 실천하고 행동으로 옮기는 것이 말이 땅에 떨어지지 않는 것이고, 그런 삶을 사는 사람이 참 선지자가 될 수 있습니다.

하나님이 나를 부르신 그 자리에서, 나를 부르신 가정에서 남편과 아내가 참 선지자가 되어야 합니다. 나를 부르신 교회에서 목사가, 목자가 참 선지자가 되어서 말씀을 삶에 적용하는 모습을 보여야 합니다. 하나님의 말씀을 가감하지 않고 주신 말씀 그대로 순종하고 적용할 때 우리 모두가 참 선지자가 되어 온 땅에 전파될 것입니다.

● ● ● ● ● ●

삶으로 보여 준 것 없이 "기도해라, 큐티해라" 말로만 가르치진 않습니까. 말이 땅에

떨어지지 않는 참 선지자가 되기 위해 말씀을 삶에 적용하는 모습을 보여 주기로

결단합니까.

우리들 묵상과 적용

혼자 있는 시간이 많은 저는 하나뿐인 딸이 스스로 하게 하기보다는 전력을 다해 제 방식대로 양육했습니다. 주위에서 쏟아지는 '똑똑하다'는 칭찬에 유아기 때부터 영어, 수학, 악기 교육에 매진했습니다. 여행을 갈 때도 학습지를 챙겨 갈 정도였습니다. 피아노를 전공했기에 좀 안답시고 레슨 선생님도 못 믿으며 내가 다시 연습시키고, 내가 모르는 바이올린 레슨 땐 동영상을 찍어 연습을 시켰습니다.

그런데 목표로 했던 국제중학교 진학에 실패한 후 아이는 호랑이 새끼로 돌변했습니다. 공부는 뒷전이었고, 인터넷 채팅과 스마트폰에 빠져서 저에게 반항하기 시작했습니다.

아이가 왕따까지 당하여 전학을 원하자 저는 교육 중심의 강남 한복판으로 야심을 품고 전학을 시켰습니다. 명문여고에 진학한 뒤 적응을 못해 또다시 전학시켰지만, 아이는 탈선한 기차처럼 여전히 학교를 잘 안 가고 있습니다. 화가 나면 저에게 막말과 욕설까지 퍼부어 대서, 저는 수없이 자살을 생각하기에 이르렀습니다. 딸과 함께 상담을 받고 약을 먹어도 효과가 없어 매일 통곡만 하던 차에 지인의 소개로 우리들교회에 왔습니다.

처음으로 드린 예배에서 변해야 할 사람은 나임을 깨달았고, 죽어도 하나님을 찾지 않았을 불쌍한 인생을 위해 우리 딸이 힘들게 아파하며 수고하고 있단 생각에 눈물이 멈추지 않았습니다. 정말 저는 죄인이었고, 딸에게 너무나 미안해서 마음이 아팠습니다.

내 생각을 반대하는 남편의 말을 불만 세력으로 매도하고 무시하던 저는 딸아이 문제를 직면하기 싫어서 망하는 길로 달려왔습니다. 세상 욕심 때문에 아직도 두려운 것이 많아 주눅이 듭니다. 지금 이런 저를 애석하게 생각하시며 "그렇게 나를 못 믿겠냐?"고 하시는 하나님의 마음이 느껴져 눈물이 납니다.

저를 위해 벌 떼처럼 달려들어 지금은 은혜받고 구원받을 때라며 사랑으로 말씀해 주시는 공동체의 처방으로 1년 동안 일하던 학원을 몇 달 전 그만두고 모든 예배에 빠지지 않고 공동체에 붙어 있으려 합니다.

아무도 못 만나는 이 상황에서 목장은 제 숨구멍이고, 세상의 눈으로 봤을 땐 슬프고 힘든 고난을 웃으며 이야기할 수 있는 천국 같은 곳입니다. 복음은 장차 받을 환난이고 적용은 구속사의 꽃이라고 하시는데, 여전히 아이를 객관적으로 보지 못하는 제 자신이 답답하여 너무 힘이 듭니다.

얼마 전부터 "교회에 가면 맘이 편해지냐"며 주일예배에 함께 나오고 있는 남편이 너무 고맙습니다. 말씀을 가감하지 않고 균형 잡힌 삶을 살 때 딸도 고등부 예배에 나오게 될 것을 믿고 기도하고 있습니다.

무너지고 나니 제가 너무나 죄인이라 지금은 아무것도 할 수 없음을 깨닫습니다. 회개의 기회를 주시고 참 선지자의 삶을 살도록 은혜를 주신 하나님을 사랑합니다.

말씀으로 기도하기

말씀이 희귀한 시대에 하나님은 회복을 위해 사무엘을 부르시고 참 선지자로 세우십니다.

참 선지자는 자녀에게 객관적이어야 합니다. (삼상 3:11-14)

대제사장 엘리에게 말씀이 안 들리니 하나님은 그 옆에 있는 사무엘에게 말씀하시고 엘리의 집이 망한다고 하십니다. 아들들의 죄를 알면서도 제대로 다스리지 않아서 저주를 받은 엘리처럼, 좋은 게 좋은 거라고 말하며 자녀들을 훈계하지 않는 것이 얼마나 위험한 것인지 깨닫게 하옵소서.

참 선지자는 말씀을 가감하지 않습니다. (삼상 3:15-18)

엘리가 사무엘을 통해 하나님께서 주신 경고의 말씀을 듣고 하나님의 선하신 뜻대로 하실 것을 인정합니다. 망한다는 경고가 전하기 어려운 말인데도 가감 없이 전한 사무엘처럼, 하나님의 말씀을 내 감정과 생각대로 가감하지 않도록 기도합니다. 또 엘리가 어린 사무엘이 전하는 말을 하나님의 옳으심으로 인정한 것을 보며, 힘든 사건이 찾아와도 하나님의 옳으심을 인정하고 그 뜻을 깨닫게 하옵소서.

참 선지자의 말은 하나도 땅에 떨어지지 않습니다. (삼상 3:19-4:1)

사무엘의 말이 땅에 떨어지지 않았다는 것은 그가 전한 말씀이 다 이루어졌다는 뜻입니다. 내가 하나님의 말씀을 듣고 믿고 적용한 것은 모두 땅에 떨어지지 않고 말씀대로 이루실 것을 믿습니다. 성경을 지식으로 가르치는 것이 아니라 일상생활에서 적용하고 실천하는 본을 보이게 하옵소서. 그래서 가족과 동료, 이웃에게 전한 복음이 하나도 땅에 떨어지지 않고 열매 맺는 삶을 살기 원합니다.

기도

아버지 하나님, 하나님은 우리를 부르신 뒤 우리가 참 선지자가 되기를 원하시는데 참 선지자의 자격은 자녀를 객관적으로 보는 거라고 하십니다.

엘리가 대제사장으로서 자녀들의 악을 다 알면서도 악을 금하지 않았다고 합니다. 자녀를 객관적으로 대하는 게 얼마나 힘든지 말씀을 통해서 보여 주십니다. 하나님께서 죽이기로 작정한 죄라고 하시는데도 내 힘으로는 아무것도 할 수가 없어서 기차가 탈선하는 것처럼 방황하는 자녀를 속수무책으로 바라보고 있습니다.

주님, 자녀 때문에 목이 메지 않는 부모가 어디 있겠습니까? 자녀가 잘되기를 원하지 않는 부모가 어디 있겠습니까? 그러나 우리는 너무나 무지해서 어떻게 하는 것이 자녀를 잘되게 하는 것인지 모릅니다. 그런데 오늘 주님은 말씀을 가감하지 말라고 하십니다. 어떤 얘기도 다 들려주라고 하십니다. 복음이 장차 받을 환난이기에 고난과 심판의 메시지도 전하라고 하십니다.

제힘으로는 그것을 들려줄 수가 없습니다. 불쌍히 여겨 주시고 말씀을 읽게 하여 주시옵소서. 차례대로 읽게 하여 주시옵소서. 좋은 말, 나쁜 말, 사랑의 말, 심판의 말을 다 저에게 주시는 말씀으로 듣게 하여 주시옵소서.

그리고 말이 하나도 땅에 떨어지지 않는 부모가 되길 원합니다. 내가 말씀을 적용하길 원합니다. 하루에 한 가지라도 적용하기를 원합니다. '우리 부모는 말하고 지키는 사람이구나' 하는 것을 보여 주는 부모가 되기를 원합니다. 지금은 엘리처럼 자녀 문제에 하나도 손을 쓸 수 없어도, 오늘 들었던 이 말씀을 언제 어디서라도 기억하고 하나님과 동행하길 원합니다.

구속사의 꽃은 적용이라는 것을 알고 각자 가정과 공동체에서 참 선지자가 되어서 모든 사람을 살릴 수 있도록 역사하여 주시옵소서. 예수님의 이름으로 기도합니다. 아멘.

PART
3

미신이
뿌리 뽑힐 때까지

chapter 8

내 유익을 위해
하나님을 미신처럼 믿는 습관을
버리게 하시고,
오직 하나님만 구하며
하나님께 순종하게 하옵소서.

빼앗긴 언약궤를 되찾으려면

사무엘상 4장 1-11절

1953년 6·25 휴전 당시 우리나라의 국민소득은 63달러였습니다. 그리고 60여 년이 지난 지금은 3만 달러를 눈앞에 두고 있습니다. 이런 고도성장이 가능했던 것은 단기간에 무언가를 이루려는 우리 국민의 급한 성격과 과격하고 극단적인 성향 때문이라고 합니다. 이런 성격이 어디에서 왔을까요?

조선왕조의 몰락으로 신분과 계급이 철폐되면서 누구든지 능력이 있으면 잘살 수 있다는 생각이 팽배했습니다. 조선이 유교의 나라였고 유교는 '내세'가 없고 '현세'에서 잘살아야 한다는 사상입니다. 그래서 '누구든 성공할 수 있다'는 것과 '현세에서 잘사는 게 최고'라는 두 가지가 합쳐져 고도의 단기 성장을 이룰 수 있었습니다.

기독교도 들어온 지 40년 만에 인구의 35퍼센트가 믿게 되었습니다.

참으로 대단한 나라입니다.

이렇게 대단한 나라 한국이 기가 막히게도 OECD 국가 중에 자살률 1위입니다. 국민의 행복지수는 최하위입니다. 요즘 젊은 사람들에게 '힐링'이 유행이고 방송에서도 인기를 얻고 있는 것은 그만큼 행복을 빼앗겼다고 생각하기 때문입니다. 이 이야기는 이원복 교수님의 말씀입니다(2013년 2월 문화일보, '행복의 조건' 중에서).

이스라엘은 애굽에서 400년 노예 생활을 하다가 하나님의 은혜로 홍해를 건너고 전적으로 구원받았습니다. 출애굽 후 언약궤는 성소에서 가장 중요한 자리를 차지했습니다. 언약궤는 하나님이 이스라엘을 구체적으로 인도하신다는 상징이었기 때문입니다. 이스라엘 건국 후에도 큰 전쟁을 할 때면 언약궤가 군사들과 함께했습니다. 그런데 이스라엘의 대적인 블레셋에게 그 언약궤를 빼앗겼습니다. 왜 빼앗겼을까요?

전쟁에서 패배했기 때문에
언약궤를 빼앗겼다

[1]사무엘의 말이 온 이스라엘에 전파되니라 이스라엘은 나가서 블레셋 사람들과 싸우려고 에벤에셀 곁에 진 치고 블레셋 사람들은 아벡에 진 쳤더니 [2]블레셋 사람들이 이스라엘에 대하여 전열을 벌이니라 그 둘이 싸우다가 이스라엘이 블레셋 사람들 앞에서 패하여 그들에게 전쟁에서 죽임을 당한 군사가 사천 명가량이라 (삼상 4:1-2)

사사들이 자기 소견에 옳은 대로 행하고 엘리 대제사장은 악을 금하지 않고 있는 시대에, 사무엘의 말이 온 이스라엘에 전파되는 그때에, 전쟁이 시작되었습니다. 사무엘의 말이 온 이스라엘에 전파되고 그의 말이 하나도 땅에 떨어지지 않았다고 했는데, 그가 전하는 말씀이 전쟁에서는 하나도 소용이 없는 겁니다.

언약궤를 블레셋에게 빼앗겼다가 다시 찾아오는 이야기가 4장에서 6장까지 이어지고, 그동안에는 사무엘이 침묵하고 있는데, 그 기간이 20년입니다. 우리는 기다리는 것이 참으로 어렵습니다. 그러나 온 이스라엘에 말씀이 전파되었어도 그 말씀을 지키기까지는 시간이 걸립니다. 사무엘은 20년 동안 침묵하며 기다렸습니다.

사무엘이 여호와의 선지자로 세워졌지만 엘리의 뒤를 이어 등극하기 위해서는 옆의 사람들이 각자 전쟁을 치르고 패배할 때까지 기다려야 합니다. 누군가에게 말씀을 전하는 일은 그냥 되는 것이 아니라 그가 자기 전쟁을 치르고 패배할 때까지, 그 사람의 한계 상황이 될 때까지 기다려야 합니다. 자기 힘으로 다해 보고 마지막에 '나는 할 수 없다'가 될 때까지 기다려야 합니다.

인간은 전쟁에서 패하기 전까지는 자기의 한계 상황을 절대로 인정하지 않습니다. 이스라엘은 패하고도 20년이 더 걸렸습니다. 혹시 입시, 취업, 질병, 돈의 전쟁에서 하나님의 말씀 없이 전쟁을 치르고 있다면, 하나님 없는 전쟁이 실패할 수밖에 없다는 것을 깨달아야 합니다. 그리고 그때 깨달은 말씀을 전하기 위해서 잘 기다리고 있으면 됩니다. 전도의 기회, 구원의 기회가 올 때까지 기다리다가 기회를 놓치지 않고 말씀을 전하면 됩니다.

．．．．．．

입시와 취업, 인간관계의 전쟁에서 패하고 한계 상황에서 하나님의 말씀을 듣게 된 간증이 있습니까. 고난을 통해 한계 상황을 경험하는 가족, 이웃, 동료들에게 이때가 전도의 기회임을 알고 말씀을 전합니까. 20년 동안 침묵하며 기다리더라도 전도의 기회가 왔을 때 놓치지 않도록 늘 말씀을 예비하고 있습니까.

언약궤를 수호신으로
생각했기 때문에 빼앗겼다

전쟁을 치르기 전에는 사무엘의 말이 온 이스라엘에 전파되고 있어도 들리지 않습니다. 어떤 말씀이 잘 들립니까? 엘리처럼 기복적인 말씀이 잘 들립니다.

기복적인 가치관으로 요새처럼 든든한 에벤에셀 곁에 진을 치고, 하나님이 도와주실 거라고, 무조건 이긴다고 하면서 전쟁에 나갑니다. 블레셋이 진을 친 아벡은 '견고한 힘'이라는 뜻입니다. 내가 하나님을 믿고 전쟁을 하니 견고한 힘도 다 물리칠 수 있다는 겁니다. 이 전쟁에 대단한 장수나 무기가 등장하지 않습니다. 오직 에벤에셀의 하나님을 부르짖으면서 오직 하나님만 믿고 나갔는데 패배하고 4천 명이 죽었습니다.

그러니 이스라엘은 전쟁에 지고 나서 요즘 말로 '멘붕'(멘탈붕괴)이 왔습니다. 하나님의 도우심을 믿고 나갔는데 왜 졌을까, 고민하고 의논하다가 결국은 그들의 신앙 상태를 보여 주는 결정을 하게 됩니다.

> 백성이 진영으로 돌아오매 이스라엘 장로들이 이르되 여호와께서 어찌하여 우리에게 오늘 블레셋 사람들 앞에 패하게 하셨는고 여호와의 언약궤를 실로에서 우리에게로 가져다가 우리 중에 있게 하여 그것으로 우리를 우리 원수들의 손에서 구원하게 하자 하니 (삼상 4:3)

이스라엘이 전쟁에서 패하더니 언약궤를 부적처럼 가지고 가는 결정을 했습니다. 이 부분은 기독교 신앙에서 중요한 부분을 다루고 있습니다.

내가 예수님을 믿으면 하나님께서 무조건 내 편을 들어 주실 것이라는 굳센 믿음이 우리에게 있습니다. 하지만 내가 최선을 다하고, 기도하고, 죄를 회개하고, 큐티하고, 적용까지 다 한 것 같아도, 하나님께서 우리가 생각하는 대로 우리 편을 들어 주시는 일은 거의 없습니다.

배신한 남편이 돌아오기를 기도하면서 '내가 가정을 지키기 위해서 하나님을 믿고 드리는 기도니까 하나님이 내 편을 들어 주시겠지' 생각할 수 있습니다. 그러나 '내가 기도했더니 나갔던 남편이 돌아오고 자녀가 돌아왔다' 이런 게 응답이 아닙니다. 기도 응답은 내가 아무리 기도해도 내 뜻대로는 안 된다는 걸 아는 것입니다. 내 뜻대로 기도했더니 내 뜻대로 안 되는 것, 그것이 응답입니다.

그런데 우리는 내 뜻대로 응답이 안 되면 기도에 문제가 있다고 생각해서 더 열심히 기도하고 더 열심히 성경을 봅니다. 하나님을 만족시키는 제사를 드리면서 하나님의 임재를 확보하려고 노력합니다. 그래서 언약궤를 전쟁터에 가져갔습니다. 전쟁에 이기기를 기도했는데 한 번 패하고 나니까 어떻게든 이기기 위해서 언약궤를 들고 갔습니다.

어쩌면 정당한 처방으로 볼 수 있습니다. 싸움에 져서 쓰라림을 맛보고 하나님을 더 열심히 찾는 것처럼 보일 수 있습니다. 그런데 자세히 보면 언약궤를 가지고 가는 것까지는 이해가 되지만, "여호와께서 어찌하여 우리에게 오늘 블레셋 사람들 앞에 패하게 하셨는고?" 하면서 모든 책임을 하나님께 돌리고 있습니다. 하나님이 일을 벌이셨으니까 하나님이 책임지시라는 것입니다. '전쟁에서 진 것은 하나님 때문이고 우리는 하나님 믿은 죄밖에 없다'고 하는 것입니다.

> 이에 백성이 실로에 사람을 보내어 그룹 사이에 계신 만군의 여호와의 언약궤를 거기서 가져왔고 엘리의 두 아들 홉니와 비느하스는 하나님의 언약궤와 함께 거기에 있었더라 (삼상 4:4)

언약궤는 거룩한 제사장이 지켜야 합니다. 거룩하게 구별된 사람들만이 언약궤 옆에서 하나님의 임재를 체험할 수 있습니다. 민수기 14장에서 이스라엘 백성이 아말렉, 가나안 사람들과 전쟁을 치르는데 "여호와의 언약궤와 모세는 진영을 떠나지 아니하였더라"(민 14:44)고 했습니다.

함부로 옮길 수 없고 옮겨서도 안 되는 것이 언약궤입니다.

그런데 이스라엘은 전쟁터에 언약궤를 가지고 오면서 그 언약궤 옆에 홉니와 비느하스를 데려왔습니다. 엘리의 두 아들은 결코 제사장으로 불리지 않았습니다. 그들이 갈고리로 제물을 찍고 성전의 여인들과 동침한 죄를 아버지도 못 막았으니, 그들은 망나니 그 이상도 이하도 아닙니다. 거룩한 언약궤를 섬기기에 부족한 정도가 아니라 아주 부정한 사람들입니다.

사무엘의 말이 온 이스라엘에 전파되고 있는데, 이미 여호와의 선지자로 세워져서 활약을 하고 있음에도 언약궤를 지키는 제사장으로 사무엘을 불러오지 않았습니다. 고정관념이 이렇게 무섭습니다. 하나님을 믿는다고 하면서 적용도 안 하고 분별이 안 되니까 사무엘이 전하는 말도 안 들립니다. '믿음 따로, 삶 따로'입니다. 그 지도자에 그 백성이라서 모두가 말씀이 들리지 않는 기갈 속에 있습니다.

사무엘서에 기록된 언약궤 이야기는 '하나님의 언약궤는 누가 모시는가?'라는 심각한 질문을 우리에게 던지고 있습니다. 언약궤가 있는 곳은 성소이고, 언약궤를 모시는 사람은 거룩하게 구별된 자여야 합니다. 그런데 사무엘의 말은 들으면서도 사무엘을 언약궤 모시는 사람으로는 부르지 않았습니다. 그래서 개혁이 일어나려면 전쟁이 와야 합니다. 전쟁이 오기 전에는 아무도 사무엘을 모시지 않습니다.

3절에서 장로들이 '여호와의 언약궤를 가져오자'고 하더니 4절에서는 "그룹 사이에 계신 만군의 여호와의 언약궤"라고 합니다. 그룹 사이는 하나님께서 모세와 만나시고 말씀을 주시는 곳입니다(출 25:22). 속죄와 화해와 구원과 계시의 역사가 펼쳐지는 어마어마한 곳입니다. 그런데 장로들이 언약궤를 마음대로 옮기면서 '그룹 사이'를 강조하고 자기들이 옮기는 곳에 하나님의 임재가 있다고 믿고 싶은 겁니다.

이 땅에서 하나님을 볼 수 있는 상징적인 의미로 언약궤를 주신 것인데 장로들은 그렇게 생각하지 않았습니다. 그 의미를 다 버리고 부적이나 수호신 이상으로 생각하지 않았습니다. 이렇게 하나님을 미신처럼 믿고 성경을 부적처럼 여기는 사람들은 당해 낼 수가 없습니다.

• • • • • •

하나님의 뜻이 아닌 내 뜻을 성취하려고 새벽기도를 드리고, 부적처럼 성경 말씀을 품고 다니고, 공양하듯 헌금을 드립니까. 내가 버려야 할 기복과 미신적인 습관은 어떤 것입니까.

종교적인 광신이 하늘을 찔렀기에
언약궤를 빼앗겼다

> 여호와의 언약궤가 진영에 들어올 때에 온 이스라엘이 큰 소리로 외치매 땅이 울린지라 (삼상 4:5)

백성들이 언약궤를 가져오자 땅이 진동할 정도로 열렬히 함성을 지르면서 "이겼다!"고 합니다. "이미 된 줄로 믿습니다!" 하면서 기도합니다.

예레미야서 7장에 보면, "만군의 여호와 이스라엘의 하나님께서 이와 같이 말씀하시되 너희 길과 행위를 바르게 하라 그리하면 내가 너희로 이곳에 살게 하리라 너희는 이것이 여호와의 성전이라, 여호와의 성전이라, 여호와의 성전이라 하는 거짓말을 믿지 말라 너희가 만일 길과 행위를 참으로 바르게 하여 이웃들 사이에 정의를 행하며 이방인과 고아와 과부를 압제하지 아니하며 무죄한 자의 피를 이곳에서 흘리지 아니하며 다른 신들 뒤를 따라 화를 자초하지 아니하면 내가 너희를 이곳에 살게 하리니 곧 너희 조상에게 영원무궁토록 준 땅에니라"(렘 7:3-7)고 했습니다. 이스라엘이 망하기 직전에 하나님은 마지막에라도 돌이키길 원하시며 길과 행위를 바르게 하라고 하신 것입니다. 그러기 위해서 '이것이 여호와의 성전이다, 성전이다'라고 외치는 거짓말을 믿지 말라고 하신 것입니다. "우리가 왜 망해. 여호와의 성전이 있는데 망하긴 왜 망해" 이렇게 성전을 부적처럼 내보이면서 절대 안 망한다고 하는 거짓말을 믿지 말라는 것입니다.

성전은 부적이 될 수 없습니다. 언약궤는 부적이 될 수 없습니다.

영향력을 가진 다수가 뭉쳐서 한목소리를 낸다고 반드시 옳은 게 아닙니다. 지도자인 대제사장 엘리와 가족이 하나님을 멸시하니까 백성도 영향을 받아서 사무엘의 말씀을 들으면서도 모두 하나님을 멸시하고 있습니다. 자기 욕심과 자기 뜻대로 행하는 것이 하나님을 멸시하는 것입니다. 언약궤를 숭배하면서 그것이 하나님을 숭배하는 것인 줄 착각하고 있습니다. 그래서 하나님이 이들을 경멸하실 수밖에 없습니다.

기독교가 비난을 받고 한국 교회에 문제가 있는 것은 전적으로 지도자의 잘못입니다. 지도자가 실상을 제대로 파악하지 못하고 잘못된 진단과 잘못된 처방을 하기 때문입니다.

이스라엘 사람들이 언약궤를 옮겨 오면서 함부로 손댈 수 없는 여호와의 언약궤에 손을 댔습니다. 엘리의 아들들이 여호와께 드리는 제물에 손을 대고 여자에게도 마음대로 손을 댔습니다. 지금이라고 이런 일이 없겠습니까? 날마다 이런 일이 일어납니다. 하나님은 속지 않으십니다. 하나님은 믿기만 하면 무조건 사랑해 주시는 분이 아닙니다. 자신의 유익을 구하기 위해서 하나님을 이기적으로 이용하는 것을 참지 않으십니다. 언약궤가 블레셋에게 넘어가는 한이 있더라도 하나님은 만홀히 여김을 당하시는 분이 아닙니다.

· · · · · ·

하나님의 말씀을 내 생각대로 해석하고, 내 맘대로 기도하고, 내 뜻대로 적용합니까.
그러면서 왜 응답해 주시지 않느냐고 하나님을 원망합니까.

잘못된 믿음은
더 큰 패배를 불러온다

⁶블레셋 사람이 그 외치는 소리를 듣고 이르되 히브리 진영에서 큰 소

리로 외침은 어찌 됨이냐 하다가 여호와의 궤가 진영에 들어온 줄을 깨달은지라 ⁷블레셋 사람이 두려워하여 이르되 신이 진영에 이르렀도다 하고 또 이르되 우리에게 화로다 전날에는 이런 일이 없었도다 ⁸우리에게 화로다 누가 우리를 이 능한 신들의 손에서 건지리요 그들은 광야에서 여러 가지 재앙으로 애굽인을 친 신들이니라 ⁹너희 블레셋 사람들아 강하게 되며 대장부가 되라 너희가 히브리 사람의 종이 되기를 그들이 너희의 종이 되었던 것같이 되지 말고 대장부같이 되어 싸우라 하고 ¹⁰블레셋 사람들이 쳤더니 이스라엘이 패하여 각기 장막으로 도망하였고 살륙이 심히 커서 이스라엘 보병의 엎드러진 자가 삼만 명이었으며 ¹¹하나님의 궤는 빼앗겼고 엘리의 두 아들 홉니와 비느하스는 죽임을 당하였더라 (삼상 4:6-11)

이스라엘이 하나님만 믿고 전쟁에 나갔음에도 패배해서 사천 명이 죽더니 더 열심을 내서 다시 전쟁에 나갔다가 더 큰 패배를 당했습니다. 내가 길과 행위를 바르게 하지 않고 '믿음대로 될지어다, 될지어다!' 하다가 더 크게 망하고 결국 언약궤를 빼앗깁니다.

이스라엘은 하나님을 수호신 정도로 여기며 제대로 믿지 않고 있는데 오히려 블레셋이 전능하신 하나님을 알고 두려워합니다. 언약궤에 대한 신학적인 해석을 이스라엘이 아니라 블레셋이 제대로 하고 있습니다. 언약궤나 함성이 무서운 것이 아니라, 하나님의 능력을 두려워했다는 것입니다.

진짜 믿음은 블레셋에게 있는 것 같습니다. 사실 다른 신을 섬기는 사람들이 아주 무섭습니다. 다른 신을 섬기는 사람들도 하나님 믿는 사람을 얼마든지 이길 수 있습니다. 이슬람, 기독교는 그래도 절대적인 신이 있는데 유교는 절대적인 신이 없고 현세를 믿습니다. 현세에서 잘사는 것이 최고라고 가르칩니다. 그래서 유교처럼 무서운 종교가 없습니다. 이원복 교수님의 칼럼 '행복의 조건'을 좀 더 풀어서 말씀드리겠습니다.

유교의 가르침은 현실에서 인간관계를 잘하라고 '인의예지'(仁義禮智)를 강조하고, 부모, 형제, 부부 관계에 대한 공부를 많이 시킵니다. 위계질서를 강조하고, 가족관계가 우상이 되며, 부모에게 잘해야 복 받는다고 가르칩니다. 직장에서도 상하관계를 중요시하고, 교회 안에서 남자들은 직분에 대해 우대받는 것이 있습니다. 믿음보다는 계급으로 평가하는 것이 전부 유교적인 개념입니다.

그러면서도 같은 계층끼리는 완벽한 평등을 추구합니다. 부장과 과장 간에는 상하질서가 있어서 명령하고 순종하는 것을 용납하지만, 같은 계급끼리는 차별을 절대로 용납하지 않습니다. 그래서 동료 중에 하나가 승진해서 기존의 평등 관계가 깨지면 박탈감과 좌절이 극심합니다. 이처럼 유교 사회에서 평등 관계가 깨지면 사회적 갈등과 반목이 심해집니다.

조선왕조의 몰락으로 신분과 계급이 무너지자, 모두가 평등해졌습니다. 그러니 동료에게 뒤처져서는 안 된다는 강박관념이 생겼고, 그런 강박이 일에 대한 무한한 동기부여의 원천이 되어서 결국 우리나라 경제 규모는 전 세계 10위권 안에 들어가게 되었습니다. 그렇게 반만 년 만에 가난을 물리쳤지만, 지금은 불행한 나라, 자살률 1위의 나라가 되었습니다. 나와 같은 위치였던 사람이 나보다 잘되는 것을 보고 '비교 불행'을 느껴 자살 충동을 느끼는 것입니다. '절대 불행'으로 자살하는 사람은 없지만 '비교 불행'으로 자살하는 사람은 많습니다.

한국의 기독교에는 유교적 가치관이 녹아 있습니다. 나보다 힘든 사람이 간증하는 것에는 은혜를 받지만, 나랑 비슷한 사람, 나보다 잘난 사람이 간증을 하면 시기 질투가 쏟아져 나옵니다.

그러나 복음은 차별이 없는 것입니다. 잘나고 똑똑한 사람들이 고난을 통해서 하나님을 만나는 것도 맞지만, 그렇다고 힘든 사람만 큐티하고 예수님을 믿는 것이 아닙니다. 고난이 없는 사람, 편하게 잘사는 사람도 말씀을 사모할 수 있습니다. 차라리 힘들고 어려우면 저절로 말씀을 사모하게 되는데, 편한 환경에서 쇼핑 안 하고 여행 안 가고 교회에 온다는 건 그것 자체가 대단한 것입니다.

하나님을 믿는 건 블레셋이 아니라 이스라엘인데, 말도 안 되는 블레셋이 이기고 이스라엘이 패했습니다. 내가 예수를 믿는데도 이렇게 패하는 일이 있습니다. 하나님의 뜻과 상관없이 '오직 믿음'이라는 명분만 내세운다면 계속해서 질 수밖에 없습니다. 어떤 전쟁에서든 영적인 상태가 건강하지 못하면 이겨도 큰일입니다. 도덕적, 윤리적 상태도 건강해야 전쟁에 나갈 준비가 된 것입니다. 하나님과의 관계에서 잘 준비되어 있지 않다면, 차라리 패배하는 게 유익이 됩니다.

이스라엘이 사무엘의 가르침을 받으며 건강한 신앙으로 자리 잡기 위해서 이때의 패배가 필요했습니다. 4천 명이 죽어도 회개를 못 하니까 3만 명이 죽었습니다. 그래도 회개하지 않고 20년이 지났습니다. 이스라엘의 선민의식이 대단해서 무조건 이길 줄 알고 싸우는데, 이때 개인이나 민족을 벌하시지 않는다면 그것은 하나님이 내리실 수 있는 가장 큰 징벌일 것입니다. 영적으로 도덕적으로 건강하지 못할 때는 혹독한 벌을 받는다 할지라도 징계를 당하는 것이 훨씬 유익합니다.

• • • • • •

언약궤를 빼앗기고 삼만 명이 죽은 것 같은 패배의 사건이 왔습니까. 그토록 기도하고 말씀을 묵상했는데 원하는 것이 이루어지지 않아서 낙망하고 있습니까. 무조건 복 받기를 원하는 기복신앙과 미신처럼 믿는 잘못된 신앙 습관을 버리라고 하나님께서 주신 경고의 사건임을 알고 있습니까.

언약궤를 찾으려면
하나님을 알고 목소리를 들어야 한다

전쟁에서 졌기 때문에 언약궤를 빼앗겼습니다. 수호신으로 언약궤를 가져오고 광신처럼 믿었더니 더 큰 패배를 가져왔습니다. 이제 어떻게 해야 할까요?

> 내가 구하는 것은 너희의 재물이 아니요 오직 너희니라 어린 아이가
> 부모를 위하여 재물을 저축하는 것이 아니요 부모가 어린 아이를 위
> 하여 하느니라 (고후 12:14b)

전쟁에서 패하고 언약궤를 빼앗긴 이스라엘에게 하나님이 내리시는
처방입니다. '너희가 나를 위해 뭔가 해 준다고 하지만, 그게 아니라 내
가 너희를 위해 해 주는 것'이라고 말씀하십니다.

> 에브라임아 내가 네게 어떻게 하랴 유다야 내가 네게 어떻게 하랴 너
> 희의 인애가 아침 구름이나 쉬 없어지는 이슬 같도다 그러므로 내가
> 선지자들로 그들을 치고 내 입의 말로 그들을 죽였노니 내 심판은 빛
> 처럼 나오느니라 나는 인애를 원하고 제사를 원하지 아니하며 번제보
> 다 하나님을 아는 것을 원하노라 (호 6:4-6)

우리는 어떻게 해서든지 기도를 드리고 헌금을 바쳐서 하나님을 만
족시키고 내가 원하는 것을 얻어 내려고 합니다. 하지만 하나님께서 원
하시는 것은 그런 것이 아니라고 하십니다.

우리는 새벽기도를 하고 헌금을 드리고 성경을 보면서도 행위는 전
혀 바르게 하지 않습니다. 모든 것의 근본에는 사랑이 있어야 하는데 사

랑 없이 드리는 예배와 기도와 헌금으로 하나님도 만족시켜 드리지 못하고 내 옆의 사람들도 지치게 만듭니다.

하나님이 원하시는 것은 제사가 아닙니다. 하나님이 원하시는 것은 새벽기도, 헌금, 큐티 자체가 아닙니다. 우리가 하나님을 아는 것을 원한다고 하십니다. 번제만 드리지 말고 하나님의 음성을 들으라고 하십니다.

그토록 악을 행하면서 언약궤만 들고 전쟁터에 나가면 뭐합니까? 악을 행하면서 예배드리고 헌금하면 뭐합니까?

우리는 자랑이 많습니다. 언약궤도 자랑하고, 성전도 자랑하고, 십일조도 자랑하고, 자랑하고 싶은 것들이 많습니다. 그런데 하나님은 '너희의 하나님'이 되는 것이 가장 기쁘다고 하십니다. 우리는 하나님 앞에서 기도하면서 하나님 외에 다른 것을 달라고 열렬히 부르짖습니다. 새벽기도에 와서 '하나님 말고 제발 다른 것을 주세요. 하나님 말고 돈을 주세요. 건강을 주세요'라고 기도합니다. 그렇게 '주세요, 주세요' 해서 원하는 것을 받으면 그것이 응답입니까?

하나님은 희생이고 사랑이고 화평이시니까 우리는 '하나님 자체가 상급'이라는 말을 싫어합니다. 하나님 말고 다른 것을 달라고 떼를 부리며 기도합니다. 그러고는 내가 원하는 것을 안 주셔서, 하나님 말고 다른 것을 달라는 기도에 응답을 안 해 주셔서 슬피 웁니다. 나의 부정부패를 보지 못하고, '하나님이 어찌하여 나를 패배하게 하시는가, 하나님을 믿고 한 사업인데 어떻게 망할 수가 있는가' 하여 "하나님이 책임지세요!"하고 핏대를 세우는 것이 우리의 모습입니다.

빼앗긴 언약궤를 찾으려면 왜 빼앗겼나부터 알아야 합니다. 전쟁에서 패배했기 때문입니다. 신앙인도 얼마든지 패배하고 망할 수 있습니다. 언약궤를 수호신으로 생각하는 종교적인 광신이 하늘을 찔렀기 때문입니다. 그래서 더 큰 패배를 당했습니다. 말씀인 언약궤를 빼앗겼습니다. 하나님의 임재가 다 사라졌습니다.

알코올중독을 이기려고 몸부림치지만 때마다 걸려 넘어져서 고생이 많은 집사님이 목장에서 자신의 사정을 나눴습니다. 그러자 목원들이 "알코올중독을 치료하기 위해 병원에 입원해야 한다", "아니다. 오히려 예배에 집중해야 한다"면서 치열하게 처방을 내려 주었습니다. 어떤 목원은 "알코올중독은 본인이 스스로 의지를 가지고 고쳐야겠다고 결단하지 않는 한 주변에서 아무리 말해 줘도 고치기 어렵다"면서 "예배의 자리에 나와 성령님의 인도하심으로 변화되어야 한다"고 했습니다. 그렇게 성령의 인도하심으로 변화된 그 사람을 보면 주변 사람들도 자신의 죄를 보고 변화를 소망하게 된다고도 했습니다.

그러자 어떤 목원이 요즘 알코올중독 김 집사님의 얼굴이 하루가 다르게 변화되고 있다면서 이를 위해 중보하고 수고하는 목원들을 격려했습니다.

이렇게 나눔을 하는 동안 여성 비하 발언이 문제가 되어 다시 그 문제로 한참 공방이 벌어지기도 했지만, 이 모든 것이 빼앗긴 언약궤를 찾으려는 노력이라고 생각합니다. 예배의 회복을 위해 몇 시간을 이렇게 나눈다는 것 자체가 하나님을 알아 가는 것이고, 목소리를 듣는 것입니다. 저도 그분에게 전화해서 주일마다 '술 안 먹었다'는 보고를 하라고 했습니다. 빼앗긴 언약궤를 찾으려면 때가 무르익을 때까지 오래 기다리는 인내가 필요합니다. 혼자 인내하려면 힘들지만 공동체가 함께 격려하며 인내하면 더디지만 변화를 가져옵니다.

빼앗긴 언약궤를 다시 찾아오려면 하나님을 알고 하나님의 목소리를 들어야 합니다. 모든 것을 빼앗기고 앞길이 안 보일 때 내 열심으로 무언가를 할 것이 없습니다. 다만 하나님을 사랑하고 길과 행위를 바르게 하면 됩니다. 그러면 빼앗긴 언약궤를 찾아오고, 예배가 회복되고, 하나님의 임재가 임할 것입니다.

우리들 묵상과 적용

처음 보는 사람한테도 친절하고 편하게 대하는 남편이 머리까지 좋아 보여서 16일을 금식한 뒤 '하나님의 응답'이라는 확신 속에서 결혼했습니다. 하지만 결혼생활은 4천 명이 죽고 패하는 일이 기다리고 있었습니다.

제 나이 40에 광풍 같은 남편의 바람 사건이 찾아왔고, 죽을 것 같아 '어찌하여 하나님을 믿었는데 이런 일이 왔느냐'며 하나님이 책임지시라고 원망하며 무너졌습니다. 그리고 그때 지인을 통해 김양재 목사님의 말씀을 듣게 되었습니다. '고난이 축복'이라는 말씀과 함께 남편을 우상으로 삼은 저의 죄를 보게 되었고, 하나님이 내 하나님이 되시기 위해 전쟁에서 패할 수밖에 없었음을 깨달았습니다.

그러나 제 종교적인 열심으로 오직 남편 단속하는 일에 기도와 말씀을 부적처럼 놓고 있었기에 더 크게 망하는 사건이 왔습니다. 남편이 아예 두 집 살림을 하면서 이혼을 요구한 것입니다. 이혼만은 안 된다는 목사님의 말씀과, 이혼이 대물림되어 아이들이 저와 똑같은 고난을 겪을 것을 생각하니 이혼만은 할 수가 없었습니다.

그 후 남편의 사업이 부도가 나면서 저는 세 아이와 친정에 들어가 살게 되었고, 매일 밤 큐티 말씀으로 아이들과 예배를 드리고 소식을 알 수 없는 남편을 구원해 주실 것을 눈물로 기도했습니다. 그리고 생각지도 못했는데 3년 만에 남편이 돌아왔습니다. 그러나 한 달쯤 지나자 또 외박을 하며 다니기에 "5일 동안 밖에 나가 있어도 좋으니 토요일에 들어와 주일 하루만 같이 교회에 가자"고 했습니다. 그러자 남편은 놀랍게도 "집도 안 나가고 교회도 가겠다"고 하며 우리들교회에 함께 등록을 했습니다.

남편의 오랜 실직과 부재로 인해 시작된 갖가지 물질 고난, 큰아들과 막내아들의 방황 등 수많은 사건들로 힘들었습니다. 하나님을 수호신으로 여기며 망할 일이 없다고 생각했기에 환경이 힘들어도 문제의 실상을 보지 못했습니다. 그런데 매주 목장에서 나누며 말씀으로 나의 부족과 죄를 보고 길과 행위를 바르게 하니, 힘든 환경에서도 인내하며 기다릴 수 있었습니다.

긴 기다림 끝에 남편이 목자가 되고, 통장에 월급이 들어오고, 열심히 공부하여 약대에 들어간 딸이 불신 교제하다 돌아오고, 성적이 바닥이던 막내아들이 대학에 들어갔습니다.

교회를 떠났다 돌아온 올해 26세 된 큰아들은 큐티를 하던 중 적용으로 10개월간 수능 공부를 했습니다. 학원을 다니면서도 매주 수요예배, 주일예배, 목장예배를 잘 드렸고 소년부 봉사도 빼먹지 않더니 늦은 나이에 대학에 합격했습니다. 아들은 '하나님이 하신 일'이라며 기뻐했고, 저는 너무 기뻐서 아들 자랑을 마음껏 하고 다녔습니다. 교회 지체들도 모두 자기 일처럼 좋아해 주었습니다. 극심하고 긴 물질 고난 끝에, 지하방에서 12층으로 이사 오는 동안 남편을 통해 공급하시는 하나님의 은혜를 많이 경험했습니다.

블레셋과의 전쟁에서 패하게 하시고 하나님의 징벌을 받게 해 주셔서, 하나님의 목소리를 듣게 하시고 빼앗긴 언약궤를 찾아오게 해 주셔서 감사합니다.

말씀으로 기도하기

광야 시대에 성소의 중요한 자리를 차지했던 언약궤는 하나님께서 이스라엘을 인도하시는 구체적인 상징입니다. 큰 싸움을 할 때는 언약궤가 군사들과 함께했는데 이스라엘이 전쟁터에 언약궤를 들고 나갔다가 대적인 블레셋에게 빼앗기고 말았습니다.

전쟁에서 패했기 때문에 언약궤를 빼앗깁니다. (삼상 4:1-2)

사무엘이 온 이스라엘에게 말씀을 전합니다. 그러나 그동안 엘리의 가르침을 받으며 기복적인 가치관에 사로잡힌 사람들은 든든한 요새 같은 돌만 믿고 전쟁에 나가서 4천 명이 죽고 패배합니다. 하나님을 믿고 믿음으로 행한다고 하면서, 항상 내 생각을 앞세우기 때문에 실패할 수밖에 없다는 것을 인정하기 원합니다.

언약궤를 수호신으로 생각했기 때문에 빼앗깁니다. (삼상 4:3-5)

이스라엘 사람들은 언약궤를 부적처럼 들고 나가서 하나님께서 우리 편을 들어 줄 거라고 생각했습니다. 성경을 부적처럼 여기고, 하나님을 미신처럼 믿는 종교적 습관들을 버리게 하옵소서. 하나님의 뜻이 아닌 내 뜻을 이루고 싶어서 치성 드리듯 기도를 하고, 안 되면 하나님을 원망하는 악함과 어리석음을 회개합니다.

종교적인 광신이 하늘을 찔렀기에 빼앗깁니다. (삼상 4:5)

언약궤를 부적처럼 들고 오면서 온 이스라엘이 큰 소리로 승리를 외칩니다. 하나님과 상관없는 자기 믿음으로 잘못된 전쟁을 합니다. 내 유익을 위해 큐티하고 헌금하면서 하나님을 이용하고자 하는 죄를 회개합니다.

언약궤가 아니라 오직 하나님께만 능력이 있습니다. (삼상 4:6-11)

4천 명이 죽어도 회개하지 못하니까 3만 명이 죽는 더 큰 패배를 당합니다. 언약궤와 큰 소리에 능력이 있는 것이 아니라 오직 하나님께만 능력이 있는 것을 알게 하옵소서. 나에게 남아 있는 유교적 관습과 미신적인 종교 습관을 버리게 하시고, 4천 명이 죽는 사건에서 미리 깨닫고 돌이키기 원합니다.

하나님은 제사보다 순종을 원하시고 내가 하나님을 아는 것을 원하십니다. 성경을 부적처럼 달달 외우고 헛된 열심을 내는 나의 신앙을 회개합니다. 형식적인 큐티, 형식적인 예배는 버리고 오직 하나님이 어떤 분이신지를 알고 하나님의 음성을 듣고 순종하는 큐티와 예배가 되게 하옵소서.

기도

하나님 아버지, 내가 그렇게 이기고자 했던 전쟁에서 패배하고 언약
궤를 빼앗겼습니다. 내가 왜 패배했는지를 몰라서 하나님을 원망하며
'내가 정말 열심히 믿었는데! 기도했는데!' 하고 더 열렬히 함성을 지릅
니다. 하나님이 아닌 내가 원하는 것을 달라고, 하나님 말고 다른 것을
달라고 하며 열렬히 눈물을 흘리면서 기도합니다. 그래서 더 큰 패배를
당했습니다. 이제 일어날 힘이 없습니다. 무너졌습니다. 그러나 하나님
께서는 내가 왜 언약궤를 빼앗겼고, 사랑하는 아들 홉니와 비느하스가
왜 죽었는지 미리 말씀하셨습니다. 마지막에라도 회개하고 돌이키라고
말씀으로 경고해 주셨습니다. 그럼에도 마지막까지 말씀이 들리지 않

아서 전쟁에 패하고 두 아들을 잃은 엘리 제사장을 보며 이렇게 될까 봐 두렵습니다.

나의 예배가 잘못되었고, 나의 위선적이고 가증한 그 악을 하나님께서 경고로 주셨는데도 돌이키지 못했습니다. 여전히 내 욕심대로 잘되기만 바라며 하나님의 말씀을 외면했기에 오늘의 패배와 고통이 온 것을 인정하며 회개합니다.

주님, 날마다 말씀으로 나를 점검하고 하나님의 임재를 경험하며 나의 욕심과 기복을 끊기를 기도합니다. 헛된 열심과 희생으로 싸우지 말아야 할 전쟁을 치르며 시간의 낭비, 감정의 낭비가 없게 도와주시옵소서. 하나님을 알고 그 목소리를 듣는 가운데 미신적인 나의 가치관이 무너지고 내가 끊지 못하는 욕심과 중독의 문제가 해결될 줄 믿습니다. 우리의 빼앗긴 언약궤를 찾을 수 있도록, 하나님 자체가 상급이 될 수 있도록 역사하여 주시옵소서. 예수님의 이름으로 기도합니다. 아멘.

chapter 9

영적인 둔함과 어리석음으로
넘어지지 않도록
하나님 앞에 엎드리게 하옵소서.
때가 이르기 전에
돌이키고 돌아오게 하옵소서.

때가 이르기 전에 돌이키라

몇 년 전, 국내외 목회자들과 함께 증도의 문준경 전도사님 순교지와 소록도의 손양원 목사님 기념관을 다녀왔습니다. 고난 많은 호남 지역 교회에 그토록 아름다운 순교자를 허락하시고, 그분들로 인해 증도가 성지로 바뀐 것을 보았습니다. 한 알의 밀이 땅에 떨어져 많은 열매를 맺는 것처럼, 한 사람의 죽음이 수많은 열매를 맺는 역사를 보았습니다.

문준경 전도사님은 결혼 후 남편이 소실을 얻는 바람에 생과부가 되었습니다. 남편과 살지 않으니 보쌈을 해 가도 법에 저촉되지 않았습니다. 그런 비참한 상황 속에서 주님을 믿은 뒤 문자 그대로 주님이 신랑이 되었습니다. 세상에서 누구도 인정해 주지 않는 자신을 주님이 찾아오셔서 아내로 삼아 주셨기 때문에 그 은혜가 대단했을 것입니다. 문 전도사님은 남편 없이 20년간 시댁에 살면서 시아버님에게 한글을 가르

239   때가 이르기 전에 돌이키라

처 주는 등 섬김을 실천하다가 시아버님이 소천하신 후 큰오빠가 있는 목포로 갔습니다. 그곳에서 이성봉 목사님이 인도하는 집회에 참석했다가 "시집살이 하는 자들아 다 내게로 오라 내가 쉬게 하리라" 하신 대목에서 은혜를 받았다고 합니다.

당시엔 증도가 정말 외진 곳이고 구경거리 하나 없는 시골이었기에, 문 전도사님이 인상도 좋고 노래도 잘하시는 분이라 눈길을 끌었습니다. 전도를 하러 마을에 들어가서 "세상만사 살피니 참 헛되구나" 하며 '허사가'를 부르고, '예수 사랑하심은'을 부르면 마을 사람들이 난리라도 난 것처럼 모여들었다고 합니다. 그러면 그 사람들 앞에서 간증을 하고 복음을 전했습니다. 그 열매로 대학생 선교회를 설립한 故김준곤 목사님이 나왔고, 성결교회 故이만신 목사님, 치유사역으로 유명한 정태기 목사님이 나왔습니다. 총 68명의 목회자를 배출했다고 합니다. 그야말로 한국 기독교에 혁명을 일으켰다고 할 만합니다. 정태기 목사님은 "남자 목사님들 가운데 훌륭하신 분들이 많지만, 문 전도사님처럼 바닥까지 내려간 인생은 없었다"고 말했습니다.

문 전도사님이 기도하던 기도 바위에 오르니 아래로 우리나라 지도를 닮은 지형이 내려다보입니다. 그 지도를 보면서 대한민국을 놓고 기도하셨구나 했고, 그 기도의 응답으로 제가 있는 거구나 싶었습니다.

때가 이르기 전에
요행을 바라면 안 된다

> 당일에 어떤 베냐민 사람이 진영에서 달려 나와 자기의 옷을 찢고 자기의 머리에 티끌을 덮어쓰고 실로에 이르니라 (삼상 4:12)

엘리가 끝까지 하나님보다는 요행수를 바랐기 때문에 그 인생에 혼란과 슬픔이 찾아옵니다.

하나님은 빼앗긴 언약궤를 통해 이스라엘과 가나안에게 하나님이 어떤 분인지를 알리려는 계획을 갖고 계셨습니다. 그래서 베냐민 사람이 달려 나와 머리에 티끌을 뒤집어쓰고 옷을 찢으며 엘리에게 알려 주고자 하는데, 이미 때는 늦었습니다.

그동안 엘리는 여러 차례 심판을 경고받았습니다. 처음에는 두려웠겠지만, 시간이 지나면서 무뎌집니다. '심판이 당장 올 것 같더니 아무 일도 안 생기잖아?' 하면서 부러 잊어버립니다. 그러나 하나님은 말씀과 약속을 반드시 이루시는 분입니다.

> 그가 이를 때는 엘리가 길 옆 자기의 의자에 앉아 기다리며 그의 마음이 하나님의 궤로 말미암아 떨릴 즈음이라 그 사람이 성읍에 들어오며 알리매 온 성읍이 부르짖는지라 (삼상 4:13)

언약궤를 빼앗겼다는 걸 백성에게 알렸더니, 백성은 통곡하고 엘리는 하나님의 궤로 말미암아 떨린다고 합니다. 왜 떨렸을까요?

엘리는 언약궤가 여호와의 지시 없이 함부로 지정한 장소에서 벗어나면 안 된다는 것을 알고 있었습니다. 장로들이 옮기자고 했을 때 그것을 말려야 할 책임이 있었습니다. 그런데 책임을 이행하지 못하고 언약궤를 보내고 나서는 자신의 영적 무능으로 인해 너무 초조했던 겁니다.

그 결과 드디어 심판의 때가 이르렀습니다. 때가 이르기 전에 깨달으면 얼마나 좋을까요? 내가 암에 걸리고 부도가 나고 배신을 당하기 전에, 심판의 때가 이르기 전에 깨닫는다면 얼마나 좋겠습니까. 엘리가 경고의 말씀을 듣고 회개했더라면 언약궤를 옮기지도 않고 빼앗기지도 않았을 텐데, 회개가 안 되니까 두렵기만 하고 결국 그 두려움이 현실로 찾아오는 겁니다. 내가 예수님을 믿고도 두렵고 떨리는 일이 있다면 무조건 회개해야 할 일이 있는 것입니다. 회개하지 않은 죄 때문에 지금까지 겪어 보지 못한 불안이 찾아오는 겁니다.

엘리가 가지고 있던 것은 믿음이 아니었습니다. '어떻게든 되겠지, 설마 언약궤를 가지고 나갔는데 전쟁에서 지겠어? 설마 무슨 일이 있겠어?' 하면서 끝까지 요행을 바라고, 무엇을 회개해야 할지도 몰랐던 것입니다.

우리가 다 그렇습니다. 하나님에 대한 믿음이 없으면 전쟁은 이겨야만 하고, 입시는 붙어야만 하고, 병은 나아야만 하고, 암은 안 걸려야만 하기 때문에 늘 인생이 두렵습니다. 어떻게든 고난을 피하려고 요행수를 바라면서 회개는 하지 않습니다. 그래서 하나님은 뭐든 내 힘으로 해결하려는 모습이 얼마나 비참한 것인지 엘리를 통해서 보여 주십니다. 하나님의 때가 이르면 돈도 쓸데없고 세상 성공도 다 쓸데없습니다.

베냐민 사람이 패배의 소식을 전하니 온 성읍이 '부르짖었다'고 했는데, 이때의 부르짖음은 언약궤를 가지고 전장에 들어갈 때 질렀던 함성과 대비됩니다. 잘못된 언약궤 신앙에 기초한 열광적인 함성이, 졌다는 소식과 함께 또 다른 비참한 부르짖음을 초래하고 있습니다. '왜 나한테 이런 일이 생기는가, 내가 하나님을 믿는데, 내가 언약궤를 가지고 나갔는데, 내가 기도했는데 왜 이런 일이 왔는가, 하나님은 어디에 계시는가!' 이러면서 부르짖는 겁니다.

하나님을 믿는다고 하면서도 혈연, 지연, 학연을 동원해서 문제를 풀어 보려는 것이 요행을 바라는 것입니다. 겉으로 보면 믿음으로 하는 것 같은데 회개도 안 하고, 말씀대로 적용도 안 하고, 그냥 막연히 '내가 교회에 나오고 있으니까 해결이 되겠지' 하는 것이 요행을 바라는 것입니다.

이기적인 마음으로는 앞날을 보지 못합니다. 욕심이 많아서 앞날을 못 보고 분별을 못 하고, 그래서 사업도 부도가 나고 사기도 당하는 겁니다. 이기심과 욕심으로 아무리 기도하고 예배를 드려도 그것이 다 눈먼 기도이기 때문에 응답이 될 수가 없습니다. 자식을 위해 기도한다고 하면서 "엄마가 열심히 기도하고 큐티할 테니까 너희는 공부만 해. 교회 갈 시간에 학원 하나 더 다녀야지. 큐티할 시간에 책 한 장이라도 더 봐야지" 하는 것이 요행을 바라는 모습입니다.

●●●●●●

기도도 안 하고 예배도 안 드리고 큐티도 안 하면서 '내가 하나님을 믿으니까 해결되겠지' 하고 있습니까. 열심히 기도하고 열심히 예배드리고, 또 한편으로는 열심히 사람 찾아다니고 세상 방법을 구하며 요행을 바랍니까. 믿음으로 구한다고 하면서 믿음과 상관없이 살고 있지는 않습니까.

영적 무지를
바라봐야 한다

> 그때에 엘리의 나이가 구십팔 세라 그의 눈이 어두워서 보지 못하더라 (삼상 4:15)

엘리는 이제 98세로 시력도 거의 잃었습니다. 늙고 거동이 불편해진 맹인이 지도자의 자리에 앉아 있는 모습, 이 시대의 영적 분위기입니다.

엘리는 절대적인 확신과 가치관이 없기 때문에 언약궤를 내어 주고 나서는 후회했습니다. 아들에 대한 경고도 들었지만 실천을 못 했습니다. 날마다 뒷북치고 후회하는 인생을 사는 겁니다. 엘리도 처음부터 그러진 않았을 텐데 자식을 낳아 보니 아들이 하나님보다 더 중요해졌습니다. 믿음의 실체가 드러난 것입니다.

아이들이 어릴 때는 부모가 얼마나 중히 여기는지 잘 드러나지 않습니다. 그러다 성인이 되면, 특히 자녀가 잘 자라서 외모도 좋고 학벌도 좋고 돈도 잘 벌면 쉽게 하나님보다 중히 여기게 됩니다. 엘리도 자녀에

취하고 성공에 취해서 하나님이 경고를 하셔도 듣지 못했습니다.

> [16] 그 사람이 엘리에게 말하되 나는 진중에서 나온 자라 내가 오늘 진중에서 도망하여 왔나이다 엘리가 이르되 내 아들아 일이 어떻게 되었느냐 [17] 소식을 전하는 자가 대답하여 이르되 이스라엘이 블레셋 사람들 앞에서 도망하였고 백성 중에는 큰 살륙이 있었고 당신의 두 아들 홉니와 비느하스도 죽임을 당하였고 하나님의 궤는 빼앗겼나이다 [18] 하나님의 궤를 말할 때에 엘리가 자기 의자에서 뒤로 넘어져 문 곁에서 목이 부러져 죽었으니 나이가 많고 비대한 까닭이라 그가 이스라엘의 사사가 된 지 사십 년이었더라 (삼상 4:16-18)

이스라엘 백성이 도망하고, 살육당하고, 엘리의 두 아들이 죽고, 언약궤를 빼앗겼다는 소식을 들었습니다. 그런데 "하나님의 궤를 말할 때에" 의자에서 뒤로 넘어져 죽었다고 합니다. 엘리가 생각 없이 언약궤를 내어 준 것이 아니라 하나님의 궤에 대한 굉장한 책임과 부담을 갖고 있었음을 알 수 있습니다. 내어 주면 안 된다는 걸 알면서도 내어 준 것입니다. 하나님의 뜻이 어떤 것인지 알면서도 적용이 안 되는 겁니다.

최고의 리더십은 자신의 영적 무지를 보는 것입니다. 자신의 영적 무지를 본다는 것은 자신의 죄를 본다는 뜻과 같습니다. 아무리 강조해도 지나치지 않는 것이 내 죄를 보고 회개하는 것입니다. 내 죄를 보는 것이 너무나 중요한데 대제사장 엘리도 이것이 쉽지 않았습니다. 지도자의 자리일수록 민감하게 자신을 돌아봐야 하는데 대부분의 지도자들이 실수를 인정하지 않고 버티다가 비참한 말년을 보냅니다. 엘리도 깨닫기는 하지만 영성이 무뎌져서 실천과 적용까지 가지 못했습니다.

그가 이스라엘의 사사가 된 지 사십 년에 일어난 일이라고 합니다. 40년 사역을 감당했다는 것은 엘리가 대단한 카리스마를 가진 지도자였음을 보여 주는 대목입니다. 그 40년 동안 블레셋이 쳐들어왔다는 기록이 없습니다. 그래서 편한 세월을 지내다 보니 육체의 눈이 어두워지고 영적인 눈까지 어두워졌습니다. 아들들을 하나님보다 더 중히 여기면서 그들의 잘못을 금하지 않았습니다. 백성의 부정부패를 초래하고 결국은 블레셋의 침공을 허용하고 언약궤까지 빼앗긴 것입니다.

엘리는 40년 동안 대제사장 역할을 하고, 끝이 좋지 않은 대표적인 지도자로 남았습니다. 성경에서 '넘어져 목이 부러져 죽었다'고 상세하게 그의 죽음을 표현한 것은 괜히 남겨 놓은 기록이 아닙니다. 잘못된 지도자, 잘못된 부모의 결과가 어떤 것인지를 예로 보여 주는 것입니다. 우리 인생의 마지막이 엘리처럼 표현될까 두렵고 떨림으로 읽어야 합니다.

엘리는 과연 하나님보다 아들들을 중히 여기며 행복했을까요? 행실이 나쁜 아들들에 비해 묵묵히 여호와 앞에 섬기고 자라 가는 사무엘을 보면서 얼마나 비교불행을 겪었겠습니까.

손양원 목사님의 묘비에는 이런 글이 새겨져 있습니다. "먹고 입는 것이 구해졌다 하여 마음까지 잃지 않아야 하고, 음식을 잘 먹는 것보다 마음을 잘 먹는 것이 좋고, 의복으로 몸을 단장하는 것보다 선행을 옷 입듯 할지니라."

손 목사님의 두 아들은 공산주의 청년에게 죽임을 당했습니다. 목사 님은 자신의 두 아들을 죽인 그 청년을 용서하고 양아들로 삼았습니다. 그리고 두 아들의 장례식에서 아홉 가지 감사기도를 드렸습니다.

> 나 같은 혈통에서 순교의 자식을 낳게 하심에 감사하고,
>
> 허다한 많은 성도 중에서 이런 보배를 주심에 감사하고,
>
> 3남 3녀 중에서 가장 아름다운 맏아들, 둘째 아들을
> 바치게 하시니 감사하고,
>
> 한 아들의 순교도 귀한데 두 아들이 순교함에 감사하고,
>
> 예수 믿다가 누워서 와석종신(臥席終身)하는 것도 큰 복인데
> 총살 순교 당했으니 감사하고,
>
> 미국 가려고 준비하던 내 아들, 미국보다 더 좋은 천국 갔으니
> 감사하고,
>
> 두 아들을 총살한 원수를 회개시켜 내 아들로 삼고자 하는
> 사랑의 마음을 주시니 감사하고,
>
> 두 아들의 순교의 열매로 무수한 천국의 아들들이 생길 것을
> 생각하니 감사하고,
>
> 이 같은 역경 속에서도 하나님의 사랑을 깨닫고 이길 수 있는
> 믿음을 주시니 감사합니다.

끝으로 나에게 분에 넘치는 큰 복을 내려 주신 하나님께

모든 영광을 돌립니다.

손 목사님은 아들의 장례식을 마친 후에 1만 원의 감사헌금을 하셨다고 합니다. 그때 헌금하신 봉투가 기념관에 전시돼 있는데 1만 원이 다 들어가려니 봉투도 아주 컸습니다. 당시 목사님 월 사례비가 80원이었는데 어디서 그런 큰돈이 났을까요?

두 아들의 죽음이 당시 유명한 사건이라서 많은 사람들이 조문을 왔는데 그때 모인 부조금에 가진 것을 다 모아서 1만 원의 헌금을 드렸다고 합니다. 그러니 손 목사님의 아홉 가지 감사는 진짜인 것입니다. 물질이 가는 곳에 마음도 가고, 우리가 감사를 표현할 수 있는 방법 중 하나가 물질인데, 진정 아홉 가지 감사한 마음을 가졌기에 아낌없이 헌금도 드린 것입니다.

엘리와 손 목사님이 비교가 되지 않습니까. 손 목사님의 아버지인 손종일 장로님께서는 가정 사역을 통해 삶으로 본을 보이면서 제자훈련을 하셨다고 합니다. 그래서 손 목사님은 '예수님 생각 덩어리'가 되었다고 합니다. 믿음의 가정이 참으로 중요합니다.

손 목사님의 묘비에는 또 이렇게 적혀 있습니다.

"그의 생일은 중생한 그날이었고 주소는 주님의 따뜻한 품속이었다. 그는 기도로 호흡하시고, 성경으로 양식을 삼으시며, 전도로 일을 삼으셨다."

손 목사님이야말로 재물과 시간과 애정으로 안약을 사서 바르고 영적 무지를 깨우치신 분이라고 생각합니다. 이것이 좋은 지도자의 마지막 모습입니다. 이 땅에서의 삶이 참으로 짧은데, 자식이 성공하고 유명해지는 게 무슨 의미가 있겠습니까. 손 목사님과 아들들이 총탄에 맞아 순교를 했어도 그 죽음으로 어마어마한 영적 후손을 얻고 열매를 맺었습니다. 엘리와 그 아들들의 죽음과 달리 손 목사님과 두 아들의 죽음은 천군천사가 영접하는 주의 영광이 있는 인생이었음을 믿습니다.

• • • • • •

신앙생활을 오래 하고 큐티를 오래 했어도 영적으로 눈이 어두운 부분이 있습니까. 포기도 잘하고 헌신도 잘하는데 자식의 입시, 취업, 결혼에는 눈이 어두워서 말씀대로 적용이 안 됩니까. 돈과 건강에 영적으로 무지해서 세상 방법을 따라가고 싶습니까.

때가 이르기 전에 하나님의 영광을
빼앗기면 안 된다

[19] 그의 며느리인 비느하스의 아내가 임신하여 해산 때가 가까웠더니 하나님의 궤를 빼앗긴 것과 그의 시아버지와 남편이 죽은 소식을 듣고 갑자기 아파서 몸을 구푸려 해산하고 [20] 죽어 갈 때에 곁에 서 있던 여인들이 그에게 이르되 두려워하지 말라 네가 아들을 낳았다 하되

그가 대답하지도 아니하며 관념하지도 아니하고 [21] 이르기를 영광이
이스라엘에서 떠났다 하고 아이 이름을 이가봇이라 하였으니 하나님
의 궤가 빼앗겼고 그의 시아버지와 남편이 죽었기 때문이며 [22] 또 이르
기를 하나님의 궤를 빼앗겼으므로 영광이 이스라엘에서 떠났다 하였
더라 (삼상 4:19-22)

시아버지도 남편도 죽었는데 엘리의 며느리가 아들을 낳았습니다.
곁에 있던 여인들이 '그래도 집안의 대가 끊기지는 않겠으니 두려워하
지 말라'고 했습니다. 그런데 엘리의 며느리는 대답도 안 하고 '아들이
무슨 상관이냐'고 합니다. '하나님의 궤를 빼앗기고 하나님의 영광이 떠
났는데, 영적 자녀가 끊어져 버렸는데 육적인 아들을 낳은 것이 무슨 상
관이겠는가' 하는 것입니다.

하나님은 엘리 가정을 오래 참으셨습니다. 엘리와 아들들이 악을 행
하고 있어도 하나님께서는 여전히 그들을 사랑하셔서 사무엘을 불러
말씀하시고, 하나님의 사람을 보내 경고하셨습니다. '이제라도 회개하
고 돌아오라'고 부르셨습니다. 그럼에도 마지막까지 말을 안 들었기 때
문에, 할 수 없이 엘리와 이스라엘을 떠나신 것입니다. 이것이 여호와의
날입니다. "슬프다! 그날"입니다.

하나님은 오랫동안 경고하시고, 이 일을 집행하셨습니다. 오늘 우리
집에서 일어나는 일들도 오랫동안 경고하고 집행하신 일입니다. 하루
아침에 일어나는 사건은 없습니다. 성경을 통해서, 사람을 통해서, 환경

을 통해서 경고하시는데도 우리가 못 들은 것입니다. 아니, 들으면서도 '저건 나한테 하는 얘기가 아니야. 나한테 저런 일이 생길 리가 없지' 하면서 안 들었기 때문입니다.

엘리와 며느리는 죽어 가면서 언약궤를 빼앗긴 것에 가장 큰 절망감을 느꼈습니다. 하나님의 궤를 빼앗겼다는 말에 엘리도 넘어져 죽었고, 며느리는 하나님의 궤를 빼앗겼으니 하나님의 영광이 떠나갔다고 아들을 낳고도 관심을 두지 않았습니다. 결국 그들이 두려워했던 것은 마지막에 언약궤를 빼앗긴 것이었습니다. '하나님의 말씀과 하나님의 영광만이 영원한 것인데, 영적인 것을 빼앗긴 마당에 육적인 아들이 무슨 기쁨이겠는가' 이것이 엘리 집안의 마지막 믿음이었습니다.

• • • • • •
심판의 때가 이르기 전에 내가 전심으로 구해야 할 것은 무엇입니까. 부귀영화를 누려도 예수 그리스도를 믿는 구원이 없으면 헛된 인생인 것을 알고 있습니까.

문준경 전도사님이 활동하던 당시 우리나라는 미신에 사로잡힌 나라였습니다. 섬마을 증도에서는 혹여 배가 뒤집힐까 봐 생선을 구울 때도 뒤집지 않았습니다. 고기 잡는 것이 주업인 섬마을 사람들에게 배가 뒤집히는 일은 인생이 뒤집히는 것과 같았기 때문입니다. 그런 곳에서 복음을 전하려니 어려움이 많았습니다. "남편에게 소박은 왜 맞았으며, 두 번이나 자살 기도를 했다는데 그런 사람이 믿는 신을 우리가 어떻게 믿겠느냐"고 따지고, 심지어 똥물을 가져다 붓는 사람도 있었습니다.

그런 환경에서 문 전도사님 본인이 대단해서 복음을 전했겠습니까. 양반 가문에 진사 딸이던 분이 시집가서 하루 만에 남편에게 소박을 맞고, 20년 동안 무시와 조롱을 받았기에 그 길을 갈 수 있었습니다. 아무 잘못도 없이 남편 사랑도 못 받고 쫓겨났는데 예수님이 진짜 신랑이 되어 주시니 그 사랑이 대단한 겁니다. 그 예수님을 전했을 때 사람들이 은혜를 받고 살아나는 걸 보면서 목숨을 걸고 주님을 전하고 싶었을 것입니다. 내가 여자이고 죄인이라서 잠잠히 있고 싶은데, 내가 전하는 복음 때문에 사람들이 살아나니 잠잠할 수 없는 상황들이 계속 있었을 것입니다.

저는 문 전도사님이 가신 길이 많이 공감이 됩니다. 저도 믿음이 좋아서, 훌륭한 사람이라서 이 길을 가겠습니까? 인간의 사랑에 목말라하다가 하나님 사랑을 알고 나니 그 사랑이 너무 대단해서 이 길을 가는 것입니다. 하나님께서 저를 사랑해 주시기 때문에, 그 사랑을 전했을 때 다른 사람들도 저처럼 살아나는 것을 보여 주시기 때문에 이 길을 가는 것입니다.

그러므로 한계 상황에 도달하는 고난이 이 땅에서는 축복입니다. 문 전도사님도 저도, 고난과 무시가 없었다면 주의 길을 갈 생각도 못 했을 것입니다.

문 전도사님은 공산 치하가 끝난 줄 알고 사람들의 만류에도 복음을 전하다가 1950년 10월에 순교했습니다. '씨암탉으로 새끼를 많이 깐 것'이 죄목이라고, 목에 총을 맞고 총살을 당했습니다. 그때 다른 전도사님을 살려 달라고 기도하셔서 그 전도사님은 살아나고 문 전도사님만 돌아가셨다고 합니다.

돌아가신 당시에는 너무 무서워서 사람들이 시체 수습도 못 하고, 8일 후에 다시 가 보니 옷과 시신이 달라붙어서 옷을 벗길 수도 없었다고 합니다. 그 많은 제자들이 어디로 갔는지 예수님이 십자가에 달리실 때처럼 다 숨어 버리고 8일 동안 방치됐습니다. 그리고 1년 후에야 장례식을 치렀는데 김구 선생님의 장례식 때보다 인파가 더 많았다고 합니다. 아무런 세상 부귀영화가 없어도, 복음으로 낳은 열매들이 남아서 오늘날까지 이어지고 있습니다.

2000년 7월 17일 큐티선교회(QTM) 창립예배를 드리던 날, 큐티 본문이 사무엘상 4장 말씀이었습니다. 처음으로 선교회를 시작하는데 하필 '엘리가 목이 부러져 죽었다'는 본문을 주시니 수상하지 않습니까?

아침에 큐티를 하면서 '엘리가 저주받을 죄를 금하지 않았기에 목이 부러져 죽은 것처럼, 제 속에 금하지 않은 죄가 있다면 엘리처럼 죽기를 원한다'고 적었습니다. 엘리가 40년이나 사역을 했어도 하나님의 궤를 빼앗기고 자식들도 죽고 하나님의 영광이 떠났는데, 제가 오랫동안 큐티 사역을 하고도 엘리처럼 죄를 방관하고 나태해진 것은 없는지 돌아보게 되었습니다. 그래서 제 안에 남아 있는 엘리가 죽고 사무엘이 등극하기를 원한다고, 관습과 고정관념이 죽고 큐티선교회를 통해 말씀을 읽는 문화가 등극하기를 원한다고 적용했습니다.

그리고 15년이 지난 지금, 저의 기도처럼 큐티선교회를 통해 소리 없는 개혁이 이루어졌다고 생각합니다. 기존의 엘리 시대가 철퇴를 맞으면서 하나님의 영광이 떠나는 것과 같은 일들이 곳곳에서 벌어지고 있습니다. 아직도 요원하지만 그래도 희망이 있다는 생각이 듭니다.

하나님께서 언약궤를 빼앗기는 사건을 허락하신 이유는 이스라엘이 언제라도 깨닫고 돌이키라는 것입니다. 그렇지만 이스라엘의 회개는 20년 후에야 일어나기 시작합니다. 그 20년에 비하면 큐티선교회는 지난 15년 동안 말씀 묵상과 회개의 역사가 일어나고, 우리들교회가 시작됨으로 말씀이 이루어지게 하셨습니다. 참으로 기적 같은 은혜입니다.

성경 말씀을 나에게 주시는 음성으로 들으면 좋은 말씀, 나쁜 말씀이 따로 없습니다. 모두가 복음일 뿐입니다. 그리고 복음은 십자가입니다. 장차 받을 환난을 예비하면서 가는 것이 복음입니다. 제가 그렇게 말씀을 적용하고 걸어와 보니, 다 그렇게 이루어졌습니다. 좋은 것, 나쁜 것이 아니라 단지 하나님의 말씀이 이루어지게 하셨습니다.

때가 이르기 전에 우리는 그런 인생을 살아야 합니다. 말씀을 듣고 적용하고 말씀대로 이루어지는 인생을 살아야 합니다.

개혁은 누군가 대단한 사람이 시작해서 이루어지는 것이 아닙니다. 누구나 말씀을 읽고 순간의 슬픔을 잘 해석하면 새 시대가 열립니다. 내가 성경으로 내 슬픔을 잘 해석하면, 나의 엘리는 죽고 은혜의 사무엘 시대가 찾아오는 것입니다.

우리들 묵상과 적용

미국의 서브프라임 사태로 인해 26년간의 이민 생활을 끝내고 한국으로 와 우리들교회에 등록했습니다. 외도로 결혼 10년 차에 아내와 이혼했다가 1년 만에 아내의 용서로 재결합했으나 영업 사장으로 일하면서 강남의 술 문화에 빠져들게 되었습니다. 깨달음은 있어 아내에게 미안한 마음이 들었지만, 들키지만 않으면 된다고 요행수를 바라며 다시금 유부녀와 간통을 저지르고 말았습니다.

부목자로 섬기면서 마음의 갈등이 심해지자 나의 죄를 오픈하면 죄가 힘을 잃는다는 말씀을 믿고 바람을 끊기 위해 일대일 양육과 부목자 모임에서 오픈했습니다. 그러나 음란죄는 단번에 끊어지지 않았고 오히려 부목자 직분을 박탈당하는 치리를 받았습니다. 복음에 대한 절대적인 확신과 가치관이 없었기에 마음의 상처를 입고 교회를 떠나 3개월 간 타 교회로 방황하다 다시금 목사님 말씀이 사모되어 돌아왔습니다.

그런데 아내가 우연히 저의 이메일을 열어 보고 저의 바람이 지속되고 있음을 알게 되었습니다. 엘리의 아들들에게 말씀이 들리지 않는 것은 여호와께서 죽이기로 작정하신 것이라고 하신 말씀이 하나님께서 나를 살려 주신다는 말씀으로 들리는 순간, 그동안 죄를 합리화해 온 저의 치사하고 더러운 모습이 회개되어 눈물이 흘렀고, 너무나 단단하던 저의 음란의 바위가 깨지기 시작했습니다.

목자님을 모시고 벌벌 떨면서 아내에게 솔직하게 이야기하였는데, 아내는 예전의 상처가 생각나서인지 통곡하면서 "우리들교회가 아니면 나는 당신과 살 수가 없다. 더 큰 심판의 때가 이르기 전에 영적 무지를 봐야 한다"며 "여기서 당장 약속해라. 공예배에 빠지지 마라. 수요예배와 목장예배에 절대로 빠지지 말라"고 했습니다.

이 일의 후폭풍으로 힘들었지만 부부목장에 가서 지난 일주일 동안 있었던 모든 일들을 오픈하고 후련한 마음으로 집에 돌아와 거실에서 그날 목장 보고서를 쓰고 있었습니다. 그런데 안방에서 스트레칭을 하고 있던 아내가 '쿵' 하고 바닥에 머리를 부딪치는 소리가 나서 달려가 보니 아내는 어지럽다며 계속 구토를 했고 새벽에 응급실로 갔습니다. 큰 이상은 없었지만 기억상실증이 왔습니다.

처음에는 당일의 그 일만 기억 못 하는 줄 알았습니다. 그런데 아내는 제가 죄를 오픈한 것도 기억을 못 하는 눈치였습니다. 하지만 퇴원 후 홈페이지에서 지나간 목장 보고서를 읽어 본 아내는 모든 상황을 파악하고 다시 한 번 힘들어했습니다. 저는 아내가 모르기를 바랐지만, 아내는 오히려 자신의 사건을 다른 사람을 통해서 듣게 되니 문제를 좀 더 객관적으로 바라볼 수 있게 되었고, 그래서 마음이 더 편해져 저와의 관계도 한결 좋아졌습니다. 똑똑하던 아내가 기억을 잘 못해서 저에게 모든 것을 물어보니 저도 아내가 편해졌고 자꾸 보호해 주고 싶은 마음이 들었습니다.

머리로는 다 알고 있었지만 음란을 끊는 적용이 안 되었기에 블레셋이 쳐들어와서 목이 부러져 죽을 뻔한 인생이었습니다. 때가 이르기 전에 심판을 구원으로 바꿔 주신 하나님을 사랑합니다.

말씀으로 기도하기

때라는 것은 여호와의 날과 같으며, 심판의 때이고, 구원의 날이기도 합니다. 심판의 때가 이르기 전에 우리는 무엇을 어떻게 해야 할까요.

때가 이르기 전에 요행을 바라면 안 됩니다. (삼상 4:12-14)

엘리가 언약궤를 보내 놓고 백성을 말리지 못한 자신의 무능함 때문에 떨고 있습니다. 그러나 두려워하기만 할 뿐 회개도 안 하고, 깨달은 것을 실천하지도 않고, 어떻게든 잘될 거라며 요행을 바랍니다. 말씀에 순종도 안 하고 실천도 안 하면서 문제가 해결되겠지, 사업이 잘되겠지 하고 요행을 바라는 나의 나태함과 불순종을 회개합니다.

영적 무지를 볼 수 있어야 합니다. (삼상 4:15-18)

늙고 눈이 어두운 엘리처럼 영적으로 무능하고 무지했던 것이 당시 이스라엘의 현주소입니다. 내가 영적으로 무지하다는 것을 깨달아야 리더십을 가질 수 있습니다. 영적인 둔함과 어리석음으로 넘어져 죽지 않도록 나의 영적 무지와 무능함을 인정하고 하나님 앞에 엎드리기 원합니다. 날마다 큐티와 예배로 내 자신을 비추며 영적인 눈이 뜨이게 하옵소서.

때가 이르기 전에 하나님의 영광을 빼앗기면 안 됩니다. (삼상 4:19-22)

엘리와 두 아들도 죽고 엘리의 며느리가 아들을 출산하지만, 하나님의 영광이 떠났기에 아들이 무슨 상관이냐고 합니다. 육적으로 많은 것을 이룬다 해도 하나님의 말씀과 영광이 떠난다면 그것이 저주이고 심판인 것을 알게 하옵소서. 이제라도 회개하고 돌아오라고 하시는 경고의 말씀을 잘 듣고 돌이키게 하옵소서. 고난을 주셔서라도 내가 돌아오기만을 기다리시는 하나님의 마음을 알고 그것이 나를 향한 사랑임을 깨닫게 하옵소서.

기도

    하나님 아버지, 때가 이르기 전에, 늦기 전에 주님의 음성을 듣고 나아 오기 원합니다. 손양원 목사님이나 문준경 전도사님도 때가 이르기 전에 어서 예수 믿으라고, 예수님 권세가 최고의 권세라고 부르짖었을 것입니다. 지위가 있고 학력이 있고 돈이 있다고 교만한 저에게 의자에서 목이 부러져 죽은 엘리의 비참한 마지막 인생을 보여 주셨습니다. 이렇게 살지 말라고, 엘리처럼 살지 말라고 보여 주신 것을 압니다.

    주님, 문준경 전도사님과 손양원 목사님이 그렇게 순교를 하셨지만 영광스러운 그분들의 인생을 통해 그 후손들이 달라지고 혜택을 받고 있는 것을 보았습니다. 그 누가 자식이 죽었는데 감사를 할 수 있겠습니까? 문 전도사님과 손 목사님을 통해 내 자식, 남의 자식을 차별하지 않는 천국 가치관이 어떤 것이라는 것을 다시 보여 주시니 감사합니다.

하나님 없는 모든 부귀영화 권세가 아무 소용이 없는 것을 알고 예수님을 진정으로 믿기 원합니다. 때가 이르기 전에, 늦기 전에 주님을 알고 받아들이고 순종할 수 있도록 주님의 초청을 받아들이게 해 주시옵소서. 우리의 인생이 완전히 달라져서 천국을 누리는 삶이 무엇인가를 보여 줄 수 있도록 역사하여 주시옵소서. 예수님의 이름으로 기도합니다. 아멘.

chapter 10

다곤이 엎드러지고 부서져도
우연이라 치부하며
내 안의 우상을 다시 세우는
우리의 모습을 보게 하시고,
여호와의 손이 심판하시기 전에
구원의 손으로 바꾸어 잡게 하옵소서.

우상을 치는 여호와의 손

사무엘상 5장 1-12절

'엄마 손은 약손'이라는 말처럼, 실제로 아픈 곳을 쓰다듬어 주는 것이 치료 효과가 있다고 들었습니다. 저도 엄마 손이 약손이라고 아이들이 아플 때 만져 주곤 했는데 아이들도 기억을 하는지 모르겠습니다.

그렇다면 하나님의 손은 어떤 손일까요. 본문 말씀을 보면 '여호와의 손'은 우상과 우상 섬기는 자를 치시는 손입니다. 그러나 여호와의 손은 구원받을 자에게는 구원의 손입니다.

여호와의 손은
우상을 치신다

^{1}블레셋 사람들이 하나님의 궤를 빼앗아 가지고 에벤에셀에서부터 아

스돗에 이르니라 ²블레셋 사람들이 하나님의 궤를 가지고 다곤의 신전에 들어가서 다곤 곁에 두었더니 ³아스돗 사람들이 이튿날 일찍이 일어나 본즉 다곤이 여호와의 궤 앞에서 엎드러져 그 얼굴이 땅에 닿았는지라 그들이 다곤을 일으켜 다시 그 자리에 세웠더니 ⁴그 이튿날 아침에 그들이 일찍이 일어나 본즉 다곤이 여호와의 궤 앞에서 또다시 엎드러져 얼굴이 땅에 닿았고 그 머리와 두 손목은 끊어져 문지방에 있고 다곤의 몸뚱이만 남았더라 ⁵그러므로 다곤의 제사장들이나 다곤의 신전에 들어가는 자는 오늘까지 아스돗에 있는 다곤의 문지방을 밟지 아니하더라 (삼상 5:1-5)

언약궤를 빼앗긴 것은 이스라엘에게는 하나님의 영광이 떠나는 사건이었습니다. 그리고 빼앗아 간 블레셋 편에도 재앙이었습니다.

다곤은 반인반어(半人半魚)의 신상으로 블레셋의 국가적 우상입니다. 블레셋 사람들은 전쟁에서 이기고 여호와의 궤를 빼앗아 다곤 신상 옆에 두었습니다. 언젠가 쓸모가 있으리라 생각해서 부수지 않은 것입니다. 그런데 다음 날 아침에 보니 다곤 신상이 엎드러져 땅에 처박혀 있는 겁니다. 그다음 날에는 엎어져 있을 뿐 아니라, 머리와 손목이 끊어져 몸뚱이만 남았습니다.

이것은 우연히 일어난 일이 아닙니다. 블레셋과의 전투에서 이스라엘 백성이 처음에는 4천 명이 죽고, 다음에는 3만 명이 죽었습니다. 블레셋 사람들이 죽었다는 기록은 없는데, 하나님께서는 대신 그들의 우상인 다곤을 쓰러뜨리시고 머리와 두 손목을 끊어 내십니다. 머리와 손이 잘리고 몸뚱이만 남은 것은 우상의 무능함을 보여 주는 것입니다. 아무 능력도 없는, 한심하기 짝이 없는 형상입니다. 무능하고 한심하기 짝이 없는 것이 바로 우상과 우상을 섬기는 자들의 특징입니다.

이스라엘은 대대로 블레셋의 공격에 맞서 왔습니다. 블레셋은 끊임없이 군사를 끌고 와 이스라엘을 공격해 왔습니다. 이처럼 사탄은 수없이 하나님을 믿는 우리를 공격해 옵니다.

블레셋 사람들이 엎어진 다곤을 다시 일으킨 것처럼, 넘어져도 자기 힘으로 일어나는 인간 승리는 하나님이 보시기에 악한 것입니다. 우리에게도 이러한 악이 있습니다. 하나님까지 우상화시키면서 무조건 복을 받으려고 다곤 곁에 언약궤를 세워 두고, 넘어져도 다시 세우고 또 세우고 하면서 하나님께 도전하는 것입니다. 성공과 쾌락의 다곤 우상을 만들어 놓고 그 옆에 성경을 모셔 두고 '비나이다 비나이다'를 부르짖는 것입니다.

이스라엘이 하나님을 우상처럼 섬기는 모습이 4장에 이어 5장에도 계속 나오고 있습니다. 하나님과 올바른 관계를 유지한다면 이스라엘은 언제나 적을 압도하고, 이기고 또 이길 것입니다. 그런데도 언약궤를 부적처럼 여기고 자신들의 생각과 힘만 의지했기 때문에 여지없이 패배하고 말았습니다. 이스라엘에 대항하는 블레셋의 힘이 문제가 아니라, 불순종한 이스라엘의 연약함이 문제인 것입니다.

하나님은 우상의 무가치함을 보여 주시고 오직 당신만이 참 하나님이심을 보여 주시기 위해 언약궤를 빼앗기게도 하시고, 다곤 신상을 부서뜨리기도 하십니다. 당신의 거룩한 이름이 이방인들에게 멸시당하는 것을 허락하지 않으십니다. 다곤 신이 여호와보다 더 뛰어나다는 생각을 그냥 놔두시지 않습니다. 블레셋이 여호와의 궤를 빼앗고도 언젠가 써먹기 위해서 부숴 버리지 않았다고 했습니다. 이스라엘의 신 여호와의 소문을 들어서 알기에, 필요할 때 써먹으려고 다곤 옆에 둔 것입니다. 하나님께 일종의 아첨을 한 것입니다.

크리스천이라고 하면서 교회는 다니지만 하나님을 믿지 않는 사람이 많습니다. 그들이 신앙을 버리지 않는 이유는 자기 유익을 구하기 위해서입니다. 그래도 교회에 다닌다고, 성경을 본다고 합리화하면서 블레셋 사람들이 했던 일을 동일하게 하고 있습니다.

우리 조상들이 살던 시대와 우리가 살고 있는 현대는 큰 차이가 있습니다. 조상들이 살던 시대에는 텔레비전이나 인터넷, 스마트폰과 싸울 필요가 없었습니다. 치열하게 싸워야 할 죄의 유혹들이 상대적으로 적었습니다. 지금 우리는 부모님 세대들이 받은 적 없는 교육을 받고, 첨단 기술을 사용하지만 그만큼 죄에 대해 더 많이 노출돼 있습니다. 죄의 영향력이 더욱 강력해졌습니다. 그렇기에 앞으로도 계속 패배할 확률이 높습니다. 믿는 자들은 이 세상 블레셋의 힘과 능력을 따라갈 수가 없는 것입니다.

성경에는 수없이 전쟁 이야기가 나오는데, 적이 강해서가 아니라 이스라엘 내부의 문제로 인해 전쟁이 일어납니다. 내 속에 해결되지 않는 죄 때문에 손발이 잘리는 일이 찾아옵니다. 직장에서 힘든 일이 찾아오고, 연애가 안 되는 일이 찾아옵니다. 그때 하나님을 찾아야 하는데, '우연이야', '다시 세우면 돼' 하고 생각합니다. 시간과 환경만 자꾸 바꾸려 하고 사람의 방법으로 해결하려고 합니다. 그래서 점점 재앙의 강도가 세지는 것입니다.

이제 하나님이 우상을 어떻게 타파해 오셨는지 역사를 자세히 살펴보려고 합니다.

마틴 로이드 존스 목사님이 1953년 '국제 장로교 신앙과 실천 회의'에서 하신 설교 중 일부입니다. 하나님은 우리가 하나님 옆에 둔 우상을 무기 삼아 계획하고 뜻을 세우는 것을 언제나 흩어 놓으셨음을 지적하고 있습니다.

> 19세기 말에는, 인간이 스스로의 지식과 진보와 진화와 발전의 결과로 바야흐로 낙원에 들어가기 직전에 놓여 있다는 확신과 낙관주의가 충만했습니다. 하나님을 다곤 옆의 선반으로 쫓아낸 것입니다. 그러나 어떤 일이 벌어졌습니까? 20세기로 접어든 지 얼마 지나지 않아 일이 잘못되기 시작했습니다.
> 1911년의 어느 날을 기억하고 있을 것입니다. 모로코에서 영국과 프랑스가 한편에 서고 독일이 다른 편에 서서 대치하고 있었기 때문에 전쟁이 일어날 가능성이 있는 듯 보였습니다. 그러나 우리는 '그런 일은 있을 수 없지! 20세기에 그 같은 일은 일어날 수 없는

거야'라고 말했습니다. 그리고 위기는 지나갔습니다. 다곤이 엎드러졌습니다. 그러나 우리는 다곤을 다시 일으켜 세우고는 계속 전진했습니다.

그 후 1912년의 어느 날, 아주 유명한 배가 대서양에서 침몰했다는 기사를 읽으며 전 세계가 경악한 적이 있습니다. 그 배는 특별한 배라고 알려져 있었으며 이름은 타이타닉이었습니다. 사람들은 그 배야말로 과학이 이룩한 최고의 위업이라고 칭송했습니다. 그 배는 침몰하지 않는 배라고들 했습니다. 인류는 너무나 진보하고 발전했기 때문에 그 어떤 것에 의해서도 침몰되지 않는 배를 만들어 낸 것입니다. 침몰하지 않는 배!

어느 주일 오후, 이 침몰하지 않는 배가 대서양을 횡단하고 있었습니다. 악단은 재즈 음악을 연주하고, 승객들은 항해를 즐기며 과학이 이룩한 최고의 위업을 축하했습니다. 그때 주변에 빙산이 있다는 보고가 들어오기 시작했습니다. 그러나 침몰하지 않는 배에게 한낱 빙산이 무슨 장애물이란 말입니까! 무시하고 비웃을 일이었습니다. 배는 증기를 뿜으며 계속 전진했습니다. 그런데 갑자기 끔찍한 '쿵' 소리가 들렸습니다. 배가 빙산에 충돌한 것입니다. 곧이어 끔찍한 인명 피해를 내며 배가 침몰했습니다.

우리의 세계도 다시 한 번 침몰했습니다. 다곤이 또 한 번 엎드러졌습니다. 우리는 "그래도 괜찮다. 사고는 언제라도 일어날 수 있는 것이다. 다곤을 다시 세워라. 계속 나아가서 낙원에 들어가자"

고 말했습니다. 그리고 전진했습니다.

1914년 7월, 문명화되고 계몽된 현대의 인류에게는 불가능하다고들 말했던 전쟁이 실제로 일어났습니다. 우리는 "괜찮다. 분명히 전쟁은 벌어졌지만 이것은 전쟁을 끝내기 위한 전쟁이다. 이것이 마지막 전쟁이다. 이 전쟁은 시민 시대, 완벽한 민주주의의 시대를 가져다 줄 것이다"라고 말했습니다. 마침내 전쟁은 끝났고 이제 드디어 정말로 삶을 즐길 수 있게 되었다는 말들이 들려왔습니다. 모든 것이 완벽해 보였습니다. 그러나 이러한 분위기도 오래가지는 못했습니다. 다곤은 여전히 엎드러져 있었던 것입니다. 파업과 산업 문제 등 난관이 다가왔습니다. 그때 우리 귀에 어떤 새로운 철학과 파시즘의 목소리 등이 들리기 시작했습니다. 그것들은 인류를 다시 정글로 몰아가는 것 같았습니다.

믿을 수 없는 일 같았지만 다곤은 여전히 엎드러져 있었습니다. 우리의 완벽한 세상, 우리의 낙원이 망가지고 있었습니다. 그러나 우리는 그것을 믿을 수 없었습니다. 계속해서 우리는 1930년대로 다가가고 있었으며 또 다른 전쟁 준비에 돌입했습니다.

그러나 사람들은 여전히 "전쟁은 일어날 수 없어, 그건 불가능해. 사반세기에 세계 전쟁이 두 번이나 일어날 수는 없어. 전쟁은 일어날 수 없어. 일어나지 않을 거야"라고 말했습니다. 그러나 그럼에도 불구하고 1939년 9월에 전쟁이 찾아왔습니다. 그러나 다시 우리는 말했습니다. "그래, 다곤은 엎드러졌지. 그러나 그건 다 한 사람 때문이야. 우리가 그를 몰아내기만 하면 정말로 완벽한 평화를 누릴 수 있을 거야." 결국 전쟁에서 승리했을 때 세계는 다시 한 번 약속된 낙원과 축복을 찾아 나섰습니다. 그리고 마침내 20세기가 왔습니다.

그러나 여러분은 1945년 8월도 지나지 않은 어느 날 아침, 침대에서 나와 신문을 들었을 때 원자폭탄이라는 것이 일본에 떨어졌다는 기사를 보았던 일을 기억하고 계실 것입니다. 전 세계가 다시 한 번 흔들리고 전율하기 시작했으며, 그때 이후로 세계는 계속 전율하고 있습니다! 평화는 결코 오지 않을 것 같습니다. 낙원에는 절대로 들어갈 수 없을 것 같습니다. 우리는 모든 것이 완벽하다고 생각했지만 다곤은 여전히 엎드러져 있었던 것입니다. 일은 잘못되어 갈 것입니다. 지금까지도 계속 그래 왔던 것입니다.

제 생각에는 이 모든 일들에 단 한 가지 설명만이 가능합니다. 다곤을 그 신전에서 엎드러뜨리신 그 하나님께서 우리의 삶을 뒤흔들고 계시다는 것입니다. "여호와께서 말씀하시되 악인에게는 평강이 없다 하셨느니라"(사 48:22). 그분은 우리를 간섭하십니다. 그분은 우리를 방해하십니다. 그분은 우리의 계획에 난입하십니다. 그분은 우리를 뒤흔드십니다. 그분은 우리로 하여금 당황케 하십니다. 하나님은 다곤이나 다른 어떤 신과도 나란히 놓이시는 분이 아닙니다. 그분은 홀로 모든 자리를 차지하기를 원하십니다. 다곤을 엎드러지게 하시고, 손목과 발을 다 자르십니다.

파시즘의 신이나 나치즘의 신, 또는 공산주의나 다른 어떤 정치적인 신조를 신으로 삼을지라도 하나님께서는 분명히 그것들을 파괴하실 것입니다. 여러분의 조국이나 조국에 대한 사랑, 아니면 여러분의 종족이나 국가를 여러분의 신으로 삼는다면 그 신도 똑같은 운명을 맞이하게 될 것입니다. 여러분이 삶 가운데서 아내를 여러분의 신으로 삼아 하나님 옆에 두었다면, 무언가 잘못된 일이 일어나도 놀라지 마십시오. 남편을, 자녀를, 지식을, 여러분의 인생에 있어 그 어떤 것이라도 여러분의 신으로 삼아 하나님 옆에 둔다면 하나님께서는 그것을 파괴하실 것입니다.

다음은 우리들교회 큐티 나눔에 올라온 글입니다.

바울이 유대교를 지나치게 믿어 하나님의 교회를 핍박했던 죄를 고백하는 모습에서 주님이 저의 죄패를 공개하라 하십니다. 저는 한국기독학생회총연맹 대전 충남지부장이었습니다. 중·고교 시절 교회를 다녔지만 하나님을 인격적으로 만난 것은 아니었기에, 대학 시절 한국의 폭압적인 정치 상황과 사회적 불평등의 문제를 접하면서 저는 해방신학에 빠져들었고, 그에 지나치게 열심을 내어 결국은 마르크시즘과 무신론의 길로 접어들었습니다.
표면적으로는 기독학생회에서 일을 했지만 사실 하나님의 일을 한 것이 아니라 학생운동의 하부 단위 조직으로서 기독학생회 일을 했습니다. 그러니 '꼴통 보수 기독교인들'에 대해 얼마나 정죄하고 그 위선에 대해 치를 떨며 경멸했겠습니까? 그러면서 '교회가 하지 않는 가난한 사람과 함께하는 것이 바로 우리'라고 하늘을 찌르는 교만으로 얼마나 많은 기독 후배들을 신앙에서 떨어지게 했는지…. 의식하지도 못한 채 얼마나 하나님을 대적해 왔는지…. 그런 저를 태로부터 택정하시고 은혜로 부르셔서 지금 우리들 공동체에 있게 하셨습니다.

회심하고 나서 '주께서 나 같은 것을 왜 부르셨을까? 왜 그리도 강권적으로 역사하셔서 하나님이 살아 계심을 보여 주셨을까, 나 같은 것을 왜?' 하는 의문이 늘 있었습니다. 오늘은 저의 죄패를 오픈하고, 제가 전에 멸하려던 그 믿음을 지금 전한다 함을 지체들이 듣고 저로 말미암아 하나님께 영광을 돌리라고 하십니다(갈 1:23-24). 희망이 진보에 있는 것이 아니라 희망은 오직 예수 그리스도에게 있음을 증거하라 하십니다.

예전에 함께 운동을 했던 지인들에게 예수 그리스도의 복음을 전하겠습니다.

마르크시즘과 무신론도 우상입니다. 하지만 최고의 우상은 궁극적으로 자기 자신입니다. 하나님보다 높아지려는 인간의 야망이 자신의 형상을 만들어서 그 앞에 절을 하는 것입니다.

●●●●●●
무조건 복을 받으려고 다시 세우고 또 세우는 우상은 무엇입니까. 내가 해결할 수 없는 시련을 우연이나 필연이라고 타협하며 내 힘으로 해결하려고 하지는 않습니까.

여호와의 손은
우상을 섬긴 사람을 치신다

[6]여호와의 손이 아스돗 사람에게 엄중히 더하사 독한 종기의 재앙으로 아스돗과 그 지역을 쳐서 망하게 하니 [7]아스돗 사람들이 이를 보고 이르되 이스라엘 신의 궤를 우리와 함께 있지 못하게 할지라 그의 손이 우리와 우리 신 다곤을 친다 하고 [8]이에 사람을 보내어 블레셋 사람들의 모든 방백을 모으고 이르되 우리가 이스라엘 신의 궤를 어찌하랴 하니 그들이 대답하되 이스라엘 신의 궤를 가드로 옮겨 가라 하므로 이스라엘 신의 궤를 옮겨 갔더니 [9]그것을 옮겨 간 후에 여호와의 손이 심히 큰 환난을 그 성읍에 더하사 성읍 사람들의 작은 자와 큰 자를 다 쳐서 독한 종기가 나게 하신지라 [10]이에 그들이 하나님의 궤를 에그론으로 보내니라 하나님의 궤가 에그론에 이른즉 에그론 사람이 부르짖어 이르되 그들이 이스라엘 신의 궤를 우리에게로 가져다가 우리와 우리 백성을 죽이려 한다 하고 [11]이에 사람을 보내어 블레셋 모든 방백을 모으고 이르되 이스라엘 신의 궤를 보내어 그 있던 곳으로 돌아가게 하고 우리와 우리 백성이 죽임 당함을 면하게 하자 하니 이는 온 성읍이 사망의 환난을 당함이라 거기서 하나님의 손이 엄중

하시므로 ¹² 죽지 아니한 사람들은 독한 종기로 치심을 당해 성읍의 부르짖음이 하늘에 사무쳤더라 (삼상 5:6-12)

하나님은 우상을 심판하신 다음 블레셋을 심판하십니다. 독한 종기의 재앙을 내리셔서 심판을 선포하십니다. 여호와의 궤 때문에 아스돗에 독한 종기 재앙이 그 지역을 쳐서 망하게 하였습니다. 그제야 아스돗 사람들은 모든 것이 법궤 때문이라는 것을 깨닫게 됩니다. 그리고 아스돗 사람들이 궤를 가드에 보냈는데 그곳에 큰 환난이 임했습니다. 가드 사람이 궤를 에그론에 보내려고 하자 에그론 사람은 그들이 우리를 죽이려 한다고 부르짖었습니다.

독한 종기 재앙은 흑사병으로 아주 무서운 병입니다. 다곤의 머리와 손발이 잘린 것, 큰 종기는 하나님밖에 내리실 수 없는 재앙입니다. 그런데 이 정도로 재앙을 당하고 있는데도 회개를 하지 않는 블레셋을 보면, 내가 회개하고 하나님을 믿게 된 것은 기적 중의 기적입니다. 이러한 징조를 하나님이 내리신다는 것을 깨닫고 회개하고 돌이키면 재앙이 깨끗이 끝날 텐데, 이런 기회를 놓치고 맙니다. 그리고 무서운 재앙이 계속됩니다. 도저히 견딜 수가 없는 것입니다. 그래서 블레셋 사람들은 이스라엘 신의 궤를 있던 곳으로 돌려보내자고 합니다.

블레셋 족속이 이긴 것은 죄악으로 타락한 이스라엘 백성이지, 이스라엘의 여호와 하나님을 이긴 것은 아닙니다. 블레셋은 이스라엘을 징계하기 위한 하나님의 도구일 뿐임을 알아야 합니다. 블레셋은 죄 때문에 부르짖는 것이 아니라, 죄에 대한 재앙 때문에 부르짖었습니다. 이것이 블레셋의 특징, 곧 택하지 않은 자의 모습입니다.

　법궤 때문에 엘리 가정이 망하고 블레셋이 환난을 겪었습니다. 반대로 법궤 때문에 사무엘은 잘되고 다윗은 복을 받았습니다. 법궤가 축복과 저주를 갈라 놓습니다. 한쪽에서는 구원의 손이고, 다른 한쪽에서는 심판의 손입니다.

● ● ● ● ● ●

독한 종기의 재앙, 견디기 힘든 고통을 만났습니까. 그 고통 속에서 회개하고 돌이키기보다 하나님을 탓하고 교회를 탓하며 다른 신으로 옮기고 교회를 옮기겠다고 합니까. 내 죄와 욕심을 회개함으로 구원의 손을 붙들고 있습니까.

　어느 집사님의 다곤이 무너졌습니다. 임원까지 승진한 회사에서 해고 통보를 받은 것입니다.

　　29년 2개월 다닌 직장에서 '그만 나오라'는 통보를 받았습니다. 이미 예상하고 각오하긴 했지만, 막상 닥치고 보니 섭섭하고 외로웠습니다. 고비마다 고난학교에 입학시키시려던 하나님께서 아직 감당치 못할 저의 실상을 보시고, 계속 연기시켜 주시다가 이젠 더이상 기다리실 수가 없었나 봅니다. 그동안 사람이 만든 회사 직급이 마치 천국에 오르는 계단이나 되는 줄 알고 승진과 돈이 인생의 전부인 양 종으로 살았음을 인정합니다. 주님이 주시는 환경이 아니면 언제 버림받음을 경험해 볼까, 말씀을 묵상하며 저의 한계와 무능력 그리고 초라한 존재임을 깨닫습니다. 주변에 유력한 자가 없었던 것도, 그동안 달려온 삶도 하나님 앞에서 헛되지 않았던 것이라고 말씀해 주시니 위로와 감사가 넘칩니다. 그간 고난당한 분들 덕으로 살았던 제가 이젠 그리스도로 부요한 자가 되어 가난한 자들을 기억하며 힘쓰겠습니다. 고난학교 입학 허가증을 받고 보니 가슴이 벅차고 감사합니다. 할렐루야!

다곤을 섬기는 이방 땅의 그들 가운데서 끝없이 안 바뀌는 자신의 죄를 보면서 가는 것이 주의 손에 나의 손을 포개고 가는 것입니다.

이 땅을 살면서 우리가 할 일은 애통하고 울면서 가는 것밖에 없습니다. 그래서 하나님을 더 바라볼 수밖에 없습니다.

여러 사람을 죽음으로 모는 독한 종기 가운데서 이제는 '주의 손에 나의 손을 포개고 주의 발에 나의 발을 포개어 주와 함께 죽고 주와 함께 살기로' 결단하십시오. 마스코트처럼 주를 내 옆에 모시는 것이 아니라 무너져만 가는 이 상황에서 하나님을 내 인생의 주인으로 모시라는 것입니다. 이제 다른 변명을 하지 말라는 겁니다. 그래서 피할 수 없는 심판의 손이 구원의 손으로 바뀌길 바랍니다.

우리들 묵상과 적용

"엄마! 나 붙었어!"

환자를 진료하다 받은 전화기 너머로 예상치 못한 딸의 외침을 듣고 속으로 '할렐루야'를 외쳤습니다. 미대 입시를 치른 딸은 실기는 나름 성실하게 준비했는데 수능 성적이 안 나와 '가', '나' 군의 대학들은 다 떨어지고 대기 번호를 받은 상태였기에 '다' 군 대학도 떨어질 것을 예상하고 친구와 재수 계획을 짠다고 하던 참이었습니다.

'붙으면 회개하고, 떨어지면 감사하라'는 목사님의 말씀을 들으며 '붙든지 떨어지든지 주님의 뜻대로 이루어 주소서' 하고 기도했습니다. 하지만 딸이 "대학 가면 엄마랑 같이 교회 나가겠다"고 약속했기에, 딸이 대학에 합격해서 예배가 회복되어 주님 만나게 해 달라고 공동체에도 기도를 부탁하고 결과를 기다리던 중이었습니다. 그러다 듣게 된 합격 소식이었기에 "하나님이 하셨다"는 고백이 절로 나왔습니다.

아들이 중학교에 들어가 중간고사 성적이 평균 10점 떨어지고 반항할 때 저는 하나님이 저의 우상인 공부의 신을 치시는데도 그저 우연일 거라고 생각했습니다. 그래서 아들이 청소년부 예배를 통해 마음을 잡고 공부 잘하게 되기를 바라는 마음으로 우리들교회에 왔습니다.

머리 좋은 아들이 공부를 안 하는 것이 하나님을 찾으라고 온 일인데, 남편은 아이에게 모욕적인 말로 야단치고 저는 그런 남편과 싸우고 아이를 잡았습니다. 아들은 성적표를 제 눈앞에서 불태워 버리고, 제 주민번호를 도용해서 칼을 수집하고, 육탄전도 불사하며 반항하니 저는 하나님 앞에 나아가 통곡할 수밖에 없었습니다.

날마다 아이가 맘 잡고 공부 잘해 주기를 기도하며 우상의 무가치함을 깨닫지 못하고 다곤 옆에 여호와의 궤를 모셔 두었기에 점점 더 당황할 일만 생기고 몸뚱이만 남게 되었습니다. 세상 성공을 이루고자 하는 저의 욕심과 남편을 무시하고 불순종한 나의 죄를 깨닫고 회개하니 잠시 가정이 화평해진 듯했지만 주님을 만나 새로이 예배 중심의 삶을 살려 하니 집안 식구가 원수가 되었습니다.

언약궤가 옆에 있는데도 언약궤 때문에 재앙이 따라온다고 하며, 독한 종기가 왔는데도 회개하지 않은 남편은 강남의 엄마들이 어떻게 아이들 교육을 시키는지 신문을 스크랩하여 제게 보여 주면서 저도 그렇게 열성적으로 하기를 원했고, 아이들이 공부할 시기에 손 놓고 있다고 저를 못마땅해했습니다.

내 가족밖에 모르고, 이기적이며, 교만하여 내 능력으로 못할 것이 없다고 생각하고, 겸손한 척하면서 은근히 자랑을 일삼고, 하나님을 무시하고, 절대로 남을 위해 기도할 수도 없고 목장을 섬길 수도 없는 인생인데 식구들이 그런 저를 위해 지난 몇 년간 수고했다는 것이 인정됩니다.

매사에 의욕을 잃고 공부 안 하는 아이를 억지로 공부시킬 수도 없는 노릇이었기에, 저는 침묵하며 예배드리고, 목장에서 나누고, 날마다 말씀 붙들고 주님 앞에 나아가는 것밖에는 할 수 있는 일이 없었습니다. 아이들이나 남편의 문제를 볼 때마다 내 죄가 보이니 생색과 비난이 줄고 낮아질 수밖에 없었습니다.

예배드리고 목장을 섬기며 온 것밖에는 없는데 딸을 대학에 들어가게 하심으로 하나님께서 남편 앞에서 내 머리를 들어 주셨고 딸이 예배에 올 수 있는 길을 열어 주셨습니다. 제일 큰 우상이 나였기에 하나님께서 나의 계획을 다 흔들어 놓으시고 우상을 섬긴 나를 치셔서 회개하고 나오게 하셨습니다. 우리 가족을 위해 주의 손에 나의 손을 포개고 심판의 손을 구원의 손이 되게 해 달라고 기도하게 하신 하나님을 사랑합니다.

말씀으로 기도하기

여호와의 손은 구원의 손이고 또한 심판의 손입니다. 하나님만을 믿고 섬기는 자에게는 구원의 손이고, 하나님을 모르고 우상을 섬기는 자들에게는 심판의 손입니다.

여호와의 손은 우상을 치십니다. (삼상 5:1-5)

전리품으로 언약궤를 빼앗아 온 블레셋 사람들은 여호와의 궤를 자신들의 우상인 다곤 옆에 둡니다. 그로 인해 다곤이 엎드러지고 머리와 두 손목이 끊어져 몸뚱이만 남은 무능한 형상이 되었습니다. 세상의 모든 우상은 몸뚱이만 남은 다곤처럼 무능하고 헛된 것임을 깨닫기 원합니다. 하나님께서 이제라도 돌이키라고 넘어지는 사건을 주십니다. 다곤이 넘어져도 다시 세우는 블레셋 사람들처럼 내 노력으로 다시 일어서려는 헛된 수고를 버리게 하옵소서. 넘어짐에 순종하고 내 죄를 인정하며 하나님 앞으로 손들고 나아가게 하옵소서.

여호와의 손은 우상을 섬긴 사람을 치십니다. (삼상 5:6-12)

하나님께서 법궤를 탈취하고 함부로 취급한 블레셋 사람들을 독한 종기와 재앙으로 심판하십니다. 블레셋은 환난을 당하면서도 하나님의 전지전능하심을 인정하지 못하고 언약궤만 치우려고 합니다. 언약궤 자체 때문에 죽고 사는 것이 아니라, 내가 회개하는가 안 하는가가 구원과 심판의 갈림길이 됩니다. 내가 하나님보다 섬기고 사랑하는 모든 우상들을 버리게 하시고, 회개하라고 주신 심판을 잘 감당하며 심판의 손을 구원의 손으로 바꿀 수 있도록 기도합니다.

기도

    하나님 아버지, 여호와의 신이 블레셋을 심판하는 가운데 그들은 하나님을 다곤 옆 선반 위에 모셔놓고, 무너지고 무너져도 '내 힘으로 살리라'를 부르짖으면서 절대로 회개하지 않는 것을 보았습니다. 어찌 블레셋만 그랬겠습니까? 이 세상에서 가장 큰 우상은 제 자신인 것을 다시 보게 됩니다. 블레셋이 자기가 너무나 잘나서 끝까지 하나님을 믿지 못했던 것처럼 그렇게 우리는 나 자신을 사랑합니다. 내 우상이 너무 크고 대단해서 독종에도 회개하지 못하고, 안목의 정욕과 이생의 자랑을 끊어내지 못합니다.

    그러나 하나님은 끝까지 우리를 너무나 사랑하시기 때문에 그래도 돌아오라고, 다곤을 흔드시는 것처럼 계속 저를 흔들고 방해하시고 개입하십니다. 하나님께서 돌아오라고 주신 그 독한 종기가 너무나 무섭고 힘들지만 하나님의 허락하심이라고 합니다. 내 인생에 쓰디쓴 독종이 찾아온 것은 나를 외롭게 하시고 힘들게 하시고 그 외로움 가운데서 주님을 만나라고 허락하신 것입니다.

그 사랑을 깨달아서 이제 심판의 손을 구원의 손으로 바꾸어 잡기를 바랍니다. 말씀이 안 들리면 심판으로 끝날 수밖에 없는데 오늘 이 말씀이 들려 구원의 손으로 바꾸어 잡기를 원합니다.

내 옆에 블레셋 같은 남편과 아내와 식구가 있어서 7전 8기를 부르짖으면서 '모든 것은 우연이야, 내 힘으로 모든 것을 할 수 있어'를 부르짖습니다. 주님, 여호와의 손이 심판하시기 전에 반드시 구원의 손으로 바꾸어 잡을 수 있도록 역사하여 주시옵소서. 내가 천 번의 애통을 이 땅에 뿌려 놓고 가서 내 옆의 모든 사람이 구원받고 돌아오는 길을 열 수 있도록 하시옵소서. 예수님의 이름으로 기도합니다. 아멘.

PART

4

비로소
말씀 앞에서

chapter 11

감당하기 어려운 상황에 있을 때
그 길이 곧 사명의 길임을 깨닫고
좌우로 치우치지 않고
순종할 수 있게 하옵소서.

사명받은 암소처럼

사무엘상 6장 1-14절

언약궤를 운반해 가는 데 암소가 쓰임을 받습니다. 감당할 수 없는 상황이라도 하나님이 이끄시면 어떤 피조물이라도 쓰임받을 수 있습니다.

사명을 감당하려면
선택을 받아야 한다

여호와의 궤가 블레셋 사람들의 지방에 있은 지 일곱 달이라 (삼상 6:1)

블레셋이 이스라엘과의 전쟁에서 이기고, 최고의 전리품인 여호와의 궤를 탈취해서 그들의 우상인 다곤에게 바쳤습니다. 그러나 다곤은 엎드러지고 법궤가 이르는 곳마다 독한 종기가 퍼져서 많은 사람이 죽어 갔습니다. 사람이 하나님께 스스로 반역할 수 있지만 그로 인해 임하게 되는 심판 앞에서는 전적으로 무능할 뿐입니다. 그러므로 하나님의 긍휼하심이 아니면 어떤 사람도 심판으로부터 피할 수가 없습니다.

그런데 그 무서운 심판을 당하면서도 여호와의 궤가 일곱 달이나 블레셋에 머물러 있다고 합니다. 일곱은 완전수입니다. 망하고, 망하고, 또 망해도 뭔가를 행동으로 옮기는 데는 시간이 걸립니다.

> [2]블레셋 사람들이 제사장들과 복술자들을 불러서 이르되 우리가 여호와의 궤를 어떻게 할까 그것을 어떻게 그 있던 곳으로 보낼 것인지 우리에게 가르치라 [3]그들이 이르되 이스라엘 신의 궤를 보내려거든 거저 보내지 말고 그에게 속건제를 드려야 할지니라 그리하면 병도 낫고 그의 손을 너희에게서 옮기지 아니하는 이유도 알리라 하니 [4]그들이 이르되 무엇으로 그에게 드릴 속건제를 삼을까 하니 이르되 블레셋 사람의 방백의 수효대로 금 독종 다섯과 금 쥐 다섯 마리라야 하리니 너희와 너희 통치자에게 내린 재앙이 같음이니라 [5]그러므로 너희는 너희의 독한 종기의 형상과 땅을 해롭게 하는 쥐의 형상을 만들어 이스라엘 신께 영광을 돌리라 그가 혹 그의 손을 너희와 너희의 신들과 너희 땅에서 가볍게 하실까 하노라 (삼상 6:2-5)

여호와의 궤는 이제 함부로 버릴 수도, 가질 수도 없는 '뜨거운 감자'

가 되었습니다. 그래서 궤를 어떻게 할까 고민하고 있습니다. 블레셋 사람들이 스스로 궤를 탈취해 왔지만 재앙이 오니까 스스로 처리할 방법이 없습니다. 심판이 왔을 때 어떻게 해야 할지 속수무책입니다.

그리하여 블레셋의 제사장들과 복술자를 불러 처방을 물어봅니다. 소위 점쟁이들이 여호와의 궤에 대해서 처방을 내리는데, 그들도 여호와의 궤가 무서웠는지 이스라엘에 대해 공부를 한 것 같습니다. 재미있게도 이스라엘의 제사법인 속건제를 드리라고 처방합니다.

속건제는 죄 값을 치르기 위해 보상으로 드리는 제사입니다. 당시 쥐로 인한 독종이 창궐하니까 금 독종 다섯과 금 쥐 다섯을 만들어 죄를 보상하는 속건제물로 삼으라고 합니다. 그것을 궤와 함께 실어서 이스라엘로 돌려보내라고 처방했습니다.

> [6] 애굽인과 바로가 그들의 마음을 완악하게 한 것같이 어찌하여 너희가 너희의 마음을 완악하게 하겠느냐 그가 그들 중에서 재앙을 내린 후에 그들이 백성을 가게 하므로 백성이 떠나지 아니하였느냐 [7] 그러므로 새 수레를 하나 만들고 멍에를 메어 보지 아니한 젖 나는 소 두 마리를 끌어다가 소에 수레를 메우고 그 송아지들은 떼어 집으로 돌려보내고 [8] 여호와의 궤를 가져다가 수레에 싣고 속건제로 드릴 금으로 만든 물건들은 상자에 담아 궤 곁에 두고 그것을 보내어 가게 하고 [9] 보고 있다가 만일 궤가 그 본 지역 길로 올라가서 벧세메스로 가면 이 큰 재앙은 그가 우리에게 내린 것이요 그렇지 아니하면 우리를 친 것

이 그의 손이 아니요 우연히 당한 것인 줄 알리라 하니라 (삼상 6:6-9)

블레셋의 점쟁이들이 이스라엘 제사법까지 공부해서 그럴듯한 처방을 내렸지만 이들의 목적은 자신들이 당한 심판이 하나님이 내리신 것인지 우연한 일인지를 시험하려는 것이었습니다.

하나님이 언약궤를 빼앗기게 하신 것은 이스라엘이 깨닫고 회개하라고 주신 사건입니다. 하나님 자체가 능력이시기에 언약궤가 어디에 있든지 공간에 제한을 받지 않으십니다. 그런데 이들은 전능하신 하나님을 알지 못하기 때문에 하나님이 내리신 심판을 기어이 우연한 사건으로 증명하려고 합니다. 그것도 잔인한 방법으로, 새끼를 낳아서 젖 나는 암소를 끌어다가 송아지는 떼어 내고 여호와의 궤를 끌고 가게 하는 것입니다.

블레셋 사람들은 처방을 받았지만 여호와의 궤가 무서워서 아무도 만지려고 하지 않습니다. 그래서 유다의 제사장들이 있는 벧세메스까지 여호와의 궤를 가져갈 전령자로 암소를 택합니다. 사람이 두려워하니까 암소가 사명을 감당하게 됐습니다. 말씀이 희귀하니 인재도 희귀해서 암소가 사명을 감당하는 슬픈 시대인 것입니다.

언약궤를 싣고 간 수레는 새 수레로, 한 번도 세속적인 목적을 위해 쓰인 적이 없는 것입니다. 또 멍에를 메어 보지 않은 젖 나는 소는 세속적인 일에 사용되지 않은 짐승입니다. 그리고 이 조건에 따라 두 마리 암소가 선택을 받습니다.

수많은 소와 사람들 중에서 이 암소 두 마리가 선택을 받았습니다. 암소가 자원한 것이 아니라 끌려와서 부름을 받았습니다. 그래서 사명은 자원함이 아니라 부르심이 먼저입니다. 나에게 믿음이 있어서, 내가 자원해서 하나님을 믿고 헌신하는 것 같지만, 우리도 다 이 암소들처럼 하나님께서 부르셨기에 끌려와서 믿고 헌신하는 것입니다.

두 마리의 암소는 새끼를 낳자마자 잔인하게 생이별을 하고, 하나님의 법궤를 이스라엘 땅 벧세메스로 옮겨야 하는 사명이 주어졌습니다. 암소가 잘나서 이 일을 맡게 되었습니까? 똑똑한 사람들, 힘센 소들 다 제치고 이제 막 새끼를 낳은 불쌍하고 처절한 상황에 있는 어미 암소가 선택을 받았습니다. 암소가 훌륭해서가 아니라, 강권적인 부르심과 이 끌림에 의해서 사명을 감당하게 됐습니다.

인간적으로 보면 이 암소들은 새끼에게 젖을 먹여야 하니 일을 하거나 먼 길을 갈 수 있는 상황이 아닙니다. 그럼에도 하나님이 부르시면 거역할 자가 없습니다. 암소의 힘으로, 암소의 능력으로 가는 것이 아니라 전적인 이끄심에 의해서 가는 것입니다.

이들은 이스라엘을 회복시키기 위해 사명으로 선택된 암소입니다. 빼앗긴 하나님의 언약궤를 이스라엘로 옮기는 대단한 사명을 받은 소들입니다.

우리도 블레셋에게 암소 같은 대접을 받을 수 있습니다. 비열하고 잔인하게 이용만 당할 수도 있습니다. 그러나 그 일로 인해서 하나님의 주권과 사명을 깨닫게 된다면 억울하고 아픈 일이 아니라 영광스러운 대접입니다. 지금 어떤 핍박 속에 있어도 내가 핍박받는 이 일을 통해서 구속사가 이루어지는 것입니다.

하나님의 형상인 나를 통해서 이루시지 못할 일이 무엇이겠습니까? 무엇보다 내가 하나님이 택한 백성임을 인식하는 것이 중요합니다. 세상이 나를 선택하고 사용한 것이 아니라, 하나님이 나를 택하시고 부르셨습니다. 세상이 나를 몰고 가서 지금 이 상황에 처한 것이 아닙니다. 하나님이 우리 한 사람, 한 사람을 지명하고 부르셨습니다. 잘났건 못났건 자랑할 것이 하나도 없는 선택으로 우리가 이 자리에 있는 것입니다.

17세기 영국의 월터 마샬(Walter Marshall) 목사님은 자신이 섬기던 교회의 성도가 신자답지 못한 것 때문에 자살을 시도하기도 했습니다. 그러나 갈라디아서를 읽고, 구원의 근거가 나의 결단과 의지에 있는 것이 아니라 예수 그리스도의 죽으심이라는 것을 깨닫고 《성화의 신비》라는 책을 남겼습니다.

선택받은 자는 누구나 다 고귀합니다. 그러나 그것을 완전히 인식하고 성화를 이루기까지는 평생이 걸립니다. 우리는 하나님께서 각자의 모습과 각자의 개성으로 택하신 대단한 존재입니다. 그리고 전적인 하나님의 선택에는 그 목적을 이루기 위한 사명이 주어집니다. 지금 힘든 자리에서 하나님의 선택을 깨달았다면, 이 자리가 하나님이 선택하신 곳이고 사명의 자리입니다.

●●●●●●
젖먹이 송아지를 억지로 떼어 놓는 것 같은 잔인하고 부당한 대우를 받고 있습니까.
감당할 수 없는 일, 감당하기 싫은 사람이 있습니까. 당장 때려치우고 싶은 지금 이
자리가 하나님께서 택하시고 부르신 사명의 자리임을 인정합니까. 내가 감당하려고
하지 않아도 하나님이 이끌어 가시는 것을 믿습니까.

사명자는 인정(人情)을
초월해야 한다

> 그 사람들이 그같이 하여 젖 나는 소 둘을 끌어다가 수레를 메우고 송
> 아지들은 집에 가두고 (삼상 6:10)

암소가 송아지들과 헤어져 사명의 길을 갑니다. 사명은 모성도, 인정
도 초월하는 것입니다. 블레셋이 참으로 본능을 거스르는 잔인한 일을
했습니다. 새끼에게 젖을 물리지 못한 암소의 울음소리를 들어 본 적이
있습니까? 너무나 처절합니다. 암소들이 이 잔인하고 처절한 일을 감수
하고, 새끼과 헤어져 사명의 길을 갑니다.

복음에는 자기부인이 따라야 합니다. 복음의 길은 나를 부인하고, 나
의 본성을 거스르는 길입니다. 그래서 암소들도 본능을 뿌리치고 하나
님의 목적에 따라 벧세메스로 갔습니다.

> [37] 아버지나 어머니를 나보다 더 사랑하는 자는 내게 합당하지 아니하

고 아들이나 딸을 나보다 더 사랑하는 자도 내게 합당하지 아니하며 [38] 또 자기 십자가를 지고 나를 따르지 않는 자도 내게 합당하지 아니하니라 (마 10:37-38)

이 말씀은 내 부모와 자녀를 등한시하라는 말이 아닙니다. 큰 자비를 위해서 작은 자비를 포기해야 할 때가 있다는 뜻입니다. 하나님을 사랑하는 것과 가족을 사랑하는 것은 결코 이원론이 될 수 없습니다. 하나님을 사랑하기에 가족도 더욱 사랑하게 됩니다. 하지만 주어진 사명을 감당하기 위해 모정과 인정을 초월해서 가야 할 때가 있는 것입니다.

그리스도 예수의 사람들은 육체와 함께 그 정욕과 탐심을 십자가에 못 박았습니다(갈 5:24). 이것이 바로 택한 백성의 현주소입니다. 정(情)과 육(肉)을 십자가에 못 박았기에 인정과 모정을 초월할 수 있습니다.

우리가 사명을 감당하는 데 가장 걸려 넘어지는 것이 자녀 문제입니다. 엘리도 40년간 대제사장 사역을 하면서 결국은 자녀 때문에 무너졌습니다. 내 분신인 자녀를 내려놓고 사명의 길을 간다는 것은 내 자신을 십자가에 못 박는 일입니다. 그 일이 잔인할 정도로 아프고 어려워도, 사명을 위해 자녀를 내려놓으면 하나님께서 당연히 내 자녀도 이끌어 주시고 책임져 주십니다. 자식 때문에 이것도 못 한다, 저것도 못 한다고 하지 마십시오. 나의 정욕과 탐심으로 자녀를 끌어안고 사는 것은 우상일 뿐입니다.

......

구원을 위해 내가 떼어 놓고 가야 할 것은 무엇(누구)입니까. 정 때문에, 체면 때문에, 인정과 욕심을 초월하지 못해서 전도도 안 하고 사명을 미루고 있습니까.

사명자는 바로 행하여
대로(大路)로 가야 한다

> [11] 여호와의 궤와 및 금 쥐와 그들의 독종의 형상을 담은 상자를 수레 위에 실으니 [12] 암소가 벧세메스 길로 바로 행하여 대로로 가며 갈 때에 울고 좌우로 치우치지 아니하였고 블레셋 방백들은 벧세메스 경계 선까지 따라가니라 (삼상 6:11-12)

'바로 행한다'는 것은 어그러진 길로 가지 않고 곧은 진리의 길을 간다는 뜻입니다. 진리의 길, 하나님의 말씀대로 가는 것이 사명의 길입니다. 주님의 멍에를 지고 가는 직분자들은 반드시 하나님의 말씀대로 살아야 합니다.

여호와의 궤와 금 독종 다섯과 금 쥐 다섯을 싣고 가려면 얼마나 무거웠겠습니까. 새끼를 낳자마자 부름을 받았으니 산후 조리도 못한 상태입니다. 몸과 마음이 다 약해서 한 걸음 내딛기도 어려운데, 말이 안 되는 사명의 길을 가라고 하시는 것 같습니다. 그럼에도 암소들이 바로 행하여 대로로 갔습니다. 타협하지 않았습니다. 있으면 먹고, 없으면 금식하고, 죽으면 천국 가자고 적용을 했습니다. 하나님의 법궤를 수레에

신고 갈 때 수많은 장애물이 있을 테지만 그럼에도 피하거나 다른 수를 쓰지 않고 대로로 갔습니다.

우리가 사명을 감당하려고 할 때 장애물들이 곳곳에 놓여 있습니다. 암소 같은 처지라면 '내가 지금 새끼 낳은 지 얼마나 됐다고, 나는 약해. 내 새끼를 내가 안 돌보면 누가 돌보겠어, 나는 못 가. 내가 어떻게 사명을 감당하겠어, 나는 못 해' 하는 생각이 바로 장애물입니다. 누가 나를 막아서가 아니라 숨고 싶고, 피하고 싶은 나의 변명과 합리화가 가장 큰 장애물입니다.

내가 도무지 주의 길을 갈 수 없는 형편과 환경에 있다 할지라도 그것을 주님이 보고 계십니다. 성경에 왜 암소 두 마리 이야기가 나오겠습니까. 성경에 언급되어 있다는 것은 내가 암소 같은 처지에 있어도 주님이 보고 계신다는 증거입니다. 어떤 이름으로든 성경에 언급되는 것이 최고의 상입니다.

예수님을 따르는 길이 좁은 길이지만 여기에서는 대로(大路)로 가는 것을 적용해야 합니다. 대로는 넓은 길이고, 누구라도 넓게 포용하고 받아들이는 것으로 적용할 수 있습니다. 사명을 이루기 위해 외로운 길을 가더라도, 내가 길을 넓게 닦아 놓아야 많은 사람이 그 길을 통해 하나님께로 인도되는 것입니다.

또한 대로로 간다는 것은 투명하게 사는 것입니다. 사명을 받은 사람은 모두에게 드러난 인생입니다. 특히 내 옆의 안 믿는 가족과 이웃들이 내가 어떻게 하나님을 믿는지, 내가 어떻게 사명을 감당하고 세상을 내려놓고 가는지 지켜보고 있습니다. 그러므로 일상생활에서 올바로 행하고 투명하게 사는 것을 보여 줘야 합니다.

사명자는
좌우로 치우치지 않아야 한다

벧세메스는 '태양의 집'이라는 뜻이고 제사장의 성읍으로 지정된 유다 지역의 마을입니다. 그 길을 암소들이 행하면서 좌우로 치우치지 않았다고 합니다.

치우치는 것은 빗나갔다는 것이고 떠나갔다는 뜻입니다. 그리고 치우치지 않았다는 것은 성경에서 절대적인 순종을 표현하는 말입니다. 지금 암소들의 형편이 치우칠 수밖에 없는 상황입니다. 낳은 지 얼마 안 된 새끼들을 생각하면 울며 뒤돌아보고 싶었을 것입니다. 그런데 언약궤를 운반하는 사명을 감당하며, 젖 나는 암소 두 마리가 좌로나 우로나 치우치지 않았다는 것입니다. 꾀를 내지도, 뒤돌아보지도 않았습니다. 잠깐 뒤만 돌아봐도, 둘 중 한 마리가 제자리걸음만 해도 언약궤가 굴러 떨어지는 상황에서 둘은 한마음이 되어 사명을 감당하고 있습니다.

하나님이 하시는 일은 암소 같은 사명자들이 한마음이 되어 가게 하시는 것입니다. 자식 일이라면 이판사판 무서울 게 없는 것이 바로 새끼 낳은 엄마입니다. 그럼에도 이 둘이 한마음이 되어서 좌우로 치우치지 않고 사명의 길을 가고 있습니다. 어떻게 그럴 수 있습니까.

목장에 처절한 사람들이 있으면 한마음이 되기 쉽습니다. 힘든 사람들은 서로 한마음이 되어 교회 일도 잘 감당합니다. 힘든 사람들은 단합이 잘됩니다. 육이 무너져 있으니까 영적인 이야기를 잘 알아듣습니다. 그런데 배부르고 편한 사람들이 모여 있으면 각자 다른 마음입니다. 자기 생각이 많아서 한마음이 되기도 어렵고 교회 일에도 불평불만이 많습니다.

우리가 중심을 잃고 좌나 우로 치우치는 이유는 십자가를 붙들지 못하기 때문입니다. 다른 복음은 없고 다만 사람들이 우리를 교란하여 복음을 변질시킨다고 했습니다(갈 1:7). 십자가를 옆에 두고도 성공 복음, 승진 복음을 좇으니까 서로 한마음이 못 되어 교란하고 각자 치우쳐 다른 길로 가는 것입니다.

좌우로 치우치는 사람은 목표 설정이 뚜렷하지 않고, 성경적인 가치관이 없고, 올바른 구원관, 역사관, 사명감이 없기 때문에 늘 자기 생각과 감정에 따라 요란하게 흔들립니다. 자기 마음대로 사람을 치켜세우고, 자기 마음대로 욕하고, 자기 마음대로 친절했다가 또 자기 마음에 안 맞으면 따돌리고 갈팡질팡 변덕이 죽 끓듯 합니다.

바른 복음은 십자가입니다. 십자가를 길로 놓고 가는 사람은 오직 구원 때문에 좌우로 치우치지 않는 삶을 살 수 있습니다.

• • • • • •
복음을 전하고자 하는 나의 사명에 가장 큰 걸림돌은 무엇입니까. 내 감정에 치우치고,

내 편리와 이익에 치우쳐서 변명하고 합리화하며 하나님의 사역을 훼방합니까. 대로로 행하는 투명한 삶과 치우치지 않는 삶을 위해서 날마다 큐티하며 말씀으로 중심을 잡고 있습니까.

사명은
눈물로 가는 길이다

한 번도 메어 보지 못한 멍에를 메고, 한 번도 가 보지 않은 낯선 길을 가고 있습니다. 인간의 길이 아니라 십자가의 길입니다. 눈물 없이는 갈 수 없는 길입니다.

암소들이 울며 가는 길을 블레셋 방백들은 벧세메스 경계선까지 따라가서 구경만 하고 있습니다. 사명도 싫고 공감도 안 되고, 단지 암소들이 어떻게 가는지, 언약궤가 어떻게 되는지 그것만 궁금해서 쳐다보고 있습니다.

암소는 본능적으로 새끼들을 생각하며 울었을 것입니다. 그렇게 본능에 이끌리면서도 강권하시는 하나님의 손에 이끌려 사명의 길을 갑니다.

예수님도 우리를 구원하시기 위해서 울며 통곡하며 가셨습니다(히 5:7). 사명의 길을 가면서 힘들고 외로워서 흘리는 눈물이 아닙니다. 하나님을 알아 갈수록 내 죄를 깨닫게 되니 내 죄 때문에 애통해서 울고, 그 죄를 다 사하시는 하나님의 은혜에 감격해서 울게 됩니다.

하나님이 우리의 눈에서 모든 눈물을 씻어 주실 것입니다(계 7:17). 하나님께서 씻어 주실 눈물이 있는 인생이 복받은 인생입니다. 눈물의 기도는 하나님이 들으시는 기도입니다.

· · · · · ·

지금 어떤 일로 울고 있습니까. 자기 연민과 억울함의 눈물이 아닌 회개와 감동의 눈물을 흘리며 하나님의 이끄심을 경험하고 있습니까.

사명은
거룩한 번제로 드려진다

> [13] 벧세메스 사람들이 골짜기에서 밀을 베다가 눈을 들어 궤를 보고 그 본 것을 기뻐하더니 [14] 수레가 벧세메스 사람 여호수아의 밭 큰 돌 있는 곳에 이르러 선지라 무리가 수레의 나무를 패고 그 암소들을 번제물로 여호와께 드리고 (삼상 6:13-14)

할 일을 마친 두 암소는 이름도 없이, 빛도 없이 하나님 앞에 번제물이 되었습니다. 암소들이 번제물로 드려지는 것은 단번에 제물로 바쳐진 예수님의 모형인 동시에 사명자에게 주어진 순교의 모습이기도 합니다.

제물로 드려진 것만이 순교가 아닙니다. 갓 태어난 새끼를 집에 떼어 놓고 바로 행하여 대로로 가며 좌우로 치우치지 않은 것이 이미 순교자적인 삶입니다. 일상생활에서 가족, 이웃의 구원을 위해 포기하고 희생하고 인내하는 것, 이것이 순교입니다.

그래서 말세의 순교는 '혈기 부리지 않는 것'입니다. 우리는 혈기 때문에 망합니다. 구원 때문에 잘 참고 기다렸는데 어쩌다 한 번 혈기를 부리면 그동안의 모든 수고가 헛된 것이 됩니다. 엄청난 사명을 감당하고 주의 일을 한다면서 운전하다 혈기를 부리고, 집에서 혈기를 부리면 차라리 '아니 간만 못한' 길이 됩니다.

암소들이 갈 때 수레를 이끈 사람도 없고 정지 명령을 내린 사람도 없는데, 이들이 여호와의 밭 큰 돌 있는 곳에 이르러 정확하게 섰습니다. 하나님의 이끄심을 받고 가는 사람들은 죽을 장소, 하나님께 드려질 장소로 갑니다. 내가 가는 길을 누가 가르쳐 준 적이 없는데도, 그날그날 말씀에 따라서 멈추고 나아가다 보니, 벧세메스에 이르러 서게 됩니다. 하나님께서 이끄시고 하나님께서 원하시는 자리에 서게 되는 것입니다.

번제물은 반드시 수컷이어야 했는데 여기서는 암소들이 번제로 드려졌습니다. 이 소들이 언약궤라는 성물(聖物)을 옮겨서 다시는 세속적인 목적으로 사용될 수 없기 때문입니다. 구원받은 성도들은 하나님의 주권하에 하나님의 인도로 살아가는, 하나님께 드려진 인생입니다. 다시는 세상의 목적으로 살아갈 수 없습니다.

이름도 없이 빛도 없이 사명을 감당하다가 생명까지 드린 암소들처럼, 성도들은 생명까지도 그리스도께서 요구하실 때 기꺼이 드리기를 즐겨 해야 합니다(행 20:24).

이것이 사명받은 암소들의 결론이고, 하나님을 믿는 우리의 결론입니다. 사명을 위해서라면 내 생명조차 조금도 귀한 것으로 여기지 않고 기꺼이 제물로 드리는 것입니다.

• • • • • •

내 삶의 매 순간, 매일을 하나님께 드리고 있습니까. '주 3일 교회에 가고 십일조 헌금을 드리니 이 정도면 많이 드리는 것'이라고 생색이 납니까. 나의 모든 것, 생명조차도 하나님의 것이기에 쓰임받는 것이 마땅하다고 고백합니까.

너무나 말씀이 안 들린다는 분이 있습니다. 아내의 인도로 신앙생활을 시작한 지 얼마 안 된 '초짜' 성도님입니다. 이분이 설교를 듣고 목장 예배에 참석해도 도무지 말씀이 들린다는 게 무슨 뜻인지도 모르겠고 나에게 주시는 음성으로 깨달아지지도 않는다고 합니다.

그러다 얼마 전 제가 설교 중에 이 성도님을 언급했더니, 그다음 날부터 큐티를 시작했다고 합니다. 정말 말씀을 듣고 싶어서 하루 종일 큐티를 했다고 합니다. 그러고는 겁도 없이, 완전 초짜가 홈페이지에 큐티 나눔을 올리기 시작했습니다.

이 성도님이 처음 홈페이지에 올린 큐티 나눔입니다.

"여호와의 말씀에 너희는 이제라도 금식하고 울며 애통하고 마음을 다하여 내게로 돌아오라 하셨나니 너희는 옷을 찢지 말고 마음을 찢고 너희 하나님 여호와께로 돌아올지어다 그는 은혜로우시며 자비로우시며 노하기를 더디 하시며 인애가 크시사 뜻을 돌이켜 재앙을 내리지 아니하시나니"(욜 2:12-13).

옷을 찢지 말고 마음을 찢어 돌아오라. 당장이라도 돌아오라. 돌아올 수 있을 때 돌아오라. 좋게 말할 때 돌아오라. 셋을 셀 때까지 돌아오라. 셋을 세서 안 돌아오면, 다섯을 더 센다.

주님께서 돌아오라고 하십니다. 또 목사님께서도 눈물로 호소하며 돌아오라고 하십니다.

그런데 저는 1년간 가수 박미경의 '돌아와 나에게 돌아와'라는 유행가를 부르며 다리를 흔들고 박자를 맞추는 일만 했습니다. 주님을 믿기로 작정했어도 친구들과 어울려 술판을 벌였습니다. 그런 제 모습을 볼 때면 이것이 불치병인가 할 때가 있습니다. 하지만 이제는 정말 돌아오기로 결심했습니다. 목사님의 표현대로 '제가 했나요? 성령께서 하셨지요.' 성령님이 저를 인도하셔서 마음을 찢고 진심으로 돌아오길 기도드립니다. 말씀에 대한 적용으로 오늘부터 오후 5시에 전화기를 꺼 놓고 술 약속을 차단하겠습니다.

이 성도님은 그 다음 날에도 나눔을 올리셨습니다.

1년 전, 제가 아내에게 "일주일에 교회 한 번 나가면 신자, 두 번 나가면 환자, 세 번 나가면 중환자"라고 막말을 퍼부어 댔습니다. 왜냐하면 일요일 점심을 차려 줘야 할 아내가 교회에 가서 심통이 났기 때문입니다. 이렇게 핀잔을 주던 제가, 지금은 중환자실에서 부름 받고 있습니다.

"누구든지 여호와의 이름을 부르는 자는 구원을 얻으리니 이는 나 여호와의 말대로 시온 산과 예루살렘에서 피할 자가 있을 것임이요 남은 자 중에 나 여호와의 부름을 받을 자가 있을 것임이니라"(욜 2:32).

오늘 말씀에 "얘야! 남은 자 중에 나 여호와의 부름을 받을 자가 있을 것이다. 내가 불러야만 올 수 있다. 잘 들어라" 하십니다. 지금 생각하니 말이 씨가 되어 일주일에 한 번은 주일예배, 두 번째는 목장예배, 세 번째는 수요예배였나 봅니다. 말씀에 대한 적용으로 오늘 수요예배에 참석하겠습니다.

신앙 연륜이 짧고 초짜이면 어떻습니까. 큐티를 하고 바로바로 생활에 적용을 하니 이것이 대단한 헌신이고 기적입니다.

초짜 성도님이 큐티를 하고 말씀이 들리기 시작하니 얼마 전에는 '오픈'을 했습니다. 사실 이 성도님이 겉으로 보기엔 완전무결한 남편입니다. 그동안 바람도 안 피우고 아내를 힘들게 한 일도 없다고 했습니다. 그런데 말씀이 들리면서 죄를 오픈하라고 하니까 이 성도님도 죄를 고

백했습니다.

저는 골프 투어를 핑계로 해외를 다니며 음란 업소에 가고, 접대를 핑계로 국내 룸살롱을 다니며 음란 행위를 했습니다. 그동안에는 이것이 바람피운 것이라고 생각하지 않았고 큰 죄로 여기지 않았습니다. 그러나 우리들교회를 다니고 큐티를 하면서 양심에 찔려서 오픈을 해야겠다는 생각이 들었습니다.

목사님께서 "오픈은 믿음의 분량대로 하는 것이고, 하나님 때문에 오픈하고 나면 하나님이 그 결과를 지켜 주신다"고 하셨습니다. 그러니 저도 '책임져 주시겠지' 하고 먼저 아내에게 오픈을 했습니다. 그런데 아내는 가정주부의 입에서 나올 수 있는 기본적인 욕이 아닌, 위험 수위가 열 배쯤 높은 욕을 두 시간 동안 쉴 새 없이 퍼부었습니다. 두 시간 욕을 먹고 잠잠한가 싶어서 얼굴을 드니 제 머리통을 한 대 후려 갈겼습니다. 오픈한 다음 날 출근도 못 하고 아내 눈치만 보다가 하루가 지났고, 잠은 강아지와 거실에서 잤습니다.

다음 날 목장에서 다시 오픈하고, 다시는 그런 짓을 안 하겠다고 하나님께 맹세한다고 무릎을 꿇고 용서를 빌었습니다. 그리고 다음 날 아침, 아내가 밥상을 차려 놓은 것을 보았습니다. (비록 동네 죽집에서 사온 죽이었지만…)

오픈한 지 무려 60시간이 지나서야 아내에게 드디어 밥을 얻어먹었습니다. 후딱 먹고 "고마워!" 하고 집을 나와 엘리베이터를 탔는데, 거울에 비친 제 얼굴을 보니 한심한 놈이라는 생각이 들었습니다.

어느덧 긴 오픈의 시련이 대충 수습이 되어 가고 있고 이젠 좀 당당할 수 있습니다. 교회에서는 '오픈한 분'이라는 신분 상승(?)과 함께 하나님께 감사드릴 수 있었습니다. 집사님들도 문자로 "벌 잘 받고 있느냐"고 안부를 물어 주십니다. 어제는 셔츠를 사서 아내에게 자랑했더니 "그것도 옷이라고 샀느냐"며 "꼭 바람둥이들이 좋아하는 스타일"이라고 비꼬아 댔습니다.

"내가 진실로 진실로 네게 이르노니 네가 젊어서는 스스로 띠 띠고 원하는 곳으로 다녔거니와 늙어서는 네 팔을 벌리리니 남이 네게 띠 띠우고 원하지 아니하는 곳으로 데려가리라"(요 21:18).

제가 선택과 사명을 받았네요. 원하지 아니하는 길로 띠 띠우고 가는 십자가를 받았습니다. 주님, 감사합니다. 담배도 줄이고 술도 끊었습니다. 이제 저를 어디로 인도하실 건가요. 불쌍한 제 아내가 저의 오픈 때문에 낙심하고 있습니다. 평강을 주소서.

이 성도님은 이 글을 홈페이지에 올리고 나서 왠지 후환이 두려워 금세 삭제를 했다고 합니다. 그런데 목자님에게 문자가 왔습니다.

"나눔 다시 올리세요. 그렇게 글 올리고 검증받고 회개하고 나아가는 겁니다."

목자님의 문자를 받고 초짜 성도님은 눈물이 쏟아졌다고 합니다. 아버지가 돌아가셨을 때도 눈물을 안 흘려 이상한 놈이라는 소리를 들었는데, 두 시간을 울었다고 했습니다.

신앙도 큐티도 초짜인 성도님이 하나님의 전적인 인도하심으로 끌려가고 있습니다. 이 성도님은 바로 얼마 전까지도 말씀이 도무지 안 들린다고, 성경을 읽으려고 해도 두 줄 읽고 세 줄 넘어가면 딴생각이 난다고 했습니다. 그런데 설교에서 한 번 지명당했더니 하나님이 부르신 것처럼 신기할 정도로 되어 간다고 합니다.

교회를 오래 다녀도 이러기가 어려운데, 하나님의 말씀에 눈물이 나고, 과거의 죄를 다 오픈하고, 목장에서 공개적으로 무릎을 꿇고 잘못을 빌었습니다. 남자들 자존심이 대단한데 이것이 쉬운 일이겠습니까. 부인 집사님이 말하길, 남편은 성실하고 해가 지면 들어오는 귀소 본능이 강한 사람이라서 바람을 피울 거라고는 전혀 생각도 못했다고 합니다. 많은 남자들이 유흥업소 다니는 것을 대수롭지 않게 여기는데, 또 이미 지나간 일인데, 그럼에도 오픈을 하고 눈물로 회개한 것은 하나님의 부르심이고 이끄심입니다. 강권적인 이끄심이 아니고서는 설명이 안 되는 일입니다.

교회를 오래 다니고 직분을 받았어도 하나님이 부르시고 이끄셔야 사명을 감당할 수 있습니다. 초짜 성도님처럼 신앙의 초보이고 자격과 공로가 없어도 하나님이 부르시고 이끄시면 사명의 길을 갈 수 있습니다.

젖 나는 암소 두 마리는 새끼를 떼어 놓고도 좌우로 치우치지 않고 올바로 행하며 사명의 길을 갔습니다. 설명할 길 없는 하나님의 선택입니다. 차별이 없으신 하나님의 선택입니다. 전적인 이끄심으로 이 길을 가자니 형편없는 나 자신이 보여 눈물이 나고, 그럼에도 택하신 은혜에 눈물이 납니다. 눈물로 갈 수밖에 없는 사명의 길입니다.

우리 모두가, 우리의 모든 가족이 강권적인 이끌림으로 선택받기를 기도합니다.

내 자녀, 내 가족을 너무 사랑해서 못 가는 길이 아니라 가족을 진정 사랑하기에 가야 하는 길입니다. 가족 구원을 위해 인정과 집착과 모든 것을 초월하고, 생명까지도 아낌없이 드릴 수 있는 은혜의 길이고 축복의 길입니다. 그 사명의 길이 지금 내 앞에 열려 있습니다.

우리들 묵상과 적용

간경화로 아버지가 돌아가신 뒤 인생이 허망해져서 아무 생각 없이 불신결혼을 했습니다. 남편에게 치사한 꼴 당하기 싫어서 '난 쿨한 사람'이라고 호언장담하며 내 돈 내가 벌어 내 맘대로 쓰겠다는 생각으로 직장에 나갔습니다.

그러나 한 달 동안 두 번에 이은 척추수술로 온몸이 만신창이가 되고 나니 그것이 얼마나 허황된 생각인지 알았고, 마침내 두 손 들고 주님 앞에 무릎을 꿇었습니다. 수술 후유증 때문에 같은 자세로 30분 이상 앉아 있지 말라던 의사의 처방도 잊은 채 맨 앞자리에서 3시간 동안 목사님의 말씀을 들으며 이 모든 환경과 상황이 내가 살아온 날의 결론임을 인정하면서 살아나게 되었습니다.

IMF 외환위기로 차비도 없어 쩔쩔매는 혹독한 상황에서도 우는 아이를 떼어 놓고 마을버스와 지하철을 번갈아 타며 말씀을 들으러 교회에 갔습니다. 그런데 예배당에 앉는 순간부터 눈물이 나더니 말씀을 듣고 마치는 기도를 하는 내내 멈추지 않았습니다. 이후 은혜의 시간에 흠뻑 취해 살았습니다. 하나님의 주권과 선택을 확신했기에 무거운 짐을 지고 가려 하니 죽을 것만 같았지만, 바로 행하며 대로로 가야 하기에 모든 빚을 청산하고 너무나 싫었던 친정살이를 결정하게 되었습니다.

말씀을 통해 적용이 무엇인지 조금씩 알아 가고 있을 때, 믿음 없는 남편의 구원을 위해 제가 할 수 있는 일은 남편이 그토록 바라던 둘째 아이를 낳는 것이었습니다. 건강이 좋지 않았지만, 오직 교회를 열심히 나오겠다는 남편을 살리기 위해 거룩한 번제로 드려지기로 작정하고 눈물로 가는 길인 십자가 적용을 했습니다.

그렇게 해서 태어난 둘째아이가 1년이 지났을 무렵 이유를 알 수 없는 열성 경련으로 죽어 갔습니다. 너무도 기막힌 현실 앞에서 목 놓아 울었더니 목사님께서 "믿지 않는 가족 앞에서 믿는 사람은 반대로 행동해야 한다"며 울음을 그치라고 호통을 치셨습니다. 그 순간 정신이 번쩍 들고 그날 들은 말씀이 생각나 '주신 이도 하나님이시고 취해 가실 이도 하나님'이시라는 믿음으로 담담할 수 있었습니다. 아이는 다음 날 기적처럼 깨어났고 담임목사님 댁에서 드려진 우리들교회 개척 준비예배 때 함께 가족찬양을 드리는 기쁨을 누릴 수 있었습니다.

간경화를 앓고 온 지도 10년이 넘어가고 있습니다. 참 많이 두려웠고 슬픔을 온몸으로 받아내며 처절하게 보낸 시간들이었지만 좌우로 치우치지 않게 해준 말씀이 있었고, 뒤돌아보지 않고 한마음으로 나의 행보에 맞춰 걷고 뛰며 함께해 준 목자님과 지체들이 있었습니다.

블레셋에서 벧세메스까지 법궤를 지고 가야 하는 사명이 주어졌다는 것을 알았기에 하나님의 강권적인 선택에 순종하며 교회 초기부터 여러 가지로 봉사를 하며 살았습니다. 사명 때문에 왔다가 사명 때문에 살고 사명이 끝나면 가는 인생인 줄 알기에 이젠 슬퍼하지 않을 수 있습니다. 교회 일이 삶의 원동력이었기에 부르심에 즐거워하며 사명받은 암소처럼 본능을 뿌리치고 올 수 있게 해 주신 하나님을 사랑합니다.

말씀으로 기도하기

여호와의 궤가 이스라엘로 돌아가는데 암소 두 마리가 수레를 끌고 운반합니다. 감당할 수 없는 힘든 상황이라도 하나님이 이끄시면 쓰임 받지 못할 피조물은 이 땅에 없습니다.

사명을 감당하려면 선택을 받아야 합니다. (삼상 6:1-9)

새끼를 막 낳은 암소들에게 언약궤를 벧세메스로 옮기는 사명이 주어집니다. 사명은 자원함보다 부르심이 먼저입니다. 두 암소가 사명을 감당할 수 없는 처지임에도 하나님의 강권적인 이끌림으로 선택되었습니다. 지금 내 자리에서 하나님의 주권과 사명을 깨닫게 하시고, 하나님의 택하심이 얼마나 큰 은혜이고 축복인지를 알기 원합니다.

사명자는 인정도 초월해야 합니다. (삼상 6:10)

두 암소가 송아지들을 집에 떼어 놓고 모정도 인정도 초월하고 본능도 뿌리치며 사명의 길을 갑니다. 내 자녀와 가족 때문에 사명의 길을 못 가는 것이 아닙니다. 그들을 위해 인정과 본능을 초월하고 사명의 길을 가는 것이 진정한 사랑임을 깨닫게 하옵소서.

사명자는 바로 행하며 대로로 가야 합니다. (삼상 6:11-12)

바로 행한다는 것은 진리의 길로, 하나님의 말씀대로 사는 것입니다. 사명의 길을 가고자 할 때 거치는 것과 힘든 일이 많지만, 말씀에 의지하여 바로 행하며 투명한 삶을 살게 하옵소서.

사명자는 좌우로 치우치지 않아야 합니다. (삼상 6:12)

암소가 새끼들을 생각하며 뒤돌아보고 싶었겠지만 잠시도 방심하지 않고 꾀를 내지도 않고 치우치지 않았습니다. 예수님의 십자가 외에 다른 복음은 없습니다. 나를 치우치게 하는 성공과 쾌락의 복음에 흔들리지 않으며, 하나님께 절대 순종함으로 치우치지 않게 하옵소서.

사명은 눈물로 가는 길입니다. (삼상 6:12)

암소들은 생전에 한 번도 가 보지 않은 낯선 길을 걸으며 새끼들을 생각하며 울었을 것입니다. 십자가의 길은 눈물 없이는 갈 수 없는 길입니다. 내 죄로 인한 애통의 눈물과 그 죄를 사하신 은혜를 생각하며 감격의 눈물이 있기를 기도합니다.

사명은 거룩한 번제로 드려집니다. (삼상 6:13-14)

두 암소가 벧세메스에 이르러 사명을 다하고 하나님 앞에 번제 제물로 드려집니다. 구원받은 성도는 이미 하나님께 드려진 인생이고 세상의 목적으로는 살 수 없다는 것을 알게 하옵소서. 자격과 공로가 없지만 하나님께서 택하심으로 기쁘게 사명을 감당하며 생명까지도 기쁘게 드리게 하옵소서.

기도

하나님 아버지, 우리의 모든 가족, 친척, 친구들이 하나님의 강권적인 이끄심에 의해 선택되기를 원합니다. 블레셋처럼 잔인하고 비열하게 나를 대접하는 사람이 있어도 내 남편, 내 아내, 내 시댁, 내 처가, 내 회사가 너무나 이상한 것 같아도 그곳에 보내신 분은 하나님이라고 합니다. 하나님은 내가 어디에 있는지 다 알고 계시다고 합니다. 여기가 부르신 사명의 장소이므로, 이제 여기에서 구속사를 이루기 위해 인정을 초월해 더욱더 바른 길로 행하며, 바른 복음과 바른 가치관으로 좌우로 치우치지 않기 원합니다.

이 길이 너무나 힘들어서 눈물로 기도하는 것밖에는 할 수 있는 것이 없습니다. 나에게 얼마나 사랑이 없는지를 주께서 아십니다. 얼마나 참

을성이 없는지 주께서 아십니다. 처리되지 않는 감정들과 욕심과 걱정들이 아직도 너무나 많습니다. 내가 완전히 밀알처럼 죽어지지 않고는 하나님께 드려진다는 것이 무엇인지 알 수가 없습니다.

그러나 하나님께서 이끄셔서 사명을 받고 가는 것이기에 날마다 암소처럼 묵묵히 걸어가기를 원합니다. 하나님, 날마다 말씀하여 주시옵소서. 나의 잘못된 것을 가르쳐 주시옵소서. 날마다 인도하심과 긍휼을 구하며 치우치지 않는 걸음으로 가게 하옵소서.

나의 무능을 고백하고 사명받은 암소처럼 하나님 아버지께 갈 때에, 언약궤가 놀랍게도 이스라엘에 도달한 것처럼 우리 가정에 말씀이 들어오고, 목장에 말씀이 들어오고, 부부간에 말씀이 들어오고, 교회에 말씀이 들어오고 이 나라가 변화될 줄 믿습니다. 이스라엘이 변화된 것처럼 그 일에 쓰임받는 저와 우리가 될 수 있도록 역사하여 주시옵소서. 예수님의 이름으로 기도합니다. 아멘.

chapter 12

기다리던 언약궤가 돌아왔는데,
순간적으로 방심하여 사건이 왔습니다.
하나님 앞에 직면하는 우리,
하나님만 사모하는 우리가 되게 하옵소서.

돌아온 언약궤

사무엘상 6장 13-7장 2절

우상처럼 우러러보고 의지하던 남편이 바람을 피우고 집을 나갔습니다. 남편이 돌아오기만을 학수고대하며 기도했더니 드디어 돌아왔습니다. 이제 '오래오래 행복하게 살았습니다'로 마무리가 될까요?

대부분은 그렇게 기다리던 남편이 돌아와도 행복하지 못합니다. 다시 나갈까 불안하고, 그동안 혼자 속 끓인 걸 생각하면 억울하고 분해서 잠을 못 잡니다. 남편이 배신하고 집을 나갔다면 왜 이런 일이 왔는지를 생각하며 하나님의 뜻을 깨달아야 합니다. 그런데 오직 남편이 돌아오는 것이 목적이 되니까 돌아온 후에도 억울하고 분한 마음이 해결이 안됩니다. 남편을 우상으로 놓고 집착했기 때문에 들어와도 불안하고 나가도 불안합니다. 그러면 들어왔던 남편이 다시 나가는 수가 있습니다.

어떤 사건도 우연은 없습니다. 기쁜 일도 힘든 일도, 그 사건 속에서 하나님의 뜻을 알고 하나님께 나아가야 합니다. 내가 아직도 억울하고 분한데 남편이 돌아온다고 무슨 의미가 있겠습니까. 속에서 해결된 게 아무것도 없는데 몸만 돌아온다고 무슨 의미가 있습니까?

이스라엘 백성이 우상처럼, 수호신처럼 여기던 언약궤를 빼앗겼다가 우여곡절 끝에 다시 되찾았습니다. 그런데 이스라엘 백성이 정신을 못 차리고 있습니다. 여전히 하나님의 뜻을 깨닫지 못합니다.

돌아온 언약궤를 보고 기뻐한다

> [13]벧세메스 사람들이 골짜기에서 밀을 베다가 눈을 들어 궤를 보고 그 본 것을 기뻐하더니 [14]수레가 벧세메스 사람 여호수아의 밭 큰 돌 있는 곳에 이르러 선지라 무리가 수레의 나무를 패고 그 암소들을 번제물로 여호와께 드리고 [15]레위인은 여호와의 궤와 그 궤와 함께 있는 금 보물 담긴 상자를 내려다가 큰 돌 위에 두매 그날에 벧세메스 사람들이 여호와께 번제와 다른 제사를 드리니라 (삼상 6:13-15)

두 암소가 하나님의 궤를 싣고 가다가 벧세메스에 이르러 섰습니다. 겉으로 보면 하나님의 언약궤가 이리저리 옮겨 다니면서 수치를 당한 것 같지만, 언약궤가 가는 곳마다 능력이 나타나고 이변이 일어났습니다. 그런 능력을 가진 언약궤가 벧세메스로 돌아오니 사람들이 기뻐합니다. 너무 기뻐서 블레셋에서 가져온 제물로 번제와 다른 제사를 드렸습니다.

암소가 울면서 좌우로 치우치지 않고 대로로 왔는데 어떻게 죽일 수 있는가, 불쌍하다고 생각할 수도 있습니다. 그러나 암소는 사명을 다 이루고 하나님께 드리는 제물이 되었습니다. 사명 때문에 태어나고 사명 때문에 떠나는 것이 우리 인생인데, 두 암소가 최고의 복을 받은 것입니다.

제물로 드려진 두 암소와 금 보물 담긴 상자는 블레셋이 준비한 제물인데 하나님께서 그것들을 받으십니다. 엘리 아들들이 번제를 드릴 때는 자기 것을 먼저 챙겨서 갈고리로 찍어 갔습니다. 언약궤를 수호신처럼 이용만 하려 했기에 하나님은 그들이 드리는 제사를 받지 않으셨습니다. 결과적으로 전쟁에서도 패배했습니다. 하나님이 블레셋이 드리는 제물도 받으셨는데 엘리와 아들들의 제사는 받지 않으신 겁니다.

대제사장 엘리와 아들들이 대단해 보여도 개인적인 신앙고백이 없었기에 하나님은 그들이 드리는 제사를 받지 않으셨습니다. 신앙에는 개개인의 고백이 반드시 필요합니다. 아무리 교회를 다닌다고 해도 자신의 신앙고백이 없으면 안 됩니다. 남이 내는 헌금, 남의 말씀 묵상, 남의 기도로 인해 내가 변하는 것이 아닙니다. 큰 교회, 믿음의 가정 안에 있어도 내가 하나님을 인정하고 하나님의 뜻을 깨닫는 나의 신앙고백이 있어야 합니다.

•••••••

내가 기쁨으로 드리는 예배와 헌금은 어떤 내용을 담고 있습니까. 고난 중에도 하나님의 뜻을 깨닫고 나의 신앙고백으로 드리는 예배입니까. 사업이 잘돼서, 입시에 붙어서 잘되는 것만 좋아서 드리는 헌금입니까. 큰 교회에 묻혀서 하는 신앙생활에 나도 속고 남도 속이고 있습니까.

돌아온 언약궤 때문에
돌아가는 사람이 있다

> 블레셋 다섯 방백이 이것을 보고 그날에 에그론으로 돌아갔더라 (삼상 6:16)

블레셋 다섯 방백이 이 모든 것을 자세히 지켜보았습니다. 암소가 언약궤를 끌고 오는 모든 과정을 보았고 번제로 드려지는 것도 보았습니다.

그러나 모든 행방을 지켜보는 목적은 전혀 다른 것이었습니다. 블레셋의 다섯 방백은 자신들이 바친 금 보물 때문에 암소가 다른 쪽으로 가기를 바랐을 것입니다. 엄청난 재물들을 다시 찾고 싶어서 벧세메스 쪽으로 가지 않기를 간절히 바라면서 따라갔을 것입니다. 그런데 암소가 정확히 벧세메스에 서고, 자신들이 바친 금 보물까지 번제로 드려지는 것을 보니 할 말이 없어집니다. 언약궤를 가져갔다가 재앙을 당했는데, 그 모든 일이 여호와께로부터 온 것임을 인정할 수밖에 없었습니다.

그런데 블레셋 다섯 방백이 모든 재앙과 심판을 보고도 하나님께로 돌아와 회개하지 않고 에그론으로 돌아갑니다. 아무리 하나님의 재앙과 기적을 보아도 하나님을 인정하지 않는 모습을 보입니다. '천부여 의지 없어서' 두 손 들고 하나님께 나아와야 하는데 그러지 않습니다.

이런 사람들은 어떤 설교, 어떤 간증을 들어도 안 변합니다. 심판을 받고도 전혀 깨닫지 못하고 다시 일어나서 다곤 신상을 세웁니다. 이것이 심판 중의 심판입니다. 하나님의 영광을 보고도 자기 자리로 돌아가는 것이 가장 무서운 심판입니다.

블레셋 방백들이 교양 있게 돌아간 것처럼 보여도 결코 용기 있는 자도, 솔직한 자도 아닙니다. 하나님의 영광을 보았다면, 아무리 이제까지 하나님을 대적했어도 하나님이 받아 주신다는 것을 알고 돌이켜야 합니다. 그런데 도리어 하나님을 등지고 떠나면서 두 암소보다 못한 인간이 되었습니다.

• • • • • •

수많은 설교와 간증을 듣고, 내 옆의 사람들이 하나님 때문에 살아나는 것을 직접 보고도 여전히 안 믿어집니까. 모든 일을 목도하고도 돌아가는 블레셋 방백들처럼 하나님의 능력을 부인하고 등 돌리는 모습은 없습니까. 블레셋 방백 같은 내 가족을 보면서 안타까움과 절박함으로 기도하고 있습니까.

돌아온 언약궤는
기념해야 한다

> [17]블레셋 사람이 여호와께 속건제물로 드린 금 독종은 이러하니 아스돗을 위하여 하나요 가사를 위하여 하나요 아스글론을 위하여 하나요 가드를 위하여 하나요 에그론을 위하여 하나이며 [18]드린 바 금 쥐들은 견고한 성읍에서부터 시골의 마을에까지 그리고 사람들이 여호와의 궤를 큰 돌에 이르기까지 다섯 방백들에게 속한 블레셋 사람들의 모든 성읍들의 수대로였더라 그 돌은 벧세메스 사람 여호수아의 밭에 오늘까지 있더라 (삼상 6:17-18)

블레셋 사람들이 언약궤를 어떻게 처리할까 고민할 때 점쟁이들은 금 독종과 금 쥐 다섯을 여호와께 속건제물로 드리라고 처방했습니다. 블레셋 다섯 성읍을 대표해서 드리라고 한 것인데, 본문을 보니 다섯 성읍뿐 아니라 시골의 마을들, 모든 성읍의 수대로 금 쥐를 드렸다고 합니다. 하나님께서 심판으로 내리신 독종이 견고한 성읍에서부터 시골 마을에 이르기까지 블레셋 전체에 퍼졌기 때문입니다. 제사장도 성전도 없는 블레셋 땅에서 하나님께서 홀로 완전한 항복을 받아 내신 것입니다.

벧세메스 사람들은 여호와의 궤를 놓은 큰 돌을 볼 때마다 하나님이 나가셨다가 돌아오신 것을 생각했을 것입니다. 다시는 하나님의 언약궤를 빼앗기지 않도록, 하나님의 영광이 떠나지 않도록 기념하는 돌이었습니다. 떠났다가 돌아온 가족, 하나님을 떠났다가 돌아오게 된 큰 사건이 있다면 그것을 기억하고 기념해야 합니다. 다시는 하나님의 궤를 빼앗기지 않도록 우리의 고난을 기억하고 간증하면서 기념해야 하는 것입니다.

● ● ● ● ● ●

목장과 공동체에서 내가 겪은 사건을 간증하며 하나님께서 하신 일을 기념하고 있습니까. 한 번 회개하고 돌아왔으니 됐다고 하면서 죄와 고난을 감추고 덮어 두며 방치합니까.

한순간에
무너질 수 있다

> 벧세메스 사람들이 여호와의 궤를 들여다본 까닭에 그들을 치사 (오만) 칠십 명을 죽이신지라 여호와께서 백성을 쳐서 크게 살육하셨으므로 백성이 슬피 울었더라 (삼상 6:19)

하나님은 거룩한 언약궤를 전리품으로 취급한 블레셋 족속을 엄중히 치셨습니다. 또한 언약궤를 구경거리로 삼은 벧세메스 사람들도 치셨습니다.

그들은 잠시라도 들어가서 성소를 보지 말라 그들이 죽으리라 (민 4:20)

여호와의 성물은 보기만 해도 죽임을 당합니다.

⁶그들이 나곤의 타작마당에 이르러서는 소들이 뛰므로 웃사가 손을 들어 하나님의 궤를 붙들었더니 ⁷여호와 하나님이 웃사가 잘못함으로 말미암아 진노하사 그를 그곳에서 치시니 그가 거기 하나님의 궤 곁에서 죽으니라 (삼하 6:6-7)

웃사가 제사장 신분이었지만, 언약궤를 잘못 다루다가 죽음을 맞았습니다.

이스라엘 자손이 모세의 얼굴의 광채를 보므로 모세가 여호와께 말하러 들어가기까지 다시 수건으로 자기 얼굴을 가렸더라 (출 34:35)

하나님은 너무도 거룩하신 분입니다. 하나님과 시내 산에서 교제하고 내려온 모세도 얼굴에서 광채가 나서 자기 얼굴을 수건으로 가렸습니다.

하나님은 이렇게 거룩하신 분인데, 벧세메스 사람들은 언약궤를 구경거리로 취급했습니다. 자기들이 하나님을 잘 안다고 생각해서 제멋대로 언약궤를 취급한 것입니다.

교회를 다니고 하나님을 믿는다고 하면서 성경을 제멋대로 취급하고 제멋대로 적용하는 사람이 많습니다. 예를 들어 솔로몬의 일천번제(一千燔祭)도 제멋대로 적용합니다. 솔로몬의 믿음은 잘 본받지 않으면서 일천번제 헌금, 일천번제 기도만 강조합니다.

벧세메스 사람들이 잠시 전만 해도 기뻐하고 환영하고 감사의 제사를 드렸는데, 한순간에 눈물과 통곡으로 바뀌어 슬피 울었다고 합니다. 왜 이렇게 되었을까요? 순간적으로 방심해서 자만한 마음으로 언약궤를 들여다봤기 때문입니다.

내가 말씀을 깨달아서 기쁨이 크고 은혜가 커도 그대로 지속되지는 않습니다. 받은 은혜가 크면 사탄이 더 입을 벌리고 삼키려 듭니다. 사탄은 언약궤를 붙들고 있는 우리가, 우리의 교회가 넘어지기를 학수고대하고 있습니다.

하나님의 은혜로 가정이 회복되고, 교회가 회복되었다면 더욱 깨어서 다시는 죄를 짓지 않도록 경계해야 합니다. 꺼진 불도 다시 보는 마음으로 가야 합니다. 언약궤가 돌아왔다고, 떠났던 배우자가 돌아오고 자녀가 돌아왔다고 거기에 안주하고 있으면 안 됩니다. 벧세메스 사람들이 잠시 방심했기에 슬피 울 일이 생겼습니다. 복을 받았다면 그 후에 어떻게 관리하고 사느냐가 더 중요한 것입니다.

하나님은 출애굽기에서 애굽의 종 되었던 이스라엘을 구원하시고, 민수기에서 구원의 복을 자세히 알려 주시고, 신명기에서 받은 복을 지속하며 누릴 수 있도록 가르치셨습니다. 우리가 은혜를 받았는데, 은혜받고 나서 망하면 안 됩니다. 그래서 신명기의 내용은 한마디로 '조심하라!'입니다. 정신 차리고 조심하고, 각별히 조심하고, 사소한 일을 조심하고 또 조심하라는 것입니다. '뭘 그렇게 조심할 게 많으냐? 그러고 어떻게 살아!' 이러면 안 됩니다. 받은 은혜가 클수록 더욱 조심해야 합니다.

청와대 대변인으로 승승장구하던 사람이 미국에서 성추행으로 고소를 당하고 숨어 사는 신세가 됐습니다. 세상에서 성공한 인물로 모든 것을 다 이룬 것 같았지만 하루아침에 국가적인 망신을 당했습니다. 인턴과 술을 마시고 속옷 차림으로 문 열어 주는 것을 사소한 일이라고 하면 안 됩니다. 순간적인 방심으로 모든 것이 일순간에 무너집니다. 핑계 댈 것이 없습니다. 살아온 날의 결론입니다.

• • • • • •

기도 응답을 받아서, 내가 회개하고 죄와 중독을 끊어서 이제는 됐다고 안심합니까. 회복된 가정, 회복된 사업에 안주해서 방심하다가 한순간 교만으로 무너져서 슬피 울고 있습니까. 더 깊이 말씀을 묵상하고, 공동체 예배에 빠짐없이 참석하며 조심하고 있습니까.

돌아온 언약궤 때문에
무너졌다고 착각한다

벧세메스 사람들이 이르되 이 거룩하신 하나님 여호와 앞에 누가 능

히 서리요 그를 우리에게서 누구에게로 올라가시게 할까 하고 (삼상 6:20)

돌아온 언약궤가 무색하게 되었습니다. 가장 기쁜 날이 가장 슬픈 날이 되었습니다. 슬픈 사건을 당했다면 가장 급선무가 회개입니다. 왜 이런 사건이 왔는지 하나님의 뜻을 묻고 빨리 돌이켜 회개해야 합니다. 그런데 벧세메스 사람들은 문제를 직면하지 않습니다. 진실을 직면하기 싫으니까 '그를 우리에게서 누구에게로 올라가시게 할까' 하면서 말씀을 피하려고 합니다. 한순간에 모든 것이 무너지니 하나님도 싫고 사람도 싫다고 합니다.

제가 초짜 성도님 이야기를 하고 나눔을 읽어 드렸더니 어느 집사님의 남편이 교회에 안 오겠다고 했습니다. 초짜 성도님이 회개하는 걸 보고 본인이 너무 찔려서 교회에 못 오겠다는 겁니다. 왜 교회를 떠나겠다고 할까요. 마음이 찔렸으면 이제라도 회개해야 할 텐데, 찔림을 받는 게 싫으니까 마음 편하게 죄를 짓고 싶어서 떠나겠다는 겁니다.

그래서 세상으로 가면 평강이 있습니까? 하나님을 떠나서는 어떤 평강도 얻을 수 없습니다.

평안은 구원과 지혜와 지식이 풍성한 것입니다(사 33:6). 잠시 마음이 편하다고 평안이 아닙니다. 우리가 하나님의 형상대로 지음을 받았기에 세상으로 가면 갈수록, 죄를 지으면 지을수록 갈등과 괴로움이 있을 뿐입니다.

교회에 안 오겠다는 집사님의 남편이 제2의 초짜 성도님이 되실 것 같습니다. 이렇게 설교와 책을 통해 알려지셨으니 하나님께서 책임져 주시고 말씀이 들리게 될 것을 믿습니다.

지난 몇 년 동안 세상에서 성공한 기업과 사람들이 순간의 잘못으로 무너지는 사건이 많았습니다. 소위 '갑질 논란'으로 세상의 갑 노릇을 하다가 국민적 지탄을 받았습니다.

갑질 논란에 대한 어느 신문의 칼럼입니다.

최근 3주간 국민의 관심을 끄는 사과가 이어졌다. 포스코에너지, 남양유업, 청와대가 마치 바통 터치하듯 연이어 대국민 사과문을 쏟아냈다. 하지만 이들의 사과문을 자세히 들여다보면 '사과했다' 기보다는 '사고 쳤다'는 표현이 더 어울리는 듯하다. 사과를 통해 사고를 수습했다기보다는 일을 더 악화시켰다는 얘기다. 사과에도 품격이 있다. 어떻게 해야 진짜 사과를 통해 상대의 마음을 움직일 수 있을까?

첫째, 사과할 대상부터 알아야 한다. 사건이 터지면 위기에 빠진 조직은 '호떡집에 불난 상황'이 된다. 정신이 없다 보면 판단력도 흐려지고 사과해야 할 대상도 헷갈리게 된다. 포스코에너지, 남양유업이 그랬다. 두 회사는 각각 사건의 1차 피해자인 승무원, 대리점 주에 대한 사과가 생략됐다.

둘째, 같은 말도 누가 하느냐가 중요하다. 회사의 명운이 걸린 중요한 이슈라면 CEO가 등장하는 게 맞다.

셋째, 거짓말은 목숨을 건 도박이다. 사람은 누구나 위기에 몰리면 거짓말의 유혹에 빠지기 쉽다. 자신의 죄를 줄이는 데 도움되는 정보는 과장하고, 불리한 정보는 축소하게 된다. 그러면 정보 왜곡이 시작된다. 하지만 위기 속 사과일수록 무조건 정직해야 한다.

넷째, 사족은 진정성을 훼손한다.

다섯째, 그래서 평판 관리가 중요하다. 평상시 그 사람(조직)의 평판에 따라 사과의 효과는 달라진다. 남양유업이 사과와 함께 상생기금 500억 원을 내놓겠다고 해도 여론의 반전이 없는 이유는 뭘까? 남양유업은 '폐쇄적 기업'이라는 평소의 부정적 이미지가 한몫했다.

진정한 사과에는 다음의 네 가지 요소가 있어야 한다.

첫째, 진짜 사과에는 접속사가 붙지 않는다. 친구가 약속 시간에 30분 늦었다. 이렇게 말한다. "미안해. 하지만 차가 막혀서 어쩔 수 없었어." 어떤가? 진정한 사과라고 느껴지는가? '하지만'이라는 접속사 때문에 변명으로 느껴지며 사과의 의미가 퇴색된다.

둘째, 사과에는 가정법이 필요 없다. 많은 사람이 이렇게 말한다. "당신이 기분 나빴다면, 내가 사과할게." 이 말은 듣는 사람에 따라선 다음과 같이 해석될 수 있다. "(별일도 아닌데, 속 좁은) 당신이 기분 나빴다면, (마음 넓은 내가) 사과할게." 조건부 사과는 진짜가 아니다.

셋째, 상대 감정에 대한 공감을 표현해야 한다. 아이와 함께 주말에 놀이공원에 가기로 약속했다. 하지만 급한 회사 일 때문에 약속을 어기게 됐다. 뭐라 말할 것인가? "아빠가 약속을 못 지켜 미안해"라고 하지 말자. 이것보다는 "아빠가 약속을 지키지 못해 우리 아들(딸)에게 실망을 줘서 미안해"라고 말하는 게 낫다. 상대의 감정(실망감)에 대한 공감을 표현할 때 사과의 진정성을 인정받을 수 있다.

넷째, 보상 의지를 밝힌다. 식당에서 한술 뜨려는데 국에서 머리카락이 나왔다. 이때 주인장이 '죄송합니다'만을 연발하는 것만으론 뭔가 부족하다. "많이 놀라고 불쾌하게 해 드려 죄송합니다. 앞으로 위생 관리에 만전을 기하겠습니다. 서비스로 계란말이라도…." 오해 말자. 공짜를 좋아하는 심리에 기대는 게 아니다. 앞으로 이런 문제가 발생하지 않도록 하겠다는 개선 의지와 보상 의지를 표현하는 게 사과의 진정성을 높인다.

(최철규 칼럼 - 조선일보 2013.5.16)

이것이 사과의 원리입니다. 사과를 잘해서 세상에서 성공하라는 말이 아닙니다. 사과의 전제 조건은 근본적으로 자신이 죄인이라는 사실을 인지하는 것입니다. 어떠한 경우에도 내가 죄인의 입장에 서야지, 의인의 입장에서 사과하면 안 됩니다. 우리는 모두 죄인입니다. 우리 힘으로는 거룩하신 하나님을 섬길 수 없습니다. 이것을 깨닫지 못하니까 벧세메스 사람들이 언약궤를 함부로 대하며 불경을 행한 것입니다.

••••••

교회를 떠나고 싶습니까. 목장예배도 싫고, 내 이야기도 하기 싫고, 설교도 간증도 듣기 싫습니까. 내 맘대로 살고 내 맘대로 죄를 짓고 싶어서 목장을 탓하고 교회를 탓하고 성경을 탓하는 것은 아닙니까.

돌아온 언약궤의 목적은
여호와를 사모하는 것이다

> 전령들을 기럇여아림 주민에게 보내어 이르되 블레셋 사람들이 여호와의 궤를 도로 가져왔으니 너희는 내려와서 그것을 너희에게로 옮겨 가라 (삼상 6:21)

여호와의 궤를 옮겨 갈 대상으로 기럇여아림 주민이 등장합니다. 지금 얼마든지 벧세메스 사람들을 비난할 수 있습니다. "너희가 불경을 행해서 살육을 당해 놓고 왜 우리한테 언약궤를 가져가라고 하는가, 너희가 책임지고 알아서 하라"고 할 수 있습니다.

그러나 기럇여아림 사람들은 온유한 마음을 가진 신령한 공동체였던 것 같습니다. 다른 사람의 죄를 보면서 나 자신을 살펴보는 사람, 벧세메스 사람들 입장을 생각하고 '나도 그런 환경이라면 얼마든지 잘못을 저지를 수 있다'고 생각하는 것이 신령한 사람입니다.

우리는 형제입니다. 범죄가 드러난 형제가 있다면 온유한 심령으로 바로잡아 주는 것이 신령한 우리, 신령한 공동체가 할 일입니다. '나도 똑같은 죄인이다' 하는 마음으로 같은 입장에서 들어주고 생각해 줘야 합니다.

기럇여아림은 기브온 족속들이 모여 사는 곳입니다. 기브온 족속이 어떤 사람들입니까. 여호수아 시대에 하나님의 성전에서 나무 패고 물 긷는 일이라도 하게 해 달라고 자비를 구하며 이스라엘 공동체에 들어온 사람들입니다. 벧세메스가 아론의 후손들이 사는 제사장의 성읍인데, 낮고 천한 기브온 족속들이 사는 기럇여아림에서 언약궤를 모시게 됐습니다. 이스라엘을 살리는 진짜 제사장 교회가 기럇여아림에 있었던 것입니다.

> [1]기럇여아림 사람들이 와서 여호와의 궤를 옮겨 산에 사는 아비나답의 집에 들여놓고 그의 아들 엘리아살을 거룩하게 구별하여 여호와의 궤를 지키게 하였더니 [2]궤가 기럇여아림에 들어간 날부터 이십 년 동안 오래 있은지라 이스라엘 온 족속이 여호와를 사모하니라 (삼상 7:1-2)

블레셋과의 전쟁에서 언약궤를 빼앗기고 대제사장 엘리의 두 아들이 죽게 되자 궤를 섬길 사람이 없었습니다. 그런데 기럇여아림에 합당한 사람이 있었으니 바로 아비나답입니다.

언약궤가 실로에서, 블레셋에서, 벧세메스에서, 드디어 기럇여아림까지 왔습니다. 있을 자리를 찾지 못해 떠돌아다니다가 기럇여아림에 도착했습니다. 하나님은 시간과 공간에 갇혀 계신 분이 아닙니다. 그럼에도 어리석은 사람들은 언약궤가 있으면 잘될 줄 알고 전쟁터로 들고 다녔습니다. 재앙이 오니까 언약궤 때문에 재앙이 왔다고 다른 곳으로 떠밀어 보냈습니다.

그러나 기럇여아림 사람들은 벧세메스 사람들이 옮겨 가라고 하니까 즉시 옮겨서 아비나답의 집에 들여놓습니다. 그리고 아비나답의 아들 엘리아살을 거룩하게 구별하여 여호와의 궤를 지키게 합니다. 제사장 성읍인 벧세메스 사람들과 낮고 천한 기럇여아림 사람들이 다 이스라엘 백성인데 여호와의 궤를 대하는 태도가 전혀 다릅니다.

기럇여아림의 아비나답, 그 아들 엘리아살은 주님을 온전히 마음에 모시기를 원했던 자입니다. 언약궤를 수호신처럼 여기던 사람들과는 전혀 다릅니다. 그들은 자신들의 믿음과 승리에 도취되어서 잘되기만을 바라다가 사건이 오니 두려워하며 "하나님, 떠나 주세요" 했습니다. 자신의 실수를 인정하지 않고 무서워만 하면서 언약궤를 떠밀었습니다. 그래서 하나님이 임재하실 수가 없었습니다.

기럇여아림 사람들은 하나님보다 앞서지 않았습니다. 하나님을 믿어서 뭐든 잘되기만 바라는 사람들이 아니었습니다. 인생의 목적이 행복이 아니라 거룩이었기에 사소한 일에도 말씀대로 적용하고, 조심하고 또 조심하는 사람들이었습니다. 오늘을 인생의 마지막 날처럼 살면서 당장 죽을 것처럼 조심하던 사람들이었습니다. 망할까 봐 무서워서가 아니라 하나님의 이름이 더럽혀질까 봐 조심하던 사람들이었습니다. 이것이 바로 언약궤를 지키는 자의 태도입니다.

어느 목원이 제가 하나님 말씀을 자기 멋대로 끼워 맞춰 해석한다면서 차라리 남자 부목사님 설교가 더 좋다고 했답니다. 그러면서 제 설교를 들으러 오는 사람들은 정신 나간 사람들이라고 했답니다. 이때 목자가 이분에게 이렇게 처방했다고 합니다.

"곧 목사님 설교에 등장하실 것입니다. 나중에 목자가 되어 목장을 인도하게 되면 예전에 이랬다고 옛말하게 될 것입니다."

목사도 이상한 목사가 많지만 성도도 이상한 성도가 많습니다. 하지만 그런 성도라도 제가 이 자리에서 그의 얘기를 공개하면 달라집니다.

벧세메스와 기럇여아림이 달랐던 것처럼 언약궤를 대하는 태도가 사람마다 다릅니다. 블레셋과 벧세메스 사람들은 십자가가 싫은 것입니다. 그래서 말씀이 안 들리면 저를 싫어하는 것 같습니다. 진정한 평안을 누리기 원하면 십자가를 져야 합니다. 벧세메스 사람들은 언약궤를 수호신처럼 여기고 살육을 당하고 나서는 블레셋 사람들과 똑같이 무서워했습니다. 그러나 기럇여아림 사람들은 제사보다 순종의 마음으로 언약궤를 모셨습니다. 인격적으로 주님을 사랑했습니다. 그리고 이것이 온 이스라엘에 영향을 끼쳤습니다.

요즘 우리들교회에서 초짜 성도님의 회개를 시작으로 여기저기서 회개의 역사가 일어나고 있습니다. 언약궤가 돌아와 우리들교회에 정착되고 있는 것 같습니다.

언약궤가 기럇여아림에 20년 동안 있었다고 합니다. 그러자 이스라엘 온 족속이 여호와를 사모하게 되었습니다. 기럇여아림 한 성읍의 순종이 이스라엘 전체를 변화시켰습니다. 모든 이스라엘의 마음이 여호와께로 향하게 되었습니다.

　여호와를 '사모한다'는 것은 '애곡하다, 슬퍼하다'라는 뜻입니다. 온 이스라엘이 여호와를 사모함으로 애통하고 애곡했다는 뜻입니다. 20년 동안 자신들의 죄를 보면서 애통하고 애곡하며 간절한 심령으로 구원을 사모했습니다. 20년 동안 고통이 계속되어야 온 이스라엘이 여호와를 사모하게 됩니다. 이것이 돌아온 언약궤의 목적입니다.

· · · · · ·

가족과 지체의 잘못이 드러났을 때 어떻게 반응합니까. 그들의 죄를 통해 나 자신을 살피고 회개하며, 더 조심스럽게 예배에 참여하고 더 조심스럽게 말씀을 묵상합니까. 내가 예배드리는 태도, 성경을 보는 태도가 가족과 공동체 전체에 영향을 끼칩니다. 나를 구원하시고 회복시키신 목적이 내가 편하게 살기 위해서가 아니라, 나를 통해 많은 사람들이 회개하고 여호와를 사모하게 하기 위함임을 알고 있습니까.

우리들 묵상과 적용

제가 고3 때, 어머니는 여고 선생님이던 아버지를 의심하여 아버지 주변의 여자들을 다 고소하셨습니다. 어머니를 무고죄로 감옥에 보내 겠다는 사람들이 집으로 찾아와 협박하였고, 그분들 앞에 제가 나서서 "어머니가 아파서 그러니 제발 용서해 달라"고 빌 수밖에 없었습니다. 저는 지옥 같은 이 상황을 어느 누구에게도 얘기할 수 없다는 고독감 때문에 매일매일이 너무나 괴로웠습니다.

재수 학원을 다니다 매주 토요일 학원 앞에서 전도하는 대학생에게 이끌려 기도회에 참석했습니다. 그날 "하나님 사랑의 눈으로 너를 어느 때나 바라보시고… 너의 작은 신음에도 응답하시니"라는 찬양을 부르 다 하나님의 마음을 이해하게 되었습니다. 하나님이 어린 저를 죽음에서 지켜 주셨고, 어머니로 인한 가정불화 중에도 저를 항상 지켜보시며 고통에 응답하셨다는 생각에 눈물을 흘렸습니다.

언약궤가 돌아온 것을 기뻐했던 벧세메스 사람처럼 기쁨으로 주님을 영접했지만 기쁨도 잠시, 어머니는 결국 이혼소송을 진행하셨습니다. 제가 변호사를 찾아가 소송을 포기하게 했지만 어머니는 홀로 소송을 진행하셨고, 결국 저는 원고인 어머니와 피고인 아버지의 법정에 증인으로 서서 그러한 사실이 없음을 증언해야 했습니다. 재판은 어머니의 패소로 끝났으나 아버지는 과로와 스트레스로 백혈병 말기 판정을 받으셨습니다. 그리고 아버지는 병마와 싸우는 중에 예수님을 영접하셨습니다.

그러나 5년 전 아버지가 심장마비로 돌아가시자 어머니에 대한 원망과 미움이 다시 올라왔습니다. 눌려 있던 모든 분노를 아무 죄 없는 제 아내에게 폭언과 욕설로 표출하니 저 또한 이혼의 위기에 처하게 되었습니다. 그 무렵 우리들교회를 알게 되어 등록했습니다.

양육을 받으며 예배가 회복되고 내 죄가 보였습니다. 은혜를 받고 말씀에 대한 적용으로 어머니께 전화하여 용서한다고 했지만, 아무 말도 없으신 어머니로 인해 한순간에 넘어졌습니다. 그러던 어느 날 큐티를 하다가 내 힘으로는 어머니를 용서하지 못한다는 것을 깨달았습니다. 용서보다 회개가 먼저이고 나의 죄와 무능을 인정하는 것이 먼저임을 알았습니다. 아버지가 스트레스로 암에 걸린 것처럼 어머니도 의부증으로 어쩔 수 없이 고통받은 것을 헤아리지 못하고 어머니를 미워하고 원망했던 제 죄가 보였습니다. 그러자 제가 오히려 어머니에게 많은 아픔을 주었겠구나 싶었습니다. 그리고 아내를 배려하지도 이해하지도 못하고, 어머니가 아버지에게 그런 것처럼 아내를 혈기로 대했음을 알게 되었습니다. 그런 내 악을 인정하게 되니 아내의 아픔이 체휼되었습니다.

20년 동안의 고통이 있었기에 우리 부부는 기럇여아림 사람들처럼 말씀을 사모하게 되었고 지경을 넓힐 수 있었습니다. 이제 금 쥐와 금 독종과 큰 돌을 보며 하나님이 나갔다 돌아온 것을 기념하고 기억할 것입니다. 이혼 위기에서 무서워하는 언약궤를 모셔 오게 하신 하나님을 사랑합니다.

말씀으로 기도하기

우리에게 찾아오는 모든 사건은 하나님의 뜻을 알고 하나님께 나아가기 위한 사건입니다. 이스라엘 백성이 언약궤를 빼앗겼다가 우여곡절 끝에 찾았는데, 여전히 하나님의 뜻을 깨닫지 못하고 하나님께 나아가지 못합니다.

돌아온 언약궤를 보고 기뻐했습니다. (삼상 6:13-15)

하나님의 궤가 유다 땅 벧세메스로 돌아오자 주민들은 기뻐하며 번제를 드렸습니다. 엘리와 아들들의 제사는 받지 않으신 하나님께서 블레셋에서 가져온 제물은 받으십니다. 큰 교회, 오랜 신앙생활도 하나님께서 받지 않으실 수 있다는 것을 알고, 내가 하나님을 만나고 하나님의 주권을 인정하는 개인의 신앙고백이 있게 하옵소서.

언약궤가 돌아왔는데 돌아가는 자도 있습니다. (삼상 6:16)

암소가 정확하게 벧세메스에 도착하는 과정을 블레셋의 방백들이 지켜봤습니다. 자신들이 당한 재앙이 우연이 아니라 하나님께서 하신 일임을 목격했습니다. 그럼에도 믿지 못하고 자기 땅으로 돌아가는 블레셋 방백들처럼, 하나님의 심판과 기적을 보고도 믿지 못하는 가족과 지체들을 위해 기도합니다. 여전히 의심하고 등 돌리는 내 속의 불신과 완악함을 회개합니다.

돌아온 언약궤를 기념해야 합니다. (삼상 6:17-18)

블레셋 사람들이 바친 금 쥐와 금 독종과 언약궤를 놓아 두었던 큰 돌은 하나님이 돌아오신 것을 기념하고 기억하는 돌입니다. 다시는 하나님을 떠나지 않도록 내가 당한 심판과 회복을 기념하게 하옵소서.

언약궤가 돌아왔지만 한순간에 무너질 수 있습니다. (삼상 6:19)

하나님은 거룩한 언약궤를 한낱 구경거리로 삼은 벧세메스 사람들을 살육으로 치십니다. 하나님께서 응답하시고 회복하신 자리에서 나태하거나 교만하지 않게 하옵소서. 더 조심하며 더 깨어서 은혜를 놓치지 않도록 기도합니다.

돌아온 언약궤 때문에 무너졌다고 착각합니다. (삼상 6:20)

벧세메스 사람들은 언약궤 때문에 살육을 당했다고 생각하고 여호와의 궤를 옮겨 가라고 합니다. 무너지는 사건에서 가장 급선무는 회개입니다. 진실을 회피하려고 하나님을 탓하고 사람을 탓하는 어리석음을 회개합니다. 어떤 사건도 내 죄와 교만으로 인한 것임을 알고 죄인의 입장에서 겸손히 하나님을 섬기기를 기도합니다.

돌아온 언약궤의 목적은 여호와를 사모하는 것입니다. (삼상 6:21-7:2)

제사장 도시인 벧세메스는 언약궤를 보내려 하고, 낮고 천한 기브온 족속의 성읍 기럇여아림은 모두가 무서워하는 언약궤를 즉시 모셔와 거룩하게 구별하여 지켰습니다. 하나님이 원하시는 것은 제사가 아니라 순종이라는 것을 알고 인격적으로 주님을 사랑하고 섬기게 하옵소서.

기도

하나님 아버지, 그렇게 기다리고 기다리던 언약궤가 돌아왔습니다. 남편이 돌아오고 아내가 돌아오고 자식이 돌아오고 건강도 돌아오니 너무나 기뻤습니다. 그런데 내가 제사도 열심히 드리고 예배도 열심히 드렸으니 당연하다고 생각하며 방심한 순간 우리 가정에 사건이 왔습니다.

'나 같은 사람이 이런 일을 당하면 누가 여호와 앞에 설꼬?' 생각하면서 하나님 앞에 직면하기가 너무 싫었습니다. 말씀도 싫고, 전부 다 무섭고, 도망가고 싶은 모습이 저에게 있습니다.

빼앗긴 언약궤도 슬펐는데 돌아온 언약궤는 우리를 더 슬프게 할 수 있다는 것을 알았습니다. 평생을 예수 믿으며 조심하고 또 조심하며 두려움 때문이 아니라 구원을 위해 매 순간 깨어 있게 하옵소서.

예수를 믿어서 잘되는 것만 바라기 때문에 모두가 언약궤를 무서워하는 이때에, 무서워하지 않는 기럇여아림 주민이 있었던 것처럼 저에게도 구별된 믿음과 헌신이 있게 하옵소서. 제가 기럇여아림 주민처럼 낮고 천한 마음으로 사명을 감당하며 이 언약궤를 지키고 갈 때에 내 가족과 온 백성이 여호와를 사모하게 되고 지경이 넓어질 줄로 믿습니다. 기럇여아림 사람들이 헌신함으로 20년 동안 모든 사람이 여호와를 사모하게 되었다고 합니다.

주님, 당장은 되는 일이 없는 것 같아도 거룩히 구별하여 몸과 마음과 가치관을 지켜서 하나님을 사모하며 애통하고 갈 때에 돌아온 언약궤의 주인이 될 줄을 믿습니다. 나로 인해 하나님을 사모하는 자들이 늘어 가며 열매 맺는 삶이 될 것을 믿습니다. 함께하여 주시옵소서. 예수님의 이름으로 기도합니다. 아멘.

chapter 13

주님이 올바른 회개를 하라고 촉구하십니다.
우상 아스다롯을 버리고 하나님만 섬기게 하옵소서.
미스바에서 영적 부흥이 일어난 것처럼
진정한 개혁이 일어나게 하옵소서.

미스바로 모이라

'미스바 회개 운동, 미스바 부흥 운동, 미스바 대각성 운동'. 이렇게 유명한 '미스바'가 사무엘상 7장 본문에 등장합니다. 미스바는 '망대', '파수꾼'이라는 뜻입니다. 사무엘이 이스라엘을 개혁하기 위해서 미스바로 모이라고 합니다. 개혁은 다른 것이 아니고 나 자신을 살피고 회개하는 것입니다. 회개 운동이 일어날 때 진정한 개혁이 이루어집니다.

우리들교회가 개척한 지 10년 만에 판교 부지에 교회 건물을 세웠습니다. 그리고 판교 채플에서 첫 예배를 드리던 날, 사무엘상 7장 '미스바로 모이라'는 설교를 하게 되었습니다.

경부고속도로를 지나다 보면 우리들교회 건물이 보이는데 그야말로 미스바, 망대처럼 우뚝 서 있습니다. 하나님은 모두가 볼 수 있는 곳, 모두를 볼 수 있는 곳에 교회 건물을 세워 주셨습니다. 망대 역할, 파수꾼

역할을 감당하라고 교회를 세워 주셨습니다.

우리들교회는 휘문고등학교 체육관을 빌려서 예배를 드리기 시작했는데, 강남 한복판이다 보니 그곳에서는 교회 건물을 지을 엄두도 못 냈습니다. 그런데 서울 강남에서 가까운 경기도 판교에, 종교 부지로 시세와 관계없이 저렴한 땅을 구하게 하셨습니다. 판교가 개발되면서 유력한 동네로 알려졌지만 우리들교회가 선 곳은 고속도로변, 산 아래입니다. 위로는 수자원공사가 있고, 아래로는 송유관이 묻혀 있어서 물과 불이 지나는 교회입니다. 그래서 당연히 주변에 거민이 희소합니다. 주택가나 아파트 단지가 아니라서 대중교통도 연결이 잘 안 됩니다. 모두가 보이는 곳이지만 다가가기엔 너무 어려운 장소에 우리들교회가 세워졌습니다.

미스바는 예루살렘에서 북동쪽으로 13킬로미터 떨어진 곳에 있습니다. 역사적으로 보면, 사사시대에 레위 사람의 첩이 베냐민 불량배에 의해 살해되었을 때 이스라엘이 총 집결한 곳입니다(삿 19-20장). 그래서 저는 우리들교회가 미스바, 망대처럼 우뚝 서서 당시 비통한 이스라엘 사람들이 모인 것같이 환난당한 자와 빚진 자와 마음이 원통한 자들이 모이는 교회가 되기를 소망했습니다.

그런데 이어지는 사무엘상 10장을 보면 이스라엘 백성이 여호와 하나님을 거부하고 세상의 왕을 구하는 반역의 장소로 미스바가 등장합니다. 언제나 거룩한 장소, 거룩한 사람은 이 세상에 없습니다. 인간이 100퍼센트 죄인이기에 천국에 가는 그날까지 깨어서 조심해야 하듯,

우리들교회가 말씀 묵상과 회개의 본보기로 아름답게 세워졌지만 마음을 놓지 말고 늘 조심하면서 가야 할 것입니다.

모이는 모습을 보이라

> [3]사무엘이 이스라엘 온 족속에게 말하여 이르되 만일 너희가 전심으로 여호와께 돌아오려거든 이방 신들과 아스다롯을 너희 중에서 제거하고 너희 마음을 여호와께로 향하여 그만을 섬기라 그리하면 너희를 블레셋 사람의 손에서 건져내시리라 [4]이에 이스라엘 자손이 바알들과 아스다롯을 제거하고 여호와만 섬기니라 [5]사무엘이 이르되 온 이스라엘은 미스바로 모이라 내가 너희를 위하여 여호와께 기도하리라 하매
>
> (삼상 7:3-5)

사무엘상 4장 1절에서 보았듯이 사무엘은 이미 온 이스라엘에 말씀을 전파하고 있었습니다. 4장에서 6장까지 블레셋과 전쟁을 하고 언약궤를 빼앗기고 엘리와 아들들이 죽는 동안에도 계속 말씀을 전했으나 이스라엘 사람들이 교만해서 듣지 않습니다.

미국 조지타운 대학 교수인 로히트 바르가바(Rohit Bhargava)는 호감의 다섯 가지 요소를 진실성(truth), 관련성(relevance), 이타성(unselfishness), 단순성(simplicity), 타이밍(timing)이라고 정리했습니다.

이 다섯 가지를 믿음으로 다시 풀어 보면, 진실성은 자기 주제를 알고 솔직한 것입니다. 무조건 있는 그대로 말하는 솔직함이 아니라 자기 주제를 아는 자기 인식에서 나오는 솔직함이 진실성이라고 할 수 있습니다. 그리고 관련성은 '너의 상처가 나와 관련이 있다'는 공감과 나눔으로 해석할 수 있습니다. 당신이 아픈 것처럼 나도 아파 보았다고, 나의 고난을 약재료로 내어 놓는 것이 관련성이 될 것입니다.

이타성은 항상 상대방을 위하는 이타적인 마음을 가지는 것이고, 단순성은 다른 목적 없이 단순하게 영혼 구원을 목적으로 다가가는 것입니다. 구원을 위해 때를 분별하고 잘 맞추는 것이 중요한데 그것이 타이밍입니다. 하나님의 지혜는 '때를 아는 것'이라고 해도 과언이 아닙니다. 때와 상황을 잘 분별하는 사람은 누구에게나 호감을 줄 수 있습니다.

사무엘도 때를 분별하고 기다렸습니다. 이스라엘 백성이 질기게도 말을 안 듣고 있지만 그들의 마음을 얻기 위해 힘이 빠지기를 기다렸습니다. 진실한 태도로, 백성의 아픔과 두려움에 관여하면서, 그들을 위하는 이타적인 마음으로, 단순하게 오직 구원을 위해 때를 기다렸습니다. 블레셋과 싸워서 패하고, 언약궤를 빼앗기고, 벧세메스 사람들이 살육을 당하고 온 이스라엘의 마음이 낮아지고 낮아져서 여호와를 사모하게 될 때까지 기다린 것입니다. 그래서 드디어 이제는 사무엘이 전하는 말씀이 들어갈 때가 됐습니다.

하나님을 믿고 복음을 전하는 우리가 이런 호감을 주는 사람이 되었으면 좋겠습니다. 진실성과 관련성과 이타성, 단순성을 갖추고 타이밍을 잘 맞추는 성도, 그런 교회가 되었으면 좋겠습니다. 그래서 사람들이 모이는 교회가 되기를 바랍니다. 모이라고, 모이라고 악을 써서 모이는 것이 아니라 호감을 느껴서 모이고 싶은, 매력이 있는 성도와 교회가 되기를 바랍니다.

올바른 회개를 보이라

> 사무엘이 이스라엘 온 족속에게 말하여 이르되 만일 너희가 전심으로 여호와께 돌아오려거든 이방 신들과 아스다롯을 너희 중에서 제거하고 너희 마음을 여호와께로 향하여 그만을 섬기라 그리하면 너희를 블레셋 사람의 손에서 건져내시리라 (삼상 7:3)

지금 이스라엘은 회개가 절대적으로 필요한 상황입니다. 그런데도 회개가 안 됩니다. 전쟁에서 사만삼천 명이 죽어도, 언약궤를 빼앗겨도, 언약궤가 돌아와도, 벧세메스 사람들이 살육을 당해도 회개가 안 됩니다. 회개의 역사가 일어나면 모든 문제가 해결될 텐데 허벅지를 꼬집어도 눈물이 안 나고 회개가 안 되는 겁니다.

그런데 기럇여아림 주민들이 언약궤를 모시면서, 그곳에 언약궤가 있는 20년 동안 온 이스라엘이 여호와를 사모하게 되었습니다. '사모한다'는 것은 통곡하고 애통한다는 뜻이라고 했습니다. 기럇여아림에 언약궤가 있는 동안 이스라엘에도 회개와 애통의 역사가 일어난 것입니다.

회개에는 눈물이 있습니다. 그러나 회개가 자기 불행과 슬픔에서 야기되는 것은 분명하지만, 참된 회개는 통곡과 눈물에서 그치면 안 됩니다. 죄를 깨달아서 통곡하고 눈물을 흘렸다면 구체적으로 죄를 끊고 돌이키는 실천이 따라야 합니다. 전심으로 여호와께 돌아오겠다고 방향을 잘 정한 것만으로는 부족하다는 겁니다. 온전히 돌아오려면 이방신을 제거해야 합니다. 내가 하나님 대신 섬겼던 우상과 돈과 음란과 모든 것을 제거하고 하나님만을 섬기기로 결단해야 합니다. 그런 회개와 실천이 있을 때 블레셋 사람의 손에서 건져 주시고 구원해 주시는 것입니다.

사무엘의 모든 사역이 7장 3절의 이 한 구절에 다 들어 있습니다. 요약하면 '이방신을 제거하라', '하나님만 섬기라', '그러면 구원받을 것이다'입니다.

이방신을 제거하는 것은 쉬운 일이 아닙니다. 내가 하나님 자리에 놓고 섬기는 자녀 우상, 가족 우상, 돈 우상, 쾌락 우상을 제거하기가 너무 어렵습니다. 그러나 세상과 하나님은 동전의 양면 같아서 세상의 이방신을 제거하지 않으면 절대로 하나님을 섬길 수 없습니다. 내가 눈물을 흘리면서 죄를 고백한다고 하나님을 섬기는 게 아닙니다. 하나님을 섬기기 위해 말씀을 듣는 지금 이 순간부터 우상을 제거해야 합니다. 우상을 제거하지 않으면 눈물을 폭포처럼 흘린다고 해도 하나님을 섬길 수 없습니다.

당시 아스다롯은 농경과 풍요의 신입니다. 그리고 대부분의 우상이 그러하듯이 난잡한 숭배 의식을 행하고 있었습니다. 가나안의 종교는 예배 의식으로 성행위를 하면서 사람들을 강하게 이끌었습니다. 요즘 시대에도 이단들이 성행위를 영적인 것으로 포장하는 경우가 많습니다. 그때나 지금이나 사람은 악하고 음란하기 때문에, 종교적인 이름으로 그런 짓을 하면 안도감을 느낍니다. 악한 것을 허락해 주는 것 같아서 편하게 악을 행합니다. 인간의 본능이 그렇습니다.

이단을 욕할 것이 뭐가 있습니까. 올바른 교회에서 큐티까지 하는 우리인데 남자 성도들의 적용은 대부분 '음란 동영상을 끊는 것', '음란 업소 안 가는 것' 등입니다. 그런데 이단에서는 그런 음란함을 합법적인 것으로 만들어 주니까 빠져나오기가 어렵습니다. 예배도 드리고 재미도 보니까 죄책감도 없고 빠져나오기도 싫습니다.

쉽게 사기를 당하고 이단에 빠지는 사람의 특징은 첫째, 욕심이 많다는 것입니다. 사기 치는 사람만 나쁜 게 아닙니다. 다 자기 욕심 때문에 사기를 당하고 이단에 넘어갑니다. 그리고 두 번째 특징은 내가 똑똑하다는 자만심입니다. 나는 속을 사람이 아니라고 하면서 속고 있는데 그걸 자기만 모릅니다.

그리고 이단에 넘어가는 사람들은 대개 힘든 환경에 대한 상처가 있습니다. 상처와 피해의식으로 치우친 판단을 하고, 평범한 사람들이 쉽게 보고 느끼는 상식을 놓쳐 버립니다. 또 빠질 수 없는 특징이 '성경 지식이 풍부하다'는 겁니다. 성경을 문자적으로 믿고 달달 외우면서 부적처럼 달고 다닙니다. 이런 사람이 이방신을 섬기는 철저한 우상숭배자입니다.

이단에 속한 사람은 한두 번 훈계한 후 멀리하라고 하셨습니다(딛 3:10). 이단에서 빼 오겠다고, 전도하겠다고 너무 애쓰면 안 됩니다. 나도 자칫 넘어갈 수 있기 때문에 조심해야 합니다. 욕심에 끌려서 우상을 섬기는 자들은 이성 없는 짐승과 같습니다. 그런 사람이 있다는 것도 인정하고 내 힘으로 안 되는 것을 알고 멀리해야 합니다.

사무엘은 블레셋에게 당하는 것이 이스라엘이 힘이 없어서가 아니라 우상숭배를 했기 때문이라고 계속 외칩니다. 내가 돈이 없고 못 배워서 무시당하는 게 아닙니다. 부모를 잘못 만나서 가난하고, 남편이 무능해서 못사는 게 아닙니다. 오직 나의 우상숭배 때문에 힘들게 당하는 겁니다. 내가 하나님을 섬기지 않고 이방신을 사랑하고 섬기기 때문에 일이 안 되고 못사는 겁니다.

큐티는 끊임없는 우상 제거입니다. 오늘도 내 속에 세워진 우상을 타파하고자 말씀 앞에 앉는 것입니다. 날마다 말씀으로 나를 비춰 보고 내 속의 우상을 발견하고 깨뜨리는 것이 큐티입니다.

나의 이방신을 제거하고 우상숭배가 끝나면 반드시 구원이 기다리고 있습니다. 우상숭배가 끝나지 않으면 구원을 얻지 못합니다. 내가 배우자를 우상처럼 여기면 그 배우자의 지배를 받을 수밖에 없습니다. 내가 자녀를 우상으로 섬기고, 돈을 우상으로 섬기면 거기에 지배를 받을 수밖에 없습니다. 그 모든 우상숭배가 종식되어야 고통과 집착에서 구원받을 수 있습니다.

이에 이스라엘 자손이 바알들과 아스다롯을 제거하고 여호와만 섬기니라 (삼상 7:4)

이스라엘 자손이 사무엘의 말을 듣고 즉각적으로 순종합니다. 여호와를 사모하는 통곡과 눈물은 감정적인 것이 아니었습니다. 사무엘의 말에 순종해서 우상을 제거하고 진정한 회개를 보여 줍니다.

공동체 고백에 올라온 어느 분의 글을 나누겠습니다.

외도하던 당시에 아내를 죽이고 싶다는 마음을 품을 만큼 혈기가 대단했습니다. 제가 음란을 끊지 못하니 허구한 날 아내와 싸우게 되었고 그러면서 행동이 점점 더 과격해진 탓입니다. 이혼하러 법원까지 가서는 웃통을 벗어던진 채 아내를 차로로 밀어붙이면서 "너 죽어라! 아주 죽어 버려!" 하고 고래고래 소리 지른 적도 있습니다. 정말이지 제정신이 아니었습니다.

당시 얼마나 혈기를 부렸는지 금고를 해머로 부숴 버린 적도 있습니다. 잘못은 내가 저질러 놓고 오히려 아내에게 분내며 괴롭혔으니 사탄에 사로잡히면 인간이 아니라 짐승이 된다는 걸 그때 알았습니다.

지금도 아내가 나를 가르치려 든다 싶으면 나도 모르게 치미는 것이 가끔 있습니다. 아직도 혈기를 다스리지 못하고 있는 것입니다. 그럼에도 내 죄를 바라보며 날마다 회개의 삶을 살다 보니, 자격과 공로가 없는 나 같은 죄인에게도 하나님께서 도우심의 손길을 주시어, 은행 문제도 다 해결해 주셨고, 드디어 이달 말에는 아파트에 들어가 살 수 있는 기적도 일으켜 주셨습니다.

이분이 날마다 죄가 보여서 회개하게 되었다고 합니다. 혈기가 있어도 회개하고 돌이키니 하나님께서 이분을 목자로 사용하십니다. 이스라엘 백성이 미스바에 모여 회개함으로 회복된 것처럼 우리들교회가 회개 운동과 말씀 운동을 감당함으로 한국 교회가 회복되는 미스바와 같은 곳이 되길 기도합니다.

구원의 조건이 회개이고, 회개의 결과가 구원입니다. 회개는 구원을 위해 필수적인 것입니다. 우상을 제거하고 하나님만 섬기는 것도 회개의 결과입니다. 회개의 결과로 구원을 받고 하나님을 섬길 수 있습니다.

블레셋은 전쟁에서 이기고 나서 이스라엘에 대한 지배를 확고히 하려고 애썼을 것입니다. 그런데 이스라엘이 우상을 제거하고 회개하고 나니까 블레셋의 손에서 구원받게 됐습니다. 그동안에는 '나는 바라볼데가 없어. 의지할 곳이 없어. 남편도, 부모도, 자식도 아무도 없어!' 이랬는데 회개를 하니까 바라볼 곳이 생겼습니다.

회개를 하고 나면 바라볼 곳이 생깁니다. "주 예수를 믿으라 그리하면 너와 네 집이 구원을 받으리라"(행 16:31) 하신 것처럼 영육간의 모든 문제에서 구원을 받게 됩니다. 두려움과 절망, 미움, 가난, 외로움, 모든 세상 가치관에서 구원받을 수 있습니다.

⁵사무엘이 이르되 온 이스라엘은 미스바로 모이라 내가 너희를 위하여 여호와께 기도하리라 하매 ⁶그들이 미스바에 모여 물을 길어 여호와 앞에 붓고 그날 종일 금식하고 거기에서 이르되 우리가 여호와께 범죄하였나이다 하니라 사무엘이 미스바에서 이스라엘 자손을 다스리니라 (삼상 7:5-6)

온 이스라엘이 모여서 우리가 여호와께 범죄하였다고 고백합니다. 자기 죄를 고백하는 공동체가 되었습니다. 그러자 마침내 사무엘의 다스림을 받게 되었습니다. 이스라엘이 자기 죄를 깨닫고 통곡하고 회개하고 나니 사무엘의 가르침이 들리게 된 것입니다.

우리가, 우리의 교회가 하나님의 다스림을 받기 원합니다. 사무엘을 통해 주시는 말씀의 다스림을 받고, 말씀에 즉각 순종해서 우상을 제거하는 성도와 교회가 되기를 바랍니다. 나의 회개, 우리의 회개를 보고 내 옆의 가족과 이웃도 우상을 제거하고 구원받게 될 것입니다. 그래서 어떠한 경우에도 내가 회개하는 것이 구원을 위한 최고의 순종입니다.

• • • • • •

요즘 무엇(누구)에 사로잡혀 있습니까. 어디에 애정을 쏟고 있습니까. 그것 때문에 하나님과의 관계가 냉정해지고 은혜가 식었습니까. 지금 즉시 제거해야 할 나의 이방신 아스다롯은 무엇입니까.

올바른 회개는
올바른 기도를 하게 한다

> [7]이스라엘 자손이 미스바에 모였다 함을 블레셋 사람들이 듣고 그들의 방백들이 이스라엘을 치러 올라온지라 이스라엘 자손들이 듣고 블레셋 사람들을 두려워하여 [8]이스라엘 자손이 사무엘에게 이르되 당신은 우리를 위하여 우리 하나님 여호와께 쉬지 말고 부르짖어 우리를 블레셋 사람들의 손에서 구원하시게 하소서 하니 (삼상 7:7-8)

올바른 회개를 하고 우상을 제거했더니 블레셋 사람들이 쳐들어왔습니다. 할렐루야!

내가 순종 잘하고 회개했는데 왜 이런 일이 왔는가 싶어 '놀렐루야!' 입니까?

똑같은 블레셋이 쳐들어왔어도 사무엘상 4장과는 완전히 다릅니다. 지금의 나는 구원받은 사람입니다. 하나님의 구원을 받고 치르는 전쟁입니다.

구원받기 전에는 블레셋이 무섭기만 하고 해결이 안 됐습니다. 당연히 질 수밖에 없습니다. 그런데 구원을 받고 나서도 끊임없이 쳐들어오는 사건이 이어집니다. 자식이 쳐들어오고, 안 믿는 남편이 쳐들어오고 날마다 전쟁이 이어집니다. 그러나 구원받고 치르는 전쟁은 지는 전쟁이 아니라 승리하는 전쟁입니다. 내가 하나님 편에 있기 때문에 하나님께서 싸워 주시고 하나님께서 승리하시는 전쟁입니다.

그러므로 블레셋 사람들이 쳐들어왔을 때 구원받은 내가 할 일은 올바른 기도를 드리는 것입니다. 올바른 회개가 올바른 기도로 이어지도록 블레셋이 쳐들어왔습니다. 두려움으로 덜덜 떨지 말고 하나님을 바라보라고, 하나님의 승리하심을 보라고 블레셋이 치러 올라옵니다.

사탄이 제일 싫어하는 것은 경건한 외모, 경건한 생활이 아니라 회개입니다. 내가 성령으로 충만하지 않으면 사탄도 나에게 관심이 없습니다. 그런데 내가 말씀으로 충만하고 회개와 기도로 충만하면 사탄도 궐기를 해서 일어나고 부흥회를 합니다. 그래서 제일 무서워하는 블레셋이 '네가 회개했다고? 네가 구원받았다고? 이래도 네가 예수님 믿을래?' 하면서 쳐들어오는 겁니다.

하지만 이제는 내가 달라졌습니다. 전에는 기도도 할 줄 몰라서 언약궤를 부적처럼 옮기고 다녔는데 이제는 올바른 회개를 통해 올바른 기도를 드리게 됐습니다. 우상을 제거하고 회개하고 나니까 하나님만 바라고 하나님만이 의지의 대상인 것을 알았습니다. 그래서 기도의 용사 사무엘에게 달려와 기도를 청합니다. 전에는 사무엘의 말도 안 듣더니 기도 요청할 대상을 바르게 분별하고 사무엘을 찾아갔습니다. 언약궤를 수호신처럼 여기고 의지하는 것이 아니라 하나님의 말씀을 맡은 사무엘에게 기도를 청하고 백성도 함께 기도했습니다.

[9]사무엘이 젖 먹는 어린 양 하나를 가져다가 온전한 번제를 여호와께

드리고 이스라엘을 위하여 여호와께 부르짖으매 여호와께서 응답하셨더라 [10]사무엘이 번제를 드릴 때에 블레셋 사람이 이스라엘과 싸우려고 가까이 오매 그날에 여호와께서 블레셋 사람에게 큰 우레를 발하여 그들을 어지럽게 하시니 그들이 이스라엘 앞에 패한지라 [11]이스라엘 사람들이 미스바에서 나가서 블레셋 사람들을 추격하여 벧갈 아래에 이르기까지 쳤더라 (삼상 7:9-11)

사무엘이 백성에게 미스바로 모이라고 하면서 "내가 너희를 위하여 기도하리라" 했습니다. 하나님은 사무엘을 통해 중보기도의 능력과 그 기도가 구원의 근거가 되는 것을 보여 주십니다. 우상을 제거한 백성에게 전쟁에서 이길 수 있는 근거가 생긴 것입니다.

회개의 힘은 참으로 큽니다. 회개를 하고 나니 안심이 되고 두려움이 없어져서 하나님께 기도드리면 되겠다는 마음이 생깁니다. 그 마음으로 기도를 드리니까 하나님께서 이기게 하셨습니다.

이전에는 제사도 열심히 드리고, 제물도 많이 바치고, 언약궤를 끼고 다녔는데도 전쟁에서 패했습니다. 하지만 이제 구원받은 자로서 올바른 예배와 기도를 드리니 언약궤가 옆에 없어도 이기게 됐습니다. 형식적인 신앙생활은 패배할 수밖에 없습니다. 형식적인 예배, 형식적인 기도도 다 패하는 것입니다. 예배의 본질을 회복해야 합니다. 실제로 죄를 끊고 우상을 제거하는 올바른 회개를 하고, 기도의 대상을 정확하게 아는 올바른 기도를 드리면 무서운 블레셋을 크게 쳐서 이길 수 있습니다.

내가 기도를 청하는 대상은 누구입니까. 돈과 권세로 나를 도와줄 것 같은 사람, 무조건 잘된다는 말로 거짓 위로만 하는 사람을 찾아다닙니까. "기도할게요"라고 형식적인 말을 내뱉고, 형식적인 중보기도를 하면서 나도 속고 남도 속입니까. 내가 올바른 기도로 중보할 사람은 누구입니까.

회복시키는 하나님을
기념하라

> [12]사무엘이 돌을 취하여 미스바와 센 사이에 세워 이르되 여호와께서 여기까지 우리를 도우셨다 하고 그 이름을 에벤에셀이라 하니라 [13]이에 블레셋 사람들이 굴복하여 다시는 이스라엘 지역 안에 들어오지 못하였으며 여호와의 손이 사무엘이 사는 날 동안에 블레셋 사람을 막으시매 [14]블레셋 사람들이 이스라엘에게서 빼앗았던 성읍이 에그론부터 가드까지 이스라엘에게 회복되니 이스라엘이 그 사방 지역을 블레셋 사람들의 손에서 도로 찾았고 또 이스라엘과 아모리 사람 사이에 평화가 있었더라 (삼상 7:12-14)

에벤에셀은 '도움의 돌'이라는 뜻입니다. 하나님이 도우시고 하나님이 승리하신 것을 증거하고 기념하는 돌입니다. '내가 수고했지 하나님이 다 해 주셨나?'가 아니라 전적인 하나님의 도우심과 은혜를 인정하는 신앙고백입니다.

하나님은 이제까지 도우셨으며 오늘도 나를 도우시고 장래까지도 도우십니다. 사무엘이 사는 날 동안에 블레셋 사람들이 쳐들어오지 못했습니다. 이렇듯 한 사람이 너무나 중요합니다. 내가 어떤 사람이 되는가에 따라서 내 가정과 교회와 직장의 안위가 결정됩니다. 내 옆에 어떤 한 사람이 있는가에 따라서 블레셋이 쳐들어오고 못 쳐들어오고가 결정됩니다.

나의 우상을 제거하고 회개하는 한 사람, 구원을 위해 기도하는 한 사람이 있으면 아무리 강한 대적도 못 쳐들어옵니다. 영과 육에 회복의 역사가 일어날 뿐 아니라 물질도 찾게 해 주시고 무서운 아모리와도 생각지도 못한 평화를 주십니다.

회개와 기도와 적용이 올바르니까 하나님께서 이스라엘의 적들을 막으십니다. 그런데 사무엘이 사는 날 동안 막으셨다고 했으니 사무엘이 죽고 나면 어떻게 될까요? 이스라엘이 다시 예전으로 돌아가서 망했습니다. 사무엘의 리더십이 얼마나 대단한지를 보여 주십니다.

우리도 뒤로 후퇴해서 다시 패배할 수 있습니다. 오늘 승리했지만 내일은 장담을 못 합니다. 그래서 매일 마지막 날을 사는 것처럼 깨어 있어야 합니다. 오늘 죽을 것처럼 조심하고, 당장이라도 망할 것처럼 조심하고, 기쁜 날에는 슬픈 것을 예비하고, 잘되는 날에도 망할 것을 예비하면서 가야 합니다.

처음 블레셋과 싸울 때는 에벤에셀이 패배의 장소였습니다. 똑같은 장소, 똑같은 사람이라도 회개하고 구원받은 후에는 다른 장소, 다른 사람이 됩니다. 실패하고 무너졌던 사람도 하나님만 섬기고 의지하면 승리하는 인생으로 바뀔 수 있습니다. 이 말씀을 약속의 말씀으로 받으시기 바랍니다. '이 사람은 안 될 것 같아. 세상 사람이 다 변해도 저 인간은 안 변할 것 같아' 하는 건 없습니다. 어떤 사람이라도 하나님이 도우시고 회복시키면 변화될 줄 믿습니다.

하나님은 에그론부터 가드까지 블레셋에게 빼앗겼던 성읍을 도로 찾아 주셨습니다. 세상에 빼앗겼던 안 믿는 배우자, 자녀들을 도로 찾아 주실 것을 믿으십시오. 내 욕심으로 빼앗겼던 재물과 건강도 다 회복될 것을 믿으시기 바랍니다. 내가 이방신을 제거하고 진정한 회개를 하면 빼앗겼던 모든 것을 다 회복시켜 주십니다.

그리고 너무 강해서 상대도 못했던 아모리와도 평화를 이루게 하십니다. 나보다 훌륭하고 대단해서 전도를 못했던 아모리 같은 형제, 친구에게도 복음을 전하게 하시고 평화를 이루게 하실 것입니다. 어떤 상황에서도 도우시고 회복시키시는 하나님을 보이라고 에벤에셀의 가정, 에벤에셀의 교회로 세우실 것입니다.

올바른 예배를 보이기 위해
모이라

¹⁵사무엘이 사는 날 동안에 이스라엘을 다스렸으되 ¹⁶해마다 벧엘과 길갈과 미스바로 순회하여 그 모든 곳에서 이스라엘을 다스렸고 ¹⁷라마로

돌아왔으니 이는 거기에 자기 집이 있음이니라 거기서도 이스라엘을

다스렸으며 또 거기에 여호와를 위하여 제단을 쌓았더라 (삼상 7:15-17)

미스바에서 엄청난 회개의 역사를 주도한 사무엘이 해마다 순회하며 이스라엘을 다스립니다. 누군가를 전도하고 나면 그 후에 이어지는 양육이 정말 중요합니다. '선 줄로 생각하는 자는 넘어질까 조심하라'(고전 10:12)고 했듯이 한 번의 회개 운동이 영원히 지속되지 않음을 알아야 합니다. 계속 구원의 결단을 유지하기 위해서 꾸준한 가르침이 필요합니다.

15절부터 17절까지 사무엘이 이스라엘을 '다스렸으되', '다스렸고', '다스렸으며' 하는 말씀이 반복해서 나옵니다. 다스렸다는 말이 영어로는 'judge'(판사, 심판)라고 돼 있습니다. 하나님은 사랑과 공의의 하나님이시지만, 공동체를 다스리려면 하나님의 공의가 강조될 필요도 있습니다. 앞의 7장 6절에서 "그들이 미스바에 모여 물을 길어 여호와 앞에 붓고 그날 종일 금식하고 거기에서 이르되 우리가 여호와께 범죄하였나이다 하니라 사무엘이 미스바에서 이스라엘 자손을 다스리니라"고 했는데 이때의 '다스리다'도 'judge'입니다. 이스라엘 백성이 눈물을 흘리며 회개할 때도 같은 다스림을 행한 것입니다. 하나님의 공의와 사랑은 그래서 같은 말입니다. 공의로 죄를 깨닫게 하시고 사랑으로 용서하시고 구원하시는 것이 하나님의 다스리심이고, 말씀을 전하는 사무엘의 다스림이었습니다.

사무엘상 7장은 "여호와를 위하여 제단을 쌓았더라" 하고 끝이 납니다. 미스바에서 일어난 올바른 회개와 올바른 기도, 하나님의 도우심과 회복, 이 모든 것의 결론이 예배로 마무리됩니다. 사람이 받을 수 있는 복 중에 최대의 복이 예배이기 때문입니다. 우리 삶의 절정은 예배에 있습니다.

오늘 말씀을 듣고 나의 아스다롯 우상을 제거해도, 다시 세상에 나가면 또 다른 아스다롯을 섬기게 됩니다. 이생의 자랑, 안목의 정욕, 육신의 정욕이 쌓여서 음란과 성공과 허무함의 우상이 찾아옵니다. 그것을 제거하려고 매일 말씀을 보면서, 말씀을 무기로 처절하게 피를 흘리고 사투를 벌이다가 모이는 것이 예배입니다. 그래서 예배에는 감격과 감동이 있어야 합니다. 일주일 동안 처절한 영적 전쟁을 치렀기에 '천부여 의지 없어서 손들고' 나아오는 감격과 감동이 있어야 합니다.

올바른 말씀 묵상을 보이라

사무엘의 말이 온 이스라엘에 전파되고, 사무엘이 이스라엘 온 족속에게 말하고, 사무엘이 이스라엘을 다스렸습니다. 이 모든 것은 하나님의 말씀으로 행한 일입니다.

하나님의 말씀이 있는 곳, 말씀을 생활 속에서 실천하고 적용하는 곳에서 진정한 영적 부흥이 일어납니다. 말씀 없는 모임, 말씀 없는 회개,

말씀 없는 기도, 말씀 없는 도우심, 말씀 없는 회복, 말씀 없는 예배는 있을 수가 없습니다. 전혀 불가능한 일입니다. 우리의 모임과 회개와 기도와 회복과 예배, 그 모든 기초에 말씀이 있어야 합니다.

그러므로 미스바 모임, 미스바 교회는 말씀 묵상을 근본으로 세워져야 합니다. '하나님의 말씀을 묵상하고 적용하고 실천했더니 하나님의 말씀대로 이루어졌다.' 이것이 미스바에 모이는 큰 목적입니다.

사무엘은 선지자로, 사사로, 제사장으로, 그 역할을 다 감당하고 있습니다. 하나님의 말씀을 실천하고 전하는 사람들은 영적으로 말씀과 기도만 부르짖을 게 아니라 실제적으로 찾아다니며 도움을 주고 삶을 나누어야 합니다. 미스바 망대처럼 우뚝 서서 다른 사람들을 살피고 필요를 채우고 가르침을 삶으로 보여 줘야 합니다.

이것이 내 힘으로는 안 되기 때문에 매일 말씀을 묵상하는 큐티가 필요합니다. 올바른 회개와 기도와 예배를 막는 이방신 아스다롯을 부수고 제거하기 위해서 날마다 말씀을 읽고 묵상하고 생활에 적용해야 합니다. 말씀 묵상이야말로 사탄과의 싸움에서 이길 수 있는 비결입니다.

이스라엘의 회개가 강한 대적을 막는 큰 힘이었던 것처럼, 날마다 성경을 읽고 회개하고 적용하는 것은 상상을 뛰어넘는 큰 힘이 됩니다. 성경을 아무리 읽어도 삶의 이야기를 하지 않으면 공허합니다. 진솔하게 삶을 나누어도 거기에 말씀이 없으면 공허하고 위험합니다.

우리의 고난이 주제가 되고, 성경이 교과서가 되고, 성령이 스승이 되시면 말씀으로 삶을 나눌 수 있습니다. 나의 회개와 나눔이 다른 사람

의 회개로 이어지고, 나 한 사람의 순종과 적용이 미스바 대부흥 운동,
대각성 운동으로 이어집니다. 그 역사를 위해 오늘도 '모이라'고 외치는
미스바 성도, 미스바 교회가 되기를 예수님의 이름으로 축원합니다.

우리들 묵상과 적용

군대에 가 있던 형이 어느 날 탈영을 하고 붙잡혀 군대 교도소에 수
감되는 일이 일어났습니다. 형기를 마치고 교사임용고시를 준비하던
형은 자기가 나서서 불의한 세상을 바꿔 보겠다며, 가족이 감당하기 힘
들 정도로 거칠고 폭력적으로 변해 갔습니다. 병원에 두 차례 입원을 하
는 과정에서 부모님이 감당하시기 힘든 사건들이 많아 저는 형을 서울
의 제 자취방으로 데리고 와서 함께 지내기로 했습니다. 이때부터 제게
는 잊을 수 없는 고난이 시작되었습니다.

저는 형에게 술을 마시지 못하게 하고 약을 먹이기 위해 온갖 전략과
방법을 동원했습니다. 그럼에도 실패하여 강제로 병원에 입원시키려는
저에게 형은 "너는 악마"라며 온갖 저주를 퍼부었습니다. 그때 저는 '내

가 진짜 악마인가?' 생각하며 멍하니 있다 오곤 했습니다.

어느 날 친구의 소개로 만난 여자와 결혼하겠다는 형에게 "과거를 다 털어놓고 결혼해야 한다"고 했더니 형은 "내 과거를 알면 누가 결혼하겠느냐"며 강한 거부감을 나타냈습니다. 가족은 모두 입을 꾹 다물고 결혼을 허락하고야 말았습니다. 하지만 얼마 후 형은 병원에 다시 입원하게 되었습니다. 그리고 저는 밧줄에 묶여 병원 차에 실려 가는 형을 먼발치에서 망연히 쳐다보는 형수님을 바라볼 수밖에 없었습니다. 눈물만 흘리시는 형수님을 보며 쥐구멍에라도 들어가고 싶었고, 그 기억은 아직까지 제 인생에 고통스럽게 남아 있습니다.

그러던 어느 날 아내의 인도로 우리들교회에 오게 되었는데 교회에 호감을 갖고 목장에 참석하면서 공동체에 매력을 느껴 등록을 했습니다. 목사님의 설교 중에 "나를 위해 수고한 자"라는 한마디에 마음 한구석에 묻어 두었던 형과 저의 모든 사건이 다시 보이기 시작했습니다. 제 자만심으로 고집불통의 자아가 형성되어 형의 문제를 저의 기준으로 판단하며 혼자 힘으로 극복하려 했던 것이 깨달아졌습니다.

대학에서 현대음악 작곡을 전공하고, 일본군 위안부 오페라를 작곡해서 공연도 하고 성가대 지휘를 맡으며 저 스스로를 높이고 제 의로 살았기에 예수님은 불편한 존재였습니다. 자만심에 사로잡혀 저 자신을 우상으로 숭배했기에 패할 수밖에 없었음을 깨닫게 되었습니다.

신앙이 깊은 형수님이 이 모든 상황을 이해하셨지만 형수님을 뵐 때마다 큰 죄인이란 생각에 마음이 낮아집니다.

하나님은 올바른 기도를 드리게 하시고 무에서 유를 창조해 주셔서, 그렇게 변할 것 같지 않던 형이 형수님의 도움으로 변화되어 지금은 장애인들을 가르치는 교사가 되어 살고 있습니다.

아내는 요즘 가끔 화를 내면서 아직도 저의 우상이 제 자신이라고 말합니다. 바람도 안 피우고 술도 끊고 이만하면 괜찮은 남편이라고 생각했는데, 그 말을 들으며 이제는 공의와 사랑의 하나님으로부터 끊임없는 가르침을 받아야겠다고 결단합니다. 지난 시절 상처가 된 아픔과 슬픔을 치유해 주실 것을 믿으며 올바른 예배의 감동 속에 평화롭게 지내기 원합니다.

잃어버린 예배를 회복하기 위해 미스바로 모이게 해 주시고, 올바른 말씀 묵상으로 에벤에셀의 반석 위에서 실천하도록 이끄시며, 간증으로 기념하게 해 주시니 감사드립니다.

말씀으로 기도하기

블레셋과의 전쟁이 있기 전부터 20여 년 동안 말씀을 전해 온 사무엘이 이스라엘 백성에게 미스바로 모이라고 합니다. 그리고 이스라엘 사람들이 여호와를 사모하게 되고 말씀이 들릴 만한 때를 기다려 회개와 개혁의 메시지를 외칩니다.

모이는 모습을 보여야 합니다. (삼상 7:3-5)

사무엘이 미스바에 모이라고 하니 백성이 감동이 되어 모였습니다. 블레셋에게 패하고, 언약궤를 빼앗기고, 벧세메스 사람들이 살육을 당하여 낮아질 대로 낮아진 이스라엘에게 말씀이 들린 것처럼, 나의 사건에서 하나님의 말씀이 들리고 삶이 변하는 감동이 있게 하옵소서.

올바른 회개를 보여야 합니다. (삼상 7:3-6)

이방신들과 우상을 제거하고 전심으로 여호와께 돌아오라고, 그리하면 하나님께서 구원하신다고 합니다. 감정적인 회개가 아니라 내 속의 세상 욕심과 우상을 제거하는 진정한 회개를 하게 하옵소서.

올바른 회개는 올바른 기도를 하게 합니다. (삼상 7:7-11)

미스바에 모여 회개하고 나니 블레셋이 쳐들어옵니다. 올바른 회개로 구원을 받았으니 올바른 기도를 드리라고 사건이 온 것입니다. 회개를 통해 내 힘으로는 할 수 없음을 깨달았다면 오직 하나님만이 의지의 대상임을 알고 올바른 기도를 드리기 원합니다. 이스라엘 백성이 사무엘에게 기도 요청을 한 것처럼, 올바른 기도 제목으로 올바른 대상에게 기도를 청하며 함께 기도하기 원합니다.

회복시키는 하나님을 기념해야 합니다. (삼상 7:12-14)

하나님의 도우심을 기념하기 위해 사무엘이 에벤에셀의 돌을 세웁니다. 내가 죄인임을 알고 나를 구원하신 은혜에 감사하며 기념하게 하옵소서. 모든 것이 하나님의 은혜임을 인정하고 에벤에셀의 하나님을 기념할 때 블레셋이 다시는 쳐들어오지 않고 빼앗겼던 성읍도 회복하게 하시는 것을 믿고 감사드립니다.

올바른 예배를 보이기 위해 모이라고 하십니다. (삼상 7:15-17)

미스바 예배가 끝나고 사무엘이 이스라엘을 순회하면서 말씀을 전하고 다스립니다. 한 번 회개했다고 끝이 아니라 꾸준히 말씀을 듣고 배우고 전해야 합니다. 매일 말씀을 묵상하고 공동체 예배와 양육에 참여하며 모든 생활이 올바른 예배가 되게 하옵소서.

올바른 말씀 묵상을 보여야 합니다. (삼상 7:15-17)

사무엘이 끊임없이 말씀을 전하고 가르친 것처럼, 매일 말씀을 붙잡고 생활 속에서 실천하고 적용할 때 영적 부흥이 일어납니다. 날마다 큐티를 통해 나의 우상을 제거하며 오직 하나님의 말씀으로 영적 전쟁에서 승리하게 하옵소서. 올바른 회개와 올바른 기도, 올바른 예배와 올바른 말씀 묵상을 온 세상에 보이는 성도와 교회와 가정이 되게 하옵소서.

기도

아버지 하나님, 미스바로 모이라는 말씀을 주셨습니다. 저를 '망대'요 '파수꾼'이라고 하십니다. 원하건 원치 않건 우리에게 이런 사명이 주어졌습니다.

사무엘이 모이라고 했을 때 이스라엘 백성이 다 모였습니다. 하나님, 진실하고 솔직하게 구원을 향해서 나아가기를 원합니다. 특별히 시간과 때를 잘 알아서 타이밍을 맞추는 매력 있는 남편, 아내, 목자, 자녀가 될 때 저절로 사람들이 모이는 매력 있는 성도와 교회가 될 줄을 믿습니다.

사무엘 선지자를 통해서 하시는 말씀은 올바른 회개를 하라는 것인데, 나의 이방 우상 아스다롯을 버리고 하나님만 섬기면 구원을 해 주신다고 하는데, 그것이 너무나 어렵습니다. 내 안에 있는 우상들을 물리치기 원합니다. 하나님만을 섬기고 내 속에 있는 다른 모든 것을 끊어 내기 원합니다. 내 힘으로 안 되는 것들을 주께서 끊어 주시옵소서.

올바른 회개가 될 때 올바른 기도가 되며, 올바른 도움을 받게 될 줄 믿습니다. 올바른 예배와 올바른 묵상을 통해서 미스바 교회가 될 때 한국 교회를 하나님께서 살려 주실 것을 믿습니다. 예배가 회복되고 기도가 회복되어 가정이 살아났노라고 망대처럼 우뚝 서서 보이는 교회로 세워 주신 하나님의 은혜를 찬양합니다. 나의 회개와 헌신으로 죽어 가는 심령들이 모이며, 미스바로 모이라 할 때 다 모일 수 있는 우리의 가족과 이웃들이 되도록 은혜를 내려 주시옵소서. 예수님의 이름으로 기도합니다. 아멘.